A revolução recuperadora

FUNDAÇÃO EDITORA DA UNESP

Presidente do Conselho Curador
Mário Sérgio Vasconcelos

Diretor-Presidente
Jézio Hernani Bomfim Gutierre

Superintendente Administrativo e Financeiro
William de Souza Agostinho

Conselho Editorial Acadêmico
Danilo Rothberg
Luis Fernando Ayerbe
Marcelo Takeshi Yamashita
Maria Cristina Pereira Lima
Milton Terumitsu Sogabe
Newton La Scala Júnior
Pedro Angelo Pagni
Renata Junqueira de Souza
Sandra Aparecida Ferreira
Valéria dos Santos Guimarães

Editores-Adjuntos
Anderson Nobara
Leandro Rodrigues

JÜRGEN HABERMAS

A revolução recuperadora
Pequenos escritos políticos VII

Tradução e apresentação

Rúrion Melo

editora
unesp

© 1990 Suhrkamp Verlag Frankfurt am Main
Todos os direitos reservados e controlados pela Suhrkamp Verlag Berlim
© 2021 Editora Unesp

Título original: *Die nachholende Revolution: Kleine politische Schriften, 7*

Direitos de publicação reservados à:
Fundação Editora da Unesp (FEU)
Praça da Sé, 108
01001-900 – São Paulo – SP
Tel.: (0xx11) 3242-7171
Fax: (0xx11) 3242-7172
www.editoraunesp.com.br
www.livrariaunesp.com.br
atendimento.editora@unesp.br

Dados Internacionais de Catalogação na Publicação (CIP)
de acordo com ISBD
Elaborado por Vagner Rodolfo da Silva – CRB-8/9410

H114r

Habermas, Jürgen
  A revolução recuperadora: pequenos escritos políticos VII / Jürgen Habermas; tradução e apresentação por Rúrion Melo. – São Paulo: Editora Unesp, 2021.

  Tradução de: *Die nachholende Revolution. Kleine politische Schriften 7*
  Inclui bibliografia.
  ISBN: 978-65-5711-046-1

  1. Filosofia 2. Ciências políticas. 3. Alemanha. 4. Democracias Ocidentais. I. Melo, Rúrion. II. Título.

2021-2276   CDD 320
                                                           CDU 32

Editora afiliada:

Sumário

Introdução à Coleção . 7

Apresentação à edição brasileira . 11
   Rúrion Melo

Prefácio . 27

1 A nova intimidade entre cultura e política . 31

2 1968 – Duas décadas depois . 45
   Entrevista com Angelo Bolaffi . 47
   Entrevista com Roberto Maggiori . 59

3 Anéis da idade . 71
   Movimento é tudo, é vida! . 73
   Pensamento analítico que toma partido . 81
   Sobre títulos, textos e prazos ou como se reflete o espírito do tempo . 87
   O filósofo como verdadeiro teórico do direito . 93
   O primeiro – Um elogio . 113

4　Teoria e política . *119*
　　Limites do normativismo do direito racional . *121*
　　Entrevista com Hans-Peter Krüger . *135*
　　Entrevista com Barbara Freitag . *159*
　　Entrevista com Torben Hviid Nielsen . *179*

5　Patriotismo constitucional – no geral e no particular . *223*
　　Limites do neo-historicismo . *225*
　　A hora do sentimento nacional: convicção republicana
　　　ou consciência nacional? . *235*
　　Monopólio do poder, consciência jurídica e processo
　　　democrático: primeiras impressões da leitura
　　　do "parecer final" da Comissão de Violência . *249*

6　A revolução recuperadora . *261*
　　Revolução recuperadora e necessidade de revisão
　　　da esquerda: o que significa socialismo hoje? . *263*
　　Mais uma vez sobre a identidade dos alemães:
　　　um povo unido de cidadãos inflamados e orientados
　　　pela economia . *297*

Referências bibliográficas . *325*

Índice onomástico . *329*

Introdução à Coleção

Se desde muito tempo são raros os pensadores capazes de criar passagens entre as áreas mais especializadas das ciências humanas e da filosofia, ainda mais raros são aqueles que, ao fazê-lo, podem reconstruir a fundo as contribuições de cada uma delas, rearticulá-las com um propósito sistemático e, ao mesmo tempo, fazer jus às suas especificidades. Jürgen Habermas consta entre estes últimos.

Não se trata de um simples fôlego enciclopédico, de resto nada desprezível em tempos de especialização extrema do conhecimento. A cada passagem que Habermas opera, procurando unidade na multiplicidade das vozes das ciências particulares, corresponde, direta ou indiretamente, um passo na elaboração de uma teoria da sociedade capaz de apresentar, com qualificação conceitual, um diagnóstico crítico do tempo presente. No decorrer de sua obra, o diagnóstico se altera, às vezes incisiva e mesmo abruptamente, com frequência por deslocamentos de ênfase; porém, o seu propósito é sempre o mesmo: reconhecer na realidade das sociedades modernas os potenciais de emancipação e seus obstáculos, buscando apoio em pesquisas empíricas e nunca deixando de justificar os seus próprios critérios.

Certamente, o propósito de realizar um diagnóstico crítico do tempo presente e de sempre atualizá-lo em virtude das transformações históricas não é, em si, uma invenção de Habermas. Basta se reportar ao ensaio de Max Horkheimer sobre "Teoria Tradicional e Teoria Crítica", de 1937, para dar-se conta de que essa é a maneira mais fecunda pela qual se segue com a Teoria Crítica. Contudo, se em cada diagnóstico atualizado é possível entrever uma crítica ao modelo teórico anterior, não se pode deixar de reconhecer que Habermas elaborou a crítica interna mais dura e compenetrada de quase toda a Teoria Crítica que lhe antecedeu – especialmente Marx, Horkheimer, Adorno e Marcuse. Entre os diversos aspectos dessa crítica, particularmente um é decisivo para compreender o projeto habermasiano: o fato de a Teoria Crítica anterior não ter dado a devida atenção à política democrática. Isso significa que, para ele, não somente os procedimentos democráticos trazem consigo, em seu sentido mais amplo, um potencial de emancipação, como nenhuma forma de emancipação pode se justificar normativamente em detrimento da democracia. É em virtude disso que ele é também um ativo participante da esfera pública política, como mostra boa parte de seus escritos de intervenção.

A presente Coleção surge como resultado da maturidade dos estudos habermasianos no Brasil em suas diferentes correntes e das mais ricas interlocuções que sua obra é capaz de suscitar. Em seu conjunto, a produção de Habermas tem sido objeto de adesões entusiasmadas, críticas transformadoras, frustrações comedidas ou rejeições virulentas – dificilmente ela se depara com a indiferença. Porém, na recepção dessa obra, o público brasileiro tem enfrentado algumas dificuldades que esta Coleção pretende sanar. As dificuldades se referem principalmente à ausência de tradução de textos importantes e à falta de uma padronização terminológica nas traduções existentes, o que, no mínimo, faz obscurecer os laços teóricos entre os diversos momentos da obra.

Incluímos na Coleção praticamente a integralidade dos títulos de Habermas publicados pela editora Suhrkamp. São cerca de quarenta volumes, contendo desde as primeiras até as mais recentes publicações do autor. A ordem de publicação evitará um fio cronológico, procurando atender simultaneamente o interesse pela discussão dos textos mais recentes e o interesse pelas obras cujas traduções ou não satisfazem os padrões já alcançados pela pesquisa acadêmica, ou simplesmente inexistem em português. Optamos por não adicionar à Coleção livros apenas organizados por Habermas ou, para evitar possíveis repetições, textos mais antigos que foram posteriormente incorporados pelo próprio autor em volumes mais recentes. Notas de tradução e de edição serão utilizadas de maneira muito pontual e parcimoniosa, limitando-se, sobretudo, a esclarecimentos conceituais considerados fundamentais para o leitor brasileiro. Além disso, cada volume conterá uma apresentação, escrita por um especialista no pensamento habermasiano, e um índice onomástico.

Os editores da Coleção supõem que já estão dadas as condições para sedimentar um vocabulário comum em português, a partir do qual o pensamento habermasiano pode ser mais bem compreendido e, eventualmente, mais bem criticado. Essa suposição anima o projeto editorial desta Coleção, bem como a convicção de que ela irá contribuir para uma discussão de qualidade, entre o público brasileiro, sobre um dos pensadores mais inovadores e instigantes do nosso tempo.

Comissão Editorial

Antonio Ianni Segatto
Denilson Luís Werle
Luiz Repa
Rúrion Melo

Apresentação à edição brasileira

Rúrion Melo[*]

A série de livros de Jürgen Habermas, que durante mais de quarenta anos foi acompanhada pelo subtítulo "Pequenos escritos políticos", o revela de maneira peculiar como teórico crítico. Longe de meramente retratar, por assim dizer, acontecimentos da política cotidiana, limitados a destacar eventos singulares sem preocupação em tecer fios e articulações mais amplas em termos conceituais, tais "escritos políticos" demonstram antes o propósito sistemático do autor em produzir e renovar constantemente diagnósticos críticos do tempo presente. Trata-se, no contexto dessas publicações, de ressaltar precisamente a complexidade das condições prático-políticas que interessam a uma teoria voltada à compreensão mais adequada dos bloqueios ou das possibilidades emancipatórias

---

[*] Professor do Departamento de Ciência Política da Universidade de São Paulo (USP) e pesquisador do Centro Brasileiro de Análise e Planejamento (Cebrap).

existentes em nossas sociedades. E isso significa que, ao contribuir com a compreensão conceitual de processos sociais e políticos, a teoria crítica nos auxilia a ver além do que, em tais casos, parece evidente ou transparente, isto é, problematiza e aprofunda as análises acerca de tais processos, percebendo sempre as ambiguidades e contradições que os acompanham.

Em alguns casos, os esforços para produzir um diagnóstico de tempo rico e amplo se mostram ainda mais desafiadores quando considerada a complexidade mesma das transformações em curso. O livro *A revolução recuperadora*, publicado originalmente por Habermas no início de 1990 e que agora ganha tradução inédita no Brasil, é resultado de tais esforços, reunindo reflexões sobre um período decisivo e bastante conturbado na história política mundial do final do século XX, que afetava, sobretudo, as orientações teóricas e expectativas práticas da esquerda socialista. Com a bancarrota do socialismo real e a derrubada de regimes comunistas em parte do Centro e do Leste da Europa, removeu-se o solo sobre o qual se apoiavam as mentalidades políticas. Sem dúvida, estava-se diante de um momento de ruptura, mas as apostas em torno de seus desdobramentos apontavam consideráveis expectativas divergentes. Para muitos, tal ruptura era motivo de comemoração, pois teríamos finalmente chegado ao "fim da história" com a vitória, supostamente decisiva, das sociedades capitalistas. O mote neoliberal "Não há alternativa", que selava o destino histórico das sociedades contemporâneas no quadro de uma economia capitalista cada vez mais globalizada e autorregulada, que não se deixava mais controlar socialmente por meios político--administrativos e nem ser problematizada publicamente pela consciência política dos cidadãos, repetiu-se à exaustão.

A revolução recuperadora

Os partidários da esquerda socialista, por seu turno, adotaram uma postura reativa, às vezes resignada e, no limite, niilista, em face dos acontecimentos, dependendo do paradigma ao qual pertenciam, o revolucionário ou o reformista. Se os revolucionários entendiam que o colapso do comunismo interrompia de vez os propósitos emancipatórios do socialismo, os reformistas se atinham ao programa social-democrata há muito envolto em uma crise de legitimação, o qual continuava incapaz de gerar formas de vida emancipadas com meios meramente administrativos. É precisamente a equiparação entre o socialismo burocrático (centrado no Estado) e a orientação emancipatória da esquerda socialista que, aos olhos de Habermas, precisava ser problematizada criticamente. Ou seja, segundo o autor, os acontecimentos revolucionários no Centro e no Leste da Europa conduzem antes a uma "necessidade de revisão da esquerda", à reflexão sobre "o que significa socialismo hoje", tanto à luz de sua herança teórica quanto de seu potencial ainda não esgotado para produzir formas radicalmente democráticas de vida.

Para compreender melhor essas considerações críticas de Habermas, é fundamental entender a relação entre socialismo e democracia, mais precisamente a concepção de democracia radical que é subjacente às suas preocupações. No entanto, precisamos atentar aos diversos planos da argumentação habermasiana. Se ele se recusa abertamente a "enterrar de vez o pequenino cadáver do gigante", ou seja, renunciar ao propósito emancipatório do socialismo, uma vez que tal propósito não teria se esgotado junto com os tradicionais paradigmas que o representaram, Habermas reconhece, contudo, que o socialismo precisa se inscrever nas lutas, aspirações e processos de democratização radical conduzidos pelos movimentos sociais de nosso tempo. Assim, socialismo, democracia radical e emancipação da dominação são conceitos abertos, atualizáveis e intimamente relacionados em sua teoria. São como que pressupostos fundamentais da discussão conduzida pelo autor acerca do diagnóstico da revolução recuperadora.

A expressão "revolução recuperadora" é de difícil apreensão e lança luz sobre aspectos distintos dos processos de transformação do período mencionado. Em primeiro lugar, ela remete à ampla crise de legitimação de um modelo de sociedade que, além de ter sido incapaz de assegurar as condições de reprodução material de vida, estabeleceu-se sobre estruturas de poder não democráticas, impostas *de cima para baixo*. Em segundo lugar, o termo denota experiências diversas de práxis política, uma série de manifestações de indignação e revolta de populações sufocadas pelo poder estabelecido, apontando para as aspirações socialmente partilhadas em prol de uma radical democratização da sociedade, que foi conduzida, neste caso, pela "pressão das ruas", ou seja, *de baixo para cima*. No entanto, embora possa ser, em grande medida, compreendida como um processo de efeitos transformadores, que procurou modificar a configuração política existente nesses contextos, a revolução recuperadora, diz Habermas, parece antes voltada ao passado:

> Uma vez que a revolução recuperadora deve possibilitar o retorno ao Estado democrático de direito e o vínculo com o Ocidente capitalista desenvolvido, ela se orienta por modelos que, segundo o enfoque de leitura ortodoxo, já haviam sido superados

A revolução recuperadora

pela Revolução de 1917. Isso pode explicar um traço peculiar dessa revolução: a ausência quase completa de ideias inovadoras, voltadas para o futuro. (Neste volume, p.266).

Isso não significa, claro, que a revolução recuperadora não gere efeitos para o futuro. Na verdade, tanto a deterioração econômica quanto o déficit democrático do comunismo seriam superados por um processo revolucionário que, após derrubar as estruturas de poder existentes, permitiria recuperar experiências, em princípio bem-sucedidas no Ocidente, de uma economia capitalista desenvolvida e de um Estado democrático de direito, abrindo então o horizonte para possibilidades práticas futuras.

É por essa razão que, segundo Habermas, ainda que pareça paradoxal, a bancarrota do socialismo real significou, ao mesmo tempo, uma reatualização dos interesses emancipatórios inscritos nos próprios ideais da esquerda socialista. Acontece que agora essa reatualização se inscreveu nas promessas de uma *democracia radical*, as quais ganharam força com os movimentos de libertação e de autodeterminação política. Por isso, de início, a revisão da esquerda implica avaliar criticamente o esgotamento das referências teóricas e práticas que se cristalizaram nos paradigmas clássicos e permaneceram tolhidos, por assim dizer, pela dicotomia "revolução ou reforma" do capitalismo. Em Marx, bem como no marxismo de modo geral, a emancipação estava ligada à utopia da sociedade do trabalho. Essa vinculação com o trabalho marcou o ideal emancipatório da esquerda em seu conjunto, determinando assim os paradigmas revolucionário e reformista historicamente concorrentes. Portanto, temos de entender por que os novos e sempre plurais sentidos da luta pela emancipação da dominação, que constitui, para Habermas, o núcleo do conceito mesmo de socialismo, não cabem mais dentro da alternativa revolução ou reforma. O que as novas lutas sociais nos mostraram – ambientalismo, pacifismo, antirracismo, feminismo, movimentos LGBTQIA+, dentre muitas outras – é que elas não são mais compatíveis com esses paradigmas emancipatórios tradicionais da esquerda, que eles são demasiadamente engessados para os sentidos plurais, abertos e autodefinidos da emancipação.

Os conceitos que Habermas mobiliza de emancipação das formas de vida, de democracia radical (no sentido procedimental) e de socialismo, os quais iluminam aspectos uns dos outros, não são determinados de antemão por critérios substantivos; não delimitam, de maneira concreta, temas, objetivos, processos e portadores da emancipação (atores, grupos, classes, coletivos etc.); não partem de, nem produzem, imagens concretas do que deve ser a sociedade emancipada. E é justamente por isso que se pode reconhecer nas lutas existentes em prol da autonomia, que são articuladas em diversas experiências de dominação e injustiça, fagulhas do almejado ideal emancipatório (presentificado na multiplicidade de seus sentidos). Pois, na concepção de teoria crítica elaborada por Habermas, o socialismo se deixa compreender tão somente como a tentativa de deter a destruição das formas de vida, ou, como afirmou em outro lugar, "o socialismo significa, sobretudo, saber o que não se quer, aquilo de que se quer emancipar".[1]

---

[1] Habermas, J. Política conservadora, trabalho, socialismo e utopia hoje. In: *A nova obscuridade*. São Paulo: Editora Unesp, 2015, p.120.

A revolução recuperadora

Além de evitar uma definição concreta do que seja socialismo (a qual, como dito, engessa os sentidos plurais da emancipação da dominação que têm sido incorporados às novas lutas sociais), Habermas procura articulá-la de maneira imanente à sua própria concepção normativa de democracia radical (aquela que precisa ser resgatada do cerne do projeto do Estado democrático de direito). No livro *Facticidade e validade*, que foi originalmente publicado em 1992, ou seja, escrito ainda sob o mesmo diagnóstico de tempo apresentado em *A revolução recuperadora*, Habermas explicita essa interconexão estreita de socialismo e democracia radical em termos normativos:

> Após o colapso do socialismo de Estado e com o fim da "guerra civil mundial", tornou-se manifesto o erro teórico do partido derrotado: ele confundiu o projeto socialista com o projeto – e a imposição forçada – de uma forma de vida concreta. Contudo, se concebermos "socialismo" como súmula das condições necessárias para formas de vida emancipadas, sobre as quais os *próprios* participantes precisam primeiro se entender, reconhece-se que a auto-organização democrática de uma comunidade de direito também forma o núcleo normativo desse projeto.[2]

Vê-se assim como tais conceitos permitem compreender mais especificamente que a emancipação da dominação das formas de vida forma o cerne normativo a ser priorizado na resposta à pergunta "o que significa socialismo hoje?" – a qual só pode ser respondida concretamente com as lutas dos movimen-

---

2 Habermas, J. *Facticidade e validade: contribuições para uma teoria discursiva do direito e da democracia*. São Paulo: Editora Unesp, 2020, p.28.

tos sociais e suas pretensões democrático-radicais. Portanto, somente uma sociedade radicalmente democrática – em que as formas de vida plurais podem se expressar de maneira enfática e os participantes podem definir autonomamente os termos de sua auto-organização – é capaz de realizar, ainda que sujeita a falhas, o propósito emancipatório atribuído ao socialismo.

Em um outro aspecto, no entanto, a relação socialismo, democracia e emancipação importa no contexto de nossa discussão. Habermas mostra que o próprio socialismo, por sua vez, herdou das revoluções burguesas grande parte de suas orientações teóricas e práticas. De acordo com essa tese, foram os movimentos burgueses por emancipação e de luta por libertação, ancorados na autonomia privada e pública dos cidadãos, nos direitos humanos e na soberania popular, que tornaram possível o projeto do socialismo. "Não há emancipação socialista", afirma Habermas, "sem a efetivação dos direitos burgueses [civis e políticos] de liberdade" (Neste volume, p.52). Esse discernimento foi crucial mesmo para Marx, ainda que a recepção hegemônica do marxismo tenha sido marcada pela oposição entre a linguagem dos direitos humanos e a herança da revolução.[3]

No entanto, considerada em seu todo, vimos até agora apenas uma parte dessa história. O diagnóstico de Habermas é ainda mais profundo. Pois, apesar da revolução recuperadora poder ser compreendida tanto pela relação entre Estado de direito e democracia radical ou de acordo com uma compreensão normativa de socialismo (nos dois casos, ligada à emancipação

---

[3] Para o pano de fundo da discussão, cf. Habermas, J. Direito natural e revolução. In: *Teoria e práxis*. São Paulo: Editora Unesp, 2013.

A revolução recuperadora

das formas de vida), a disputa política, social e cultural que se desdobrou no período também permitiu a entrada de outros interesses e ideais na arena pública de conflito. O próprio sentido da revolução recuperadora teve de ser disputado na esfera pública por cidadãos comuns, juristas, intelectuais e lideranças políticas, todos com orientações ideológicas diversas. Segundo Habermas, em toda a Europa, aqueles que, com perspectiva progressista, se entusiasmaram com as possíveis consequências emancipatórias abertas em tais processos revolucionários, tiveram de se confrontar com vagas conservadoras e nacionalistas, um refluxo do entusiasmo da esquerda não comunista empuxado pelas correntes de direita. A complexidade dessa situação é anunciada por Habermas logo no início do Prefácio: "Os processos revolucionários na República Democrática da Alemanha, no Centro e no Leste da Europa nos mantiveram na expectativa, embora o entusiasmo inicial tenha cedido lugar a receio e ceticismo" (Neste volume, p.27).

Para tratar desses conflitos em torno dos sentidos da revolução recuperadora, Habermas expõem no livro principalmente os acirrados conflitos transcorridos na Alemanha. Depois da queda do muro de Berlim, que ocorreu em novembro de 1989, o ímpeto revolucionário que veio do Leste, isto é, da República Democrática (RDA), em direção à República Federal (RFA), não obteve de imediato o caráter político esperado. Pois o processo de reunificação das duas Alemanhas não contou somente com convicções democráticas, não foi motivado apenas pelo ideal de autodeterminação que tomou conta dos cidadãos da RDA, já que se impregnou rapidamente por sentimentos políticos nacionalistas. Ou seja, descobriu-se que, para boa parte dos alemães, a queda do muro de Berlim não simbolizava somente a efetivação de ideais democráticos de autodeterminação política, significando, acima de tudo, a oportunidade de reunificação da Alemanha como um povo unido em torno de uma cultura nacional comum. No entanto, não havia – assim como nunca houve – uma unidade cultural naturalmente assegurada e que pudesse, de antemão, determinar a identidade alemã. Em grande medida, descobriu-se que alemães do Leste e alemães do Oeste não compartilhavam com facilidade uma cultura política comum, nem expectativas harmonicamente sobrepostas. O que se viu na esfera pública foi, na verdade, o recrudescimento das oposições, divergências e conflitos cotidianos em relação a interesses e necessidades, visões de mundo e ideologias (como nos casos, tratados no livro, da perseguição cotidiana a todos que fossem ou se parecessem de esquerda, uma espécie de caça generalizada ao "fantasma do comunismo", e a imposição de uma suposta hegemonia cultural nacional em face do caráter multicultural e plural da sociedade). O entusiasmo inicial do reencontro entre alemães que há muito não compartilhavam uma vida em comum acabou rapidamente:

> Eram indiscutíveis a compaixão e a simpatia com o reencontro espontâneo de berlinenses, parentes, amigos, moradores da mesma cidade que durante tanto tempo estiveram separados. O coração pulava de alegria diante do espetáculo da liberdade reconquistada, diante da livre circulação convertida em ansiosas corridas. Logo essa euforia foi interrompida [...] (Neste volume, p.235-6.)

Do ponto de vista dos detentores do poder, não demorou muito, portanto, para perceber que o projeto da reunificação alemã, retoricamente mediado pela questão conservadora acerca da identidade nacional, seria implementado friamente

A revolução recuperadora

e com certa violência por um governo com posturas autoritárias, principalmente ao pretender tutelar os cidadãos que pertenciam à RDA e conferir-lhes uma espécie de cidadania de segunda ordem. Por outro lado, as perseguições sistemáticas do governo aos movimentos sociais, principalmente aos atos pacíficos de desobediência civil que ganhavam a cena na República Federal, só confirmavam o desprezo pelas expressões, consideradas perigosas e até "criminosas", de autonomia política. A energia política produzida de baixo para cima, que deu início à democratização de estruturas de poder solidificadas, passou a ser reprimida, por motivos políticos controlados pelo topo, justamente no contexto do Estado de direito.

Mas o receio e o ceticismo mencionados por Habermas ainda se apoiavam em outro fator importante. Para superar as cisões e conflitos do ponto de vista da cultura política e da identidade nacional, que eram aparentemente insolúveis, o processo de reunificação foi estrategicamente ditado pelo governo alemão tendo a economia como vetor principal – e isso com apoio de parcela dos cidadãos. Duras críticas são levantadas no livro à despolitização dos "cidadãos orientados pela economia". Chegava a ser "obscena", diz Habermas, a estratégia escancarada do governo de favorecer e impor seus interesses com base no "marco alemão", de comprar a anuência política dos cidadãos com dinheiro – daí o "descaramento" de um "nacionalismo sustentado pela cotação das bolsas" (Neste volume, p.298). O casamento entre nacionalismo, conservadorismo e liberalismo econômico usurpava a autonomia política dos cidadãos. Já que, como defendeu insistentemente Habermas, apenas os próprios concernidos, na qualidade de participantes, deveriam determinar como gostariam de conduzir o processo de reunificação na

Alemanha. Contudo, diante de uma cultura política em conflito, que ainda precisava aprender coletivamente a reconstruir no cotidiano seus laços de solidariedade e convivência entre diferentes, o governo alemão não arriscou dar oportunidade a que seus próprios cidadãos pudessem ser perguntados, a que seus próprios cidadãos pudessem publicamente dizer sim ou não.

Quando se entende que a revolução nos países do Centro e do Leste da Europa tem o intuito de recuperar traços da economia capitalista desenvolvida e do Estado democrático de direito, de modo algum se perde de vista no diagnóstico habermasiano toda ambiguidade que tal recuperação acarreta. Um capitalismo desmedido, porque cada vez mais desregulado, que passa ao largo da proteção social, e um Estado de direito sustentado tão somente em sua legalidade, mas carente de legitimidade, flertando, portanto, com o autoritarismo, inviabilizam o projeto de uma democracia radical. A própria revolução recuperadora só pode satisfazer as aspirações radicalmente democráticas que a motivam se economia capitalista e sistema político não ameaçarem a autonomia das formas de vida, submetendo-as à orientação ao lucro e à dominação burocrática. Porém, essa é uma ameaça constante, diz Habermas, que pode ser enfrentada unicamente com o acirramento das lutas sociais.

Aliás, a necessidade do socialismo perdura enquanto convivermos com as crises e as patologias decorrentes da economia capitalista e de um poder estatal altamente burocratizado. Por não haver no momento presente um modelo de sociedade concreto que seja isento de dominação, que não destrua formas de vida autônomas e solidárias, precisamente por essa razão o socialismo, entendido como uma aspiração em prol da eman-

A revolução recuperadora

cipação da dominação, continua sendo uma alternativa necessária. No entanto, nesse contexto, a esquerda precisa

> transpor as ideias socialistas para uma autocrítica reformista radical da sociedade capitalista, que desenvolveu tanto suas fraquezas quanto suas forças nas formas de uma democracia de massas constituída nos termos do Estado social e democrático de direito. Depois da bancarrota do socialismo de Estado, essa crítica é o único buraco de agulha pelo qual tudo precisa passar. *Esse* socialismo desaparecerá somente com o objeto de sua crítica – talvez no dia em que a sociedade criticada tenha transformado sua identidade a ponto de tudo o que não se deixar exprimir em preços puder ser percebido e levado a sério por sua relevância. (Neste volume, p.296)

Embora essas reflexões de Habermas estejam voltadas mais diretamente para acontecimentos ocorridos há mais de trinta anos, especialmente no contexto alemão, sua contribuição para a compreensão do nosso diagnóstico de tempo é valiosa. A crise do neoliberalismo, que estamos testemunhando atualmente, não indica saídas transparentes para nortear projetos renovados da esquerda. Toda retomada de programas sociais de compensação ou reforma do capitalismo deve evitar ao máximo efeitos colaterais paternalistas. Soma-se a esse enredo uma generalizada crise da democracia, a qual expôs os limites de um sistema político encapsulado em si mesmo, que se distanciou da cultura política na base da sociedade. Em diferentes regiões do planeta, presenciamos uma substancial e perigosa ascensão da direita, que não apenas ocupou as arenas formais da política representativa e fomentou governos conservadores autoritários, como também se espraiou na esfera pública informal e se enraizou em corações e mentes de parcela da população. Vivemos ainda o aumento das desigualdades, crises ambientais e migratórias, guerras civis, genocídios, além de uma pandemia global com consequências devastadoras. A lista poderia ser complementada com problemas igualmente urgentes.

O diagnóstico sobre a revolução recuperadora, que os leitores brasileiros têm agora em mãos, aponta assim para as fagulhas de libertação e de emancipação da dominação ainda existentes nos movimentos sociais do presente. Habermas não pretende trazer à discussão da necessidade de revisão da esquerda um conceito meramente ideal de socialismo oposto à realidade, ou seja, impotente diante dos desafios históricos de nosso tempo. Precisamos evitar o equívoco segundo o qual nada mais restaria depois do fim do socialismo realmente existente do que somente "a ideia de socialismo". "O que há de equivocado nesse diálogo", segue Habermas, "é a premissa de que o socialismo seria uma ideia abstratamente oposta à realidade" (Neste volume, p.276). O socialismo não é um mero ideal abstrato, ele continua se inscrevendo efetivamente nas aspirações emancipatórias de muitos movimentos sociais. E isso possui um significado decisivo para a teoria crítica. Em meio a tantos exemplos de "não razão" a que estamos submetidos cotidianamente, ao menos algumas poucas partículas de "razão já existem na história – nas conquistas dos movimentos sociais". Aliás, "a razão está aí para trazer à linguagem tal negatividade, para emprestar nossa voz ao emudecido pela dor, para 'trazer à razão' o que é irracional" (Neste volume, p.138).

A revolução recuperadora

E, se os sentidos da emancipação ainda estão em disputa, isso significa que, a despeito das mudanças enfrentadas, a história não chegou ao seu fim, que existem sim alternativas diante de um capitalismo ganancioso e desumano, de governos antidemocráticos, autoritários e violentos, de violações de direitos humanos, da xenofobia, intolerância e perda de solidariedade, do racismo, do sexismo, da homofobia – em suma, diante das dores, sofrimentos, humilhações, injustiças e opressões identificáveis, mas, acima de tudo, evitáveis.

Prefácio

Os processos revolucionários na República Democrática da Alemanha, no Centro e no Leste da Europa nos mantiveram na expectativa, embora o entusiasmo inicial tenha cedido lugar a receio e ceticismo. Os acontecimentos modificam o cenário internacional e doméstico quase cotidianamente. Mas a revolução recuperadora não lança nova luz sobre nossos *velhos* problemas. Em meio a uma história acelerada, essas constâncias negativas, como diria Adorno, poderiam justificar certa continuidade de minhas tomadas de posição nas últimas décadas.

Frankfurt, março de 1990
Jürgen Habermas

Mais uma vez:
Para Tilmann

1
A nova intimidade entre cultura e política

Por iniciativa de Peter Glotz, nos dias 11 e 12 de dezembro de 1987, no Centro da Comunidade Judaica de Frankfurt, ocorreu o congresso "Futuro do Esclarecimento". Minha conferência se baseou no seguinte texto.

A concorrência política pelo "sentido", que é um recurso escasso, reduziu a distância entre política e cultura. Um indicador disso é também este evento. A nova atenção política voltada para as formas de expressão cultural do espírito do tempo se explica a partir de uma percepção modificada da própria política: esta parece sofrer uma perda de capacidade de manobra e de competência. A essa imagem desenganada da política pertencem ao menos três convicções: (a) As intervenções sistêmicas no sistema econômico não obtiveram os efeitos desejados. Muito menos se espera que tais intervenções transformem os sistemas; elas teriam consequências contraproducentes. (b) Não foi apenas o *medium* do sistema econômico que se mostrou resistente; também as medidas administrativas, das quais a política tem de se servir para suas intervenções, não representam um *medium* neutro. Aos olhos dos clientes, a burocracia e o direito perderam sua inocência. (c) As crises se espalharam de maneira difusa e permanente. Elas se tornaram a forma dominante da autoestabilização de uma mudança social acelerada.

Os políticos que partilham dessa imagem da política tentaram deslocar os problemas não resolvidos para um terceiro *medium*. Eles recuaram em direção à arena da cultura de massas. O Estado não se limitou a festejar seus 750 anos durante toda uma semana com paradas militares e cerimônias religiosas, preferindo se banhar um ano inteiro nas águas de uma cultura do entretenimento, da discussão e da exposição mesclada ao pop, ao punk e ao caráter prussiano. Em um patamar acima, um presidente intelectual da República Federal utiliza com êxito os nichos da indústria cultural.

A nova intimidade entre política e cultura possui consequências ambíguas para os políticos. Por um lado, amplia-se o espaço de ação para uma política simbólica, com a qual é possível recompensar quase sem custos as decepções vividas em outro lugar. Por outro lado, o sentido cultural forma uma matéria específica que não apenas não se deixa aumentar como desejarmos, mas também não pode ser configurada em quaisquer formas. A expressão pejorativa "democracia do estado de ânimo" [*Stimmungsdemokratie*] esconde que o processo de legitimação está submetido a essa nova espécie de restrição. Ainda mais instrutivo é o interesse que os sociólogos das eleições têm demonstrado pelos chamados centros de serviço, onde uma percepção informada, dependente de temas específicos e, em todo caso, culturalmente mediada da política se caracteriza de maneira mais clara. Quase revelador disso é a franqueza com que o frio e calculista Geißler defendeu valores pós-materiais de maneira propagandística, enviando Blüm ao Chile.

Em suma, a cultura difundida pelas mídias de massa, mesmo que desemboque em discussões, mostra sua face de Jano em cada retórica. Quem se envolver inicialmente com a cultura pode se deixar levar pelo perigoso *medium* das convicções. Com certeza, a cultura mediada pelas mídias paga por sua difusão quase sempre na moeda de uma desdiferenciação de conteúdos culturais; mas difusão significa também uma descentralização de possibilidades de oposição. O poder-dizer-não é o reverso da convicção – pois aquele que foi persuadido tem ao menos de se sentir convencido. A pretensão política da cultura poderia até mesmo fomentar tendências de esclarecimento. Mas não é obrigado que seja assim – como nos ensina a experiência.

Esclarecimento na Alemanha – Duas opiniões

A querela em torno da praça de Börne em Frankfurt oferece um dos exemplos mais recentes para a relevância política da cultura. Nessa ocasião, o prefeito transformou a Assembleia Legislativa em um instituto histórico, rendendo-lhe muitas honras. Seu discurso, preparado na verdade por especialistas, toca em nosso tema também em outro aspecto. O prefeito não só entrou em um confronto histórico-crítico, ou seja, em um discurso que está sujeito ao espírito do Esclarecimento; ele também fez do Esclarecimento um tema.

Trata-se da conexão, estabelecida na história das ideias, entre o surgimento do antissemitismo racista na Alemanha e a perda de autoridade da fé cristã e da Igreja causada pelo Esclarecimento: "O que nos levou em direção à catástrofe alemã não foi apenas o antijudaísmo cristão, mas o caminho traçado pelo povo alemão desde o Esclarecimento".[1] O contexto deixa claro que a formulação "desde o Esclarecimento" não foi usada meramente no sentido de um *pos-hoc* [depois disso]. A minguada "influência da Igreja sobre a vida pública e privada" foi substituída pelos produtos da Revolução Francesa, pelo Estado nacional e pelo nacionalismo, por Marx e Nietzsche. Contudo, essa interpretação fundamentalista-cristã da história valeria somente para os alemães, não para os judeus, os quais sem dúvida entraram em uma simbiose mais ou menos bem-sucedida com a cultura alemã sob a influência do Esclarecimento: "Eu entendo a consternação de um judeu que não concorda com minha avaliação. Isso é compreensível. Ele avalia a partir do destino de seu povo, sua religião, e eu avalio a partir do destino de nosso povo, possivelmente por isso chegando a outro resultado".[2] O que o orador podia estar pensando com isso – que apenas aqueles que compartilham do mesmo destino ou "espécie" podem se compreender mutuamente – constitui uma máxima tão abertamente incompatível com o universalismo do Esclarecimento que somente depois de 1933 faria carreira nos círculos acadêmicos.

Meu colega filósofo Günther Rohrmoser comete equívocos com consequências ainda maiores ao ver, hoje como antes, o especificamente alemão em oposição ao Esclarecimento:

> Nós alemães erguemos com Fichte e desde Fichte a pretensão de possuir uma resposta precisa [...] a respeito da sociedade mo-

---

[1] Brück, *Frankfurter Rundschau*, 26 de setembro de 1987, p.16.
[2] Ibid.

derna e dos problemas da autoalienação humana a ela vinculados. Ora, como se sabe, até este momento havia sido possível dizer com certa razão que as respostas oferecidas pela tradição do Esclarecimento seriam melhores do que as da tradição alemã. Essa afirmação pôde ser feita na medida em que a crença na consumação da história pela ciência, pela técnica e pela exploração ilimitada da natureza ainda inspirava os seres humanos. Porém, essa crença e, com ela, o projeto da modernidade se encontram agora em uma crise profunda [...]. É realmente certo que as respostas de um liberalismo ideologicamente esgotado e de um socialismo fracassado em todas as suas variantes seriam melhores do que aquelas que podemos criar a partir da recordação dos maiores feitos filosóficos e culturais dos alemães? Se perguntarmos pelas causas da neurotização de nossa autocompreensão nacional, a qual hoje nos conduz a um declínio progressivo, tratava-se então da vontade declarada em 1945 de ver um equívoco na diferença entre os alemães e todas as outras tradições abstratas, anistóricas, e fundadas no direito natural, excluindo essa diferença de maneira radical, isto é, pela via de uma revolução cultural.[3]

Isso foi em 1983, em Weikersheim.

Formações reativas

Hoje, sabemos que a diretriz oferecida na mesma ocasião por Bernhard Willms não foi seguida somente pelos amigos de Filibinger: "Cabe aos alemães neutralizar a superação do

---

[3] Citado a partir de Klönne, Wieder normal werden? Entwicklungslinien politischer Kultur in der Bundesrepublik, p.528.

passado como um assunto da ciência. Quem prega a culpa ou mantém aberta a ferida de Hitler não luta pela, mas sim contra a identidade".[4] Como chegamos a formar precisamente neste país uma Grande Coalizão de críticos do Esclarecimento, em que se tocam as margens marrons, pretas e verdes?

Rohrmoser não estava tão errado. Na Alemanha, logo depois de 1945, ou seja, no solo da República Federal, a tradição do Esclarecimento se tornou em larga medida um patrimônio mais ou menos evidente. Até o término do paralisante período de latência no início dos anos 1960, os intelectuais implementaram uma certa ocidentalização da cultura alemã. Eles não consideraram mais Herder e Kant aqueles que superaram o Esclarecimento, mas seus exponentes, não excluíram mais – apenas para mencioná-los – Börne, Heine e Tucholsky, eles levaram a sério como grandes movimentos intelectuais Freud e a psicanálise, o marxismo ocidental, o positivismo vienense e berlinense. Isso significou mais do que uma mera reabilitação. Pois aqueles elementos recalcados, segregados e desprezados da inteligência alemã, sobretudo judaico-alemã, estabeleceram-se entre nós *pela primeira vez* – com a qual certamente não pretendo reclamar solidez para ideias que, de acordo com sua natureza, são *cambiantes*. Esse processo de apropriação também se realizou em nossas universidades pela mediação de emigrantes regressados. Aos olhos dos estudantes, naquele tempo, sobretudo no exílio, continuidades não lesadas e uma herança não corrompida puderam ser mantidas.

É possível reconhecer vestígios de uma formação reativa em uma mentalidade que surgiu de uma reação ao fascismo.

---

4 Ibid., p.531.

Diante do pano de fundo de uma tal mentalidade, tornou-se compreensível que a revolta estudantil internacional dos anos 1960 tenha se vinculado a temas específicos da elaboração de nosso passado nacional. E essa genealogia pode talvez explicar por que aqui entre nós o movimento de protesto, depois que tudo passou, provocou *outra vez* reações compulsivas. Pois do inconsciente coletivo foram lançados novamente à superfície estereótipos, que acreditávamos há muito tempo superados, de uma luta contra as ideias da Revolução Francesa.

Esclarecimento sobre o Esclarecimento

A revolta provocou reações dos dois lados: digamos de maneira simplificada, do lado dos mais velhos e do lado dos mais novos. Ambos os lados advogam em nome de um esclarecimento a respeito dos limites do Esclarecimento. Os discípulos de Gehlen e Forsthoff, Schelsky e J. Ritter veem que a racionalidade do Estado e da economia está posta em perigo por aqueles que levam a sério o modernismo da arte e o universalismo da ciência e da moral, inclusive excluindo a religião e os costumes da reflexão ou da experimentação inovadora. Dessa perspectiva, portanto, a necessidade de afirmação de uma modernidade desencantada precisa ser satisfeita mediante reencantamento, mediante narrativa livre de argumentos, literatura edificante, atribuição de sentido e historicismo empático. Por outro lado, as heranças da revolta dos jovens conservadores não são plenamente satisfeitas com essa cultura de ajuste de danos [*Schadensabwicklung*], com uma noção de compensação que meramente divide a herança do Esclarecimento. Aquelas se mantêm de maneira existencial e se dirigem ao todo. Seguindo as pegadas de Heidegger ou Nietzsche, elas buscam no absolutamente antigo o absolutamente outro; de sua perspectiva, o Esclarecimento culmina apenas na desgraça de um destino logocêntrico que vem de muito tempo.

Contudo, ambas as versões, tanto a moderada quanto a radical, cometem o mesmo erro. Elas ignoram que justo na Alemanha a autocrítica do Esclarecimento é tão antiga quanto ele mesmo. *Sempre* se considerou irracional quem não reconhece os limites do entendimento. Se o entendimento se distende rumo à totalidade e usurpa o lugar da razão, o espírito perde a capacidade de reflexão acerca dos limites da atividade do próprio entendimento. Pertence à própria natureza do Esclarecimento esclarecer-se a respeito de si mesmo, inclusive dos infortúnios por ele causados. Somente quando se reprime isso é possível recomendar o contraesclarecimento como esclarecimento sobre o Esclarecimento.

Religião, Esclarecimento e nova mitologia

Em 1957, em uma discussão com Eugen Kongon, Adorno afirmou o seguinte:

> Os renascimentos religiosos de hoje se parecem para mim com filosofia da religião, não religião. Nisso coincidem, em todo caso, com a apologética do século XVIII e do início do século XIX, já que se esforçam em invocar, pela reflexão racional, seu contrário; pela reflexão racional atacam a própria *ratio* com uma disposição ardente, uma inclinação ao obscurantismo que é muito mais maligno do que toda limitada ortodoxia de então, porque não crê inteiramente em si mesmo.[5]

---

5 Adorno, Vernunft und Offenbarung, p.22.

Isso já condiz com uma teoria da compensação que justifica funcionalmente os poderes da tradição. Também diante de uma crítica negativista da razão, que se passa pela própria crítica, Adorno insiste em não romper tão cedo com a dialética do Esclarecimento:

> É melhor uma *ratio* que não se absolutiza de maneira condenável como um meio persistente de dominação, exige autorreflexão, e nisso expressa algo da necessidade religiosa de hoje. Mas essa autorreflexão não pode ser interrompida pela mera negação do pensamento por si mesmo, por uma espécie de sacrifício mítico, não pode ser consumada por um "salto": pois isso se assemelha demais a uma política da catástrofe.[6]

Essa sentença foi direcionada naquela época contra o salto em uma revelação filosoficamente disfarçada, não ainda contra o elogio hoje difundido de um politeísmo deste mundo, não ainda contra as novas mitologias que renegam a maioridade do sujeito, e nem pretende se assemelhar àquela mitologia da razão outrora invocada pelos jovens amigos Hegel, Hölderlin e Schelling. Diante das novas mitologias, e considerando a maneira como elas hoje se difundem, Adorno também teria *vinculado* o Esclarecimento radical com o monoteísmo: aquele momento de autossuperação ou transcendência que concede ao Eu preso em seu mundo a distância em relação ao mundo em seu todo e a si mesmo, abrindo com isso uma perspectiva sem a qual a autonomia – com base no reconhecimento recíproco – e a individualidade não podem ser adquiridas. Esse caráter co-

---

6 Ibid., p.23.

mum deixa intacta, de resto, a convicção de Adorno segundo a qual "nada no conteúdo teleológico perdurará inalterado; cada um tem de se submeter à prova de migrar ao secular, ao profano".[7] Mas essa recuperação profanadora de conteúdos teleológicos no universo de discursos de fundamentação e de convívio solidário é o oposto de uma regressão neopagã que subjaz àquela autocompreensão da autonomia e da individualidade, a qual veio ao mundo pela primeira vez com as doutrinas proféticas.

Desânimo

O teor normativo do Esclarecimento ganhou expressão nas ideias de autoconsciência, autodeterminação e autorrealização. Esse prefixo "auto" [*Selbst*], contudo, foi compreendido no sentido de uma subjetividade e de uma autoafirmação friamente burguesas, no sentido de um individualismo para o qual tudo está à disposição. Logo, essas próprias ideias ficaram sob suspeita. Hoje, a dúvida a respeito delas é ubiquitária; pois ela se nutre das experiências de uma sociedade supercomplexa, exploradora e arriscadamente não transparente. Dos contextos sociais, e não mais imediatamente da natureza, brotam hoje contingências que nos subjugam. O marxismo funcionalista, o estruturalismo e aquela teoria dos sistemas que herdou traços de ambas já refletem na própria construção teórica a experiência de impotência. Luhmann diz que tudo é possível e nada mais acontece. A mudança de paradigma que foi efetuada na teoria fala por si mesma: a sociedade anônima sem sujeito substitui a associação de indivíduos livres e iguais, os quais

---

7 Ibid., p.20.

regulam sua vida comum pela via da formação democrática da vontade. Com a confiança nas possibilidades criadoras, desaparece também a própria vontade de criação.

Certamente, o século XX nos deixou arrepiados diante de massas mobilizadas. Quanto mais progride a civilização de massas, tanto mais o caráter romântico das ações de massa se enfraquece. A crença nos sujeitos em grande formato e na condução de grandes sistemas foi destruída. Mesmo os movimentos sociais de hoje são um motor para a pluralização e para a individuação. Mas o elogio da pluralidade, a apologia do casual e do privado, a celebração da ruptura, da diferença e do momentâneo, a revolta das periferias contra os centros, o apelo do extraordinário contra o trivial – nada disso pode se tornar subterfúgio diante de problemas que, caso fosse possível, só seriam solucionados à luz do dia, apenas de maneira cooperativa, apenas com as últimas gotas de sangue de uma solidariedade quase esvaída. Mas o que as novas mitologias põem no lugar da autodeterminação e da solidariedade?

Uma aura de crescente desânimo parece rondar as obras mais avançadas da literatura e dos filmes mesmo lá onde elas parecem insinuar um misterioso sim à vida. No filme muito citado *Asas do desejo*, o texto de Handke e, sobretudo, as atitudes de Wim Wenders criam uma estrutura em que a irrupção do extraordinário no cotidiano, um tema típico da ficção científica, é elevado ao mítico. Vários planos se cruzam na dramaturgia dos acontecimentos. Como se estivesse atrás de um vidro, a visão dos anjos repousa sobre a trivialidade das pequenas coisas, a normalidade e o desespero do cotidiano. A verdade não está totalmente morta nos olhos sentimentais das crianças que visitam o circo e nas memórias históricas do narrador. Mas apenas aqueles anjos que, por vontade própria, desceram à vida humana e se misturaram entre os mortais sem ser notados experimentam a autenticidade da existência terrena e se tornam porta-vozes da grande afirmação. Por conseguinte, tanto os seres supraterrenos, que temem uma encarnação dolorosa e não conhecem prazer e dor, quanto os seres cotidianos, que estão meramente sujeitos aos impulsos do prazer e da dor, sofrem do déficit de uma vida plena. Somente os anjos *decaídos*, que se abrem não sem narcisismo ao prazer e à dor, experimentam a exaltação da felicidade, da solidão, da união – e pagam por isso o *amor fati*, o canto sobre uma vida que foi retirada da vida.

Eu me pergunto se esses semideuses, como no mito, *continuam* sendo os únicos escolhidos ou se devem apontar de maneira exemplar o caminho que todos poderiam seguir. Não sei se compreendo corretamente o filme sem uma formação cinematográfica específica. Ele não transfigura o extraordinário ao custo das experiências triviais com as quais nós aprendemos? Em razão do destino do ser, não acaba desvalorizando as contingências que desafiam as forças do Eu? Não borra a diferença entre Benjamin e Heidegger, entre iluminação profana e uma ressurreição que se dirige contra o profano?

A obsolescência cultural das premissas políticas

Em que poderia consistir o futuro do Esclarecimento? Deveria nos estar claro como em espaços de ação que se tornam mais estreitos crescem ao mesmo tempo nossas responsabilidades comuns por cadeias de ação cada vez mais amplas e obscuras. E deveríamos poder mostrar isso com a consciência hesitante do perigo que, como bem sabia Benjamin, ameaça tanto as possibilidades de felicidade quanto os êxitos de uma cooperação orientada a fins.

Hoje, um Esclarecimento cético, mas não derrotista, pode se sentir encorajado pelo fato de que nos confrontos da esfera pública política, e instigadas pelos movimentos sociais, as orientações culturais de uma ampla população estão se renovando. Ele pode se sentir encorajado porque, com as atitudes que foram revolucionadas de maneira subcutânea, produz-se uma mudança de mentalidade que deixa atrás de si, como se fossem ruínas, a autocompreensão política do passado. As próprias estruturas sociais parecem se abrir para uma mobilização cultural. A cultura pode minar uma política incrustada. Ou Reagan e Gorbachev sabem que acabaram de dar um exemplo da obsolescência cultural das premissas que até ontem ainda eram consideradas inabaláveis?

2
1968 – Duas décadas depois

O ano de 1988 deu ensejo a uma retrospecção sobre a revolta estudantil. No primeiro plano estava a questão de saber qual foi o efeito que ela teve sobre a cultura política da República Federal da Alemanha. Na França, o tema foi ofuscado pela controvérsia provocada por Victor Farias em torno de Heidegger. Eu me manifestei sobre isso nas entrevistas para o semanário italiano *L'Espresso* e para o jornal parisiense *Libération*.

Entrevista com Angelo Bolaffi

Bolaffi: O senhor afirmou ver uma função essencial do movimento estudantil na "gestação" da eclosão política e cultural daqueles potenciais críticos que, nos anos da República de Adenauer, eram restritos aos pequenos círculos de intelectuais críticos nas margens da cultura política dominante. O senhor poderia elucidar essa tese?

Habermas: Quando eu, como um contemporâneo que participou ativamente daquele período e ainda não conseguiu de fato se distanciar historicamente, recordo-me da história da mentalidade da República Federal da Alemanha, logo se impõe a mim a imagem de um movimento formado por ondas. Até a reforma monetária – o corte tanto simbólica quanto economicamente mais importante da restauração das relações capitalistas –, a grande maioria da população, incluindo os refugiados e os repatriados, foi tolhida pela derrota total – ante o pano de fundo da guerra total proclamada por Goebbels; ela ficou atordoada pelo que foi percebido como "colapso". As vozes dos opositores de Hitler, uma coalizão antifascista que, no entanto, logo se desfez, foram como que abrigadas por aliados suspeitos; em todo caso, eles exerceram uma influência enorme que jamais voltaria a se repetir. Esse foi o período de construção dos partidos a partir de baixo, de desnazificação, das revistas político-culturais que brotavam do chão (das quais só restou a *Merkur*), a era de uma tremenda fome cultural nas universidades, nas instituições superiores, nos museus e teatros. As cartas e os diários de Horkheimer daquele período refletem muito bem o clima na Universidade de Frankfurt, a disposição sem reservas que os estudantes (já não tão jovens assim) tinham para aprender. Em seguida veio o período Adenauer, revestido por um desejo massivo de descanso e restauração, de uma vontade agressiva de construção voltada ao âmbito privado, o qual durou até o começo dos anos 1960. Foi um período economicamente vital, culturalmente tenaz e provinciano (se desconsiderarmos a pintura), caracterizado ainda por uma espécie de divisão de trabalho entre política e cultura. Naquele tempo, pouco a pouco foi ficando claro que o espírito se inclinava à esquerda. A inteligência literária que conquistou certa influência manteve-se na oposição, mas gente como Sieburg permaneceu afastada. Então veio a fase à qual o senhor se refere: os últimos anos de Adenauer, o interlúdio de Erhard e a Grande Coalizão até a eleição de Heinemann. Essa é talvez a fase mais interessante em nosso contexto. Com a corrosão do verniz conservador na constelação de governo, chega ao fim a posição marginal de intelectuais que, em todo caso, eram evidentemente liberais de esquerda – ao lado do Grupo 47, que se tornou politicamente relevante, professores como Adorno e Mitscherlich ganharam influência, enquanto Jaspers e Kogon, que antes já tinham influência, radicalizaram-se. No entanto, sobretudo nas universidades e escolas, começou a vibrar a caixa

A revolução recuperadora

de ressonância: o ensino de Estudos Sociais é reformado e a edição da Suhrkamp ganha seu perfil. Um pouco antes, o procurador-geral de Hessen deu andamento ao maior processo de Auschwitz até então, realizando com êxito o primeiro debate no Congresso Federal acerca da prescrição desse processo. Os anos entre 1960 e 1967 são o período de incubação em que a dimensão cultural, os impulsos espirituais e as opiniões públicas não institucionalizadas ganharam um peso político. Portanto, o movimento estudantil foi uma explosão de um, dois anos que ninguém previu – uma revolta da qual se seguiu uma contrarrevolução alimentada, na verdade até hoje, por rancor e ressentimento: as comparações feitas por Marcuse se aplicam perfeitamente bem à situação da República Federal. Como se a direita descreditada pela sombra do nacional-socialismo estivesse apenas esperando a ocasião para se levantar contra as "ideias de 1789"; apenas essa projeção fantasmagórica explica o grau de sentimento envolvido.

Bolaffi: Que papel desempenhou nisso o passado nacional-socialista "recalcado"? É possível interpretar o movimento estudantil como quebra do hipócrita pacto geracional do "silencio comunicativo" (Lübbe) acerca da responsabilização alemã pelo Holocausto?

Habermas: Em 1969, quando Inge Marcuse me surpreendeu em Korčula ao dizer que com a revolta estudantil surgia pela primeira vez na Alemanha do pós-guerra uma geração que confrontava de maneira crítica e sem reservas a herança do fascismo, isso me afetou, até me deixou furioso. Eu conhecia meus alunos de Frankfurt, mesmo meus antigos companheiros, por exemplo, Alexander Kluge, que ao final dos anos 1950 escreveu suas memórias. Naquela época, senti isso como uma ofensa. Sob determinado aspecto, provavelmente eu tinha razão de me sentir assim, pois grande parte dos estudantes de esquerda tinha uma ideia muito estereotipada do fascismo. Nesse período, pagava-se caro ao afirmar publicamente que os órgãos de nosso Estado também satisfaziam funções de garantia da liberdade ou que a República Federal, apesar de tudo, estava entre os seis ou sete países mais liberais do mundo. Mesmo que tais afirmações buscassem recordar certas comparações históricas, para mim era difícil ser escutado. Em outro aspecto, porém, minha reação a Inge Marcuse era injustificada: a geração de 1968 foi realmente a primeira que não se intimidou em exigir explicações *face to face* – dos pais, dos mais velhos em geral, na família, na frente da televisão etc. Em termos descritivos, Lübbe estava certo em sua conferência no Parlamento na qual relembrava os cinquenta anos do dia 30 de janeiro de 1933 – somente sua avaliação é fatal. O protesto estudantil também foi a encenação de um acerto de contas público que se estendeu, no entanto, até a esfera privada, às vezes de forma arrogante, tendo em vista a evasão coletiva ante a responsabilização alemã, a responsabilidade histórica pelo nacional-socialismo e por seus horrores. Em 1953, quando eu ainda era estudante, escrevi um artigo sobre as preleções de Heidegger de 1935, porque fiquei aterrorizado com a incapacidade desses protagonistas (como Heidegger, C. Schmitt, Gehlen etc.) de reconhecer seus erros políticos. Mas sempre evitei confrontos com meu pai, que, como se sabe, foi um simpatizante. Em suma, os relógios geracionais da dinâmica familiar foram ajeitados de tal modo que a geração de 1968 pôde enfrentar sem melindre, por assim dizer, a superação *específica* do passado. Até então, essa superação havia tido talvez algo de abstrato.

A revolução recuperadora

Bolaffi: É possível que, com a revolta antiautoritária ocorrida na República Federal, as questões "abandonadas" dos anos 1930 (o caráter autoritário, o nacional-socialismo, a conexão entre socialização capitalista e dominação totalitária etc.) pela primeira vez se tornaram objeto de disputa pública, satisfazendo não somente funções positivas e críticas, mas gerando também consequências regressivas para o movimento? Por exemplo, a procura por algum ponto de referência "proletário" da crítica anticapitalista no processo de decadência do movimento estudantil ou a desconsideração do potencial crítico do próprio Estado democrático de direito (isto é, aquilo que, no reencontro da SDS,* Dany Cohn-Benedit chamou de "utopia emancipatória da democracia").

Habermas: O contato do marxismo com o freudianismo foi um dos maiores feitos intelectuais no período de incubação desde o final da década de 1950; é preciso mencionar aqui a Comissão Marxismo da associação estudantil da Igreja Evangélica, bem como o Instituto de Frankfurt ou Mitscherlicht, que organizou com Horkheimer em 1956 um grande Congresso Freud e, com a ajuda do governo de Hessen, fundou o Instituto Sigmund Freud. Os estudantes se apropriaram desse potencial disponível e o atualizaram, com uma consequência dupla: eles expandiram tudo (Freud se tornou assunto de culto religioso e Marx esteve por trás dos protestos do Vietnã), mas cobriram essas tradições redescobertas com uma seriedade nova. Eles ignoraram a distância histórica que existia entre as décadas de 1960 e 1920. A meu ver, no contexto da história da

---

* SDS é a sigla para *Sozialistischer Deutscher Studentenbund* [União Socialista dos Estudantes Alemães]. (N. T.)

mentalidade alemã, isso foi positivo; pois apenas então desapareceram os tabus sobre os elementos iluministas da tradição alemã. Por outro lado, esse engajamento, ou melhor, essa catexia libidinal de teoremas particulares e de conceitos também tinha consequências dogmáticas (embaraçosas para qualquer teoria), as quais o senhor menciona. Essa dogmatização levou a uma avaliação revolucionária equivocada da situação em nossos países, até mesmo a uma identificação ilusória com as lutas por libertação no Vietnã, Cuba, China e alguns outros lugares. Os jovens ativistas se viam como o braço ampliado de Che Guevara nas metrópoles – inclusive aqui onde nada pôde ser compreendido sem que se considerasse de início o relativo sucesso do reformismo social-democrata. Compreender *isso* era naturalmente mais fácil para mim, para nós, os filhos de esquerda do período de Adenauer, enquanto a teoria do capitalismo tardio de Marcuse e Adorno encorajava o ponto de vista totalizante da geração de 1968. Eu consegui atingir a geração um pouco mais velha da SDS (Preuß, Offe etc.) com meu livro *Mudança estrutural da esfera pública* (1962), ou seja, com uma interpretação ofensiva do Estado social influenciada pelo reformismo de Abendroth, ao passo que a "geração" seguinte, com Dutschke e Krahl, já pensava em termos mais ativistas. Os estudantes de 1968, que se tornaram bastante ativos, já estavam tão distantes do período nazista que não aceitavam mais como evidente aquilo que era claro para Marx: não há emancipação socialista sem a efetivação dos direitos burgueses de liberdade.

Bolaffi: Apesar disso, é possível manter ainda hoje – *sine ira et studio* [sem ódio nem parcialidade] – sua crítica ao ativismo estudantil como "fascismo de esquerda"?

Habermas: Já no outono de 1977, no *Spiegel*, eu retirei o que disse quando fiz hipoteticamente essa acusação espontânea e bastante situada. Naquela época, tentei explicar, a partir de contextos biográficos, por que intelectuais de esquerda na República Federal já haviam reagido diante dos primeiros sinais de retórica violenta e de emprego de violência de uma maneira mais sensível, escrupulosa e incitada do que seus amigos em outros países. Aliás, o que me deixou particularmente contente, Dutschke me agradeceu por essa declaração quando nos encontramos em Starnberg depois da morte de Marcuse.

Eu gostaria de dizer mais uma vez: o pequeno núcleo de verdade que estava inscrito na acusação ao fascismo de esquerda, tendo em vista o terrorismo posterior, não justifica – considerada uma distância de vinte anos – as graves conotações que com tal expressão foram fixadas à tática perseguida então por Dutschke quando, no calor da batalha, ninguém mais levou a sério o status hipotético de minha questão.

Bolaffi: Em seus trabalhos de teoria social da última década, mas também nos de filosofia moral, a categoria de "identidade pós-tradicional" desempenha um papel importante: como forma e pressuposto da autoidentificação e autorreflexão social e pessoal, em que os potenciais universalistas da modernidade ocidental finalmente descolam suas "marcas de nascença" (Marx) do nacionalismo e do historicismo.

Habermas: O senhor expressou isso muito bem. São pós-tradicionais as identidades coletivas que se formaram sob o signo do nacionalismo, mesmo que se entenda essa expressão literalmente. Mas os elementos universalistas do Estado nacional democrático que decorreram da Revolução Francesa – soberania popular e direitos humanos – sempre estiveram sob o risco de ser subjugados pelo particularismo da autoafirmação de cada nação individual diante de todas as outras nações. Somente depois da Segunda Guerra Mundial, principalmente em países como Alemanha e Itália, onde o fascismo roubou do nacionalismo seus últimos traços de inocência, começou a se delinear uma mudança de forma, que estudei em mais detalhe no contexto de nossa "querela dos historiadores".[1] Uma transformação já está em marcha, na medida em que precisamos nos apropriar criticamente de nossa própria história a partir de outras perspectivas, que na maioria das vezes são concorrentes. Enquanto alemães, hoje sabemos muito bem que não podemos mais nos conceber como herdeiros de uma história dos vencedores. Isso não tem nada a ver com um nacionalismo negativo, conforme pensam aqueles que querem um nacionalismo positivo. O senhor tem razão: a semente dos movimentos universalistas de emancipação, que sem dúvida possibilitou de início o individualismo, parece superado pela consciência histórica descentralizada, pela apropriação fortemente reflexiva das tradições, assumindo a forma de uma identidade alargada em termos pós-nacionais. Essas tendências se manifestaram na República Federal com a revolução cultural estudantil, e nesse intervalo elas se espalharam em um meio social difuso e se intensificaram em um clima transformado, inclusive de maneira acentuadamente pessimista. Isso é parte de uma mudança subcutânea, ainda que amplamente difundida, de atitude, que ocorreu sob a proteção de uma coalizão de treze anos em torno de um liberalismo social — e que provavelmente foi ainda mais efetiva porque o governo Brandt manifestou uma

---

1 Habermas, *Eine Art Schadensabwicklung*, p.159 ss.

compreensão relativamente grande diante do movimento de 1968. Vemo-nos obrigados a admitir isso apesar da "interdição profissional" que Brandt ajudou a implementar (e da qual mais tarde veio a se lamentar).

Bolaffi: O movimento antiautoritário pode ser interpretado como o primeiro sinal de uma esfera pública pós-tradicional?

Habermas: A cena de protesto estudantil desencadeou na República Federal a primeira onda de uma liberalização fundamental (Karl Mannheim falou naquela ocasião de democratização fundamental). Eu me refiro ao novo individualismo dos estilos de vida que se orientam por modelos libertários, também às novas formas de esfera pública autônoma em que desaparecem as fronteiras entre manifestação e desobediência civil, entre discussão, festival e autoexposição expressiva. Vejo nisso um efeito de longo prazo daquelas formas de protesto e daquilo que Marcuse chamou então de uma "nova sensibilidade". O afrouxamento dos vínculos partidários nos centros de serviço, que hoje causam preocupação aos estrategistas das disputas eleitorais, talvez seja apenas um sintoma de que, nesse ínterim, cada vez mais gente reivindicou o valor de uso dos princípios de legitimidade da democracia constitucional – elas querem democracia *in cash* [em dinheiro], em moeda viva para a rentabilização ativa dos direitos de liberdade, da participação política e do consumo individualizado de bens de massa. E tudo isso está acontecendo em esferas desdiferenciadas, onde tudo se liga a tudo: as questões existenciais de adolescentes em cultos religiosos com o hedonismo engraçado dos yuppies, o prazer na política da primeira pessoa com o cálculo da estética da mercadoria e a seriedade das informações e das argumentações, que inundam todas as partes do mundo e geram a consciência nervosa da supercomplexidade.

Bolaffi: O "subjetivismo" otimista de Herbert Marcuse, que viu o político e o pessoal confluírem em um conceito utópico de libertação (também compreendido em termos psicanalíticos), pode ser compreendido como esboço adequado do potencial emancipatório do movimento de 1968? E qual papel a Teoria Crítica desempenha afinal?

Habermas: As teses de psicologia social de Marcuse certamente exerceram uma grande influência sobre a autocompreensão dos estudantes que se revoltaram de Berkeley a Nova York, de Berlim a Frankfurt. Eu gostaria de lembrar ao senhor que *One Dimensional Man* [O homem unidimensional], que foi publicado em 1964, era um livro profundamente pessimista – não somente expressão de um estado de ânimo pessimista, mas (bem na linha de tradição da *Dialética do Esclarecimento*) negativista em seus fundamentos. O próprio Marcuse revisou sua avaliação da situação primeiro pela impressão que teve do *civil-rights-movement* [movimento dos direitos civis] e, depois, do movimento estudantil americano. A interpretação da revolta em conceitos psicanalíticos, que remonta a *Eros e civilização*, estava de acordo com as disposições de um movimento jovem que, visto a partir das experiências de socialização, foi burguês desde o início. Marcuse certamente marcou a autocompreensão dos ativistas. Mas tal mistura do plano privado com o público, que resultou dessa perspectiva da psicologia social, não chegou a ser inteiramente proveitosa para a percepção diferenciada de uma realidade complexa. Em Frankfurt, com a mediação de Krahl, um Adorno radicalizado contra sua vontade foi mais influente do que Marcuse. E fora de Berlim e Frankfurt, na periferia alemã, por assim dizer, *Conhecimento e interesse* também pode ter cumprido uma função estimulante.

A revolução recuperadora

Bolaffi: O que o senhor considera hoje os limites decisivos do protesto estudantil?

Habermas: Ora, sempre se é mais sensato passados os acontecimentos. Mas mesmo naquele tempo eu pensei (e disse) que o uso ingênuo do conceito de revolução e a desvalorização das tradições do Estado democrático de direito eram infelizes. Pois bem, o movimento apresentava as fraquezas típicas de um movimento juvenil – de onde, por sua vez, alimentaram-se sua dinâmica e sua força de convicção. Quem pode nos levar à reflexão senão os filhos? A política de Willy Brandt daquele período não pode ser bem compreendida sem esse momento – e ele foi responsável por incontáveis pessoas mais velhas que no início estavam perdidas, mas depois aprenderam. Infelizmente, nossa universidade também está cheia de gente que não aprendeu nada e só reagiu *with beans in their ears* [com ouvidos tapados].

Quem não fechar os olhos levado por paixões será obrigado a admitir que essa revolta foi um divisor de águas para a cultura política da República Federal da Alemanha, superada em suas consequências benéficas apenas pela libertação do regime nacional-socialista com os aliados. O que 1945 significou para a revolução de nossa situação constitucional, 1968 significa para a flexibilização de nossa cultura política, para uma liberalização com amplas consequências hoje nas formas de vida e de interação. Se eu pudesse usar uma imagem a partir do curioso debate sobre a "opção-zero", eu diria o seguinte: naquele momento, instalou-se nas expectativas de legitimidade da população da Alemanha Ocidental uma parede mestra que oxalá perdure! Sem a pressão exercida então sobre as atitudes não teríamos os verdes, não teríamos as cenas nas grandes cidades, nem a consciência de que a multiplicidade subcultural e étnica delineia linearmente nossa cultura – não teríamos a medida de urbanidade que se produz aos poucos, provavelmente contaríamos com uma ínfima sensibilidade de nossos governantes diante dos estados de ânimo da população, talvez não tivéssemos na CDU* a chamada ala liberal.

---

* Christilich-Demokratische Union Deutschlands [União Democrata-Cristã]. (N. T.)

Entrevista com Roberto Maggiori

Maggiori: Há alguns meses, sob o impacto do livro de Victor Farias, o mundo filosófico foi abalado pelo "caso Heidegger". Não vou perguntar a respeito da opinião do senhor sobre a adesão (seja passageira, seja fundamentada) de Heidegger ao nacional-socialismo. Ainda assim, como o senhor avalia o fato de que esse "caso" tenha assumido tamanha dimensão justamente na França?

Habermas: Depois do livro de Farias, que certamente possui algumas fraquezas, renovou-se a questão de saber se há alguma conexão entre a filosofia de Heidegger e suas convicções políticas. A diferença legítima entre pessoa e obra não pode inviabilizar a questão de saber se a própria obra foi influenciada em sua substância pela penetração de conteúdos ideológicos. Mas até agora as respostas dependeram muito do contexto. Isso é bem compreensível. Para nós alemães, por exemplo, Heidegger se tornou componente da história do pós-guerra de um modo completamente diferente do que para os franceses. A recusa de Heidegger de, após 1945, se distanciar publicamente do regime que ele havia apoiado de maneira tão chamativa, sobretudo seu silêncio obstinado a respeito de Auschwitz, foram muito sintomáticos para toda uma geração que marcou o período Adenauer. Por outro lado, Heidegger continuou sendo muito presente. Por isso, nós pudemos, com mais clareza do que os franceses, fazer uma distinção entre o Heidegger da ontologia existencialista de *Ser e tempo* e o Heidegger da crítica da metafísica da filosofia tardia. Se prescindirmos de Sartre e pensarmos em Baufret e nos mais jovens, a recepção de Heidegger na França, que se deu na esteira da "Carta sobre o humanismo", talvez tenha levado também a distorções de perspectiva: tomou-se a sério a autoestilização com que, depois de 1945, Heidegger quis encobrir o contexto fascista de surgimento. Mas 1929 de fato inaugura um processo de ideologização [*Verweltanschaulichung*] que até o final da guerra vai penetrar nos motivos mais profundos da crítica da razão de Heidegger. O desenvolvimento real é grotescamente posto de cabeça para baixo quando a opção de Heidegger pelo fascismo se atrela ao fato de que *Ser e tempo* ainda estaria demasiadamente enraizado no chamado pensamento metafísico. Nos anos 1930, aprofundou-se ainda mais a conexão dúbia entre a apreciação de Heidegger pelo movimento nazista e a interpretação do niilismo fundamentada na história do ser. E, de certo modo, pode-se afirmar com Otto Pöggeler, um adepto completamente leal a seu mestre, que até o fim Heidegger não conseguiu se desvencilhar da sombra do nacional-socialismo. Apenas quando se tem em vista essa verdade é possível estimar corretamente o significado pioneiro de *Ser e tempo*. Os apologetas fizeram um péssimo serviço a Heidegger.

Maggiori: Walter Benjamin disse que um livro não deve representar seu autor, mas sua "árvore genealógica". Qual "árvore genealógica" está representada em seus livros? Quais "relações de parentesco" o senhor reconhece? Kant, o jovem Hegel, Weber, Adorno, Morris e Austin, de um lado, Nietzsche, Heidegger, Foucault, Derrida, Gehlen, de outro lado?

Habermas: Eu mesmo tenho menos condições de responder a uma pergunta dessas. Quando era estudante, ainda antes de toda preocupação com filosofia, eu me deparava em 1945 com documentários que passavam nos cinemas sobre os campos de concentração e pude ouvir no rádio a respeito do processo de Nuremberg. Alguns anos mais tarde, na universidade – eu comecei os estudos em 1949 –, passei a notar então cada vez mais como nossos intelectuais mais importantes (Heidegger, Gehlen, C. Schmitt, Benn e Ernst Jünger), até mesmo meus orientadores Rothacker e Oskar Becker, tinham se envolvido, cada um a seu modo, com o movimento nacional-socialista. Isso pode explicar por que naquela época os emigrantes alemães, que haviam saído moralmente ilesos de tudo isso, significavam para nós algo como uma salvação intelectual – primeiro Plessner e Löwith, depois Benjamin, Adorno e Horkheimer, por fim Hannah Arendt e Scholem. Muitos deles eu não conheci pessoalmente; de alguns, como Marcuse, fui amigo. Mas, depois da guerra, também Freud, Wittgenstein, Popper e os positivistas lógicos tiveram pela primeira vez na Alemanha a oportunidade de uma recepção imparcial. Dessas constelações biográficas se forma a perspectiva a partir da qual as tradições são apropriadas. Foi um longo processo de aprendizagem, que durou da sufocante Alemanha de Adenauer até o final dos anos 1950. Talvez isso explique as reservas contra Nietzsche, por exemplo, que não apenas Heidegger, mas também a ideologia oficial do nacional-socialismo, havia elegido como filósofo oficial. Em relação a Nietzsche, meus colegas franceses certamente têm um olhar menos reprovador.

Maggiori: Negação da autonomia do sujeito, "crise da razão", ausência de significado das filosofias da história, que perderam uma força motriz interna (e transcendente) na história e nas sociedades e pela qual estas podiam aspirar à autorrealização. Esses temas conduziram ao que Paul Ricœur chamou de "escolas da dúvida" e, no plano mais geral, deram vazão ao ceticismo moderno. O senhor não pertence a essa corrente...

Habermas: Com certeza não.

Maggiori: O senhor inclusive foi censurado por recorrer ao conceito de razão que remete ao Esclarecimento. Em *Theorie des kommunikativen Handels* [*Teoria da ação comunicativa*] o senhor apresenta uma "razão" que, segundo seu juízo, é inerente à práxis comunicativa cotidiana, uma "razão comunicativa". O senhor investiga as condições de possibilidade de uma interação social, uma interação racional porque comunicativa. Formulado de outra maneira: o senhor está convencido de que pela troca de argumentos em um discurso orientado ao entendimento os indivíduos podem chegar a um "acordo sem coerção", e que esse acordo pode irradiar por toda a sociedade. Segundo essa ideia, a verdade consistiria literalmente em um "dizer a verdade". Disso decorrem duas perguntas: eu simplifiquei bastante sua teoria, mas o senhor não acredita que o risco de simplificação é inerente à sua própria concepção, mais especificamente no sentido de que permite afirmar que todos os problemas se deixam resolver caso sejam "discutidos", em vez de ser "calculados" como em Leibniz? Além disso, sua teoria não supõe de maneira um pouco ingênua que os discursos seriam orientados ao "entendimento", embora na maior parte das vezes exponham puras estratégias voltadas para a dominação arbitrária, a trapaça, a "rentabilidade", o poder?

Habermas: Eu sempre fico espantado com tais perguntas. O senhor afirma que eu descendo, por assim dizer, de uma linha de tradição hegelo-marxista que defende a crítica da ideologia justamente como modelo para uma "hermenêutica da suspeita". Por essa razão, eu sempre parti dos fatos da penetração estrutural do poder e da alienação, bem como daquelas barbáries singulares de nosso século contra as quais se voltaram Horkheimer e Adorno com a *Dialética do Esclarecimento*. Esses fatos são evidentes aos olhos de todos. Sem esse impulso não seria possível entender meu esforço de encontrar na práxis comunicativa cotidiana, em última instância nas estruturas dialógicas da linguagem corrente, uma obstinada centelha de razão. Mesmo a primeira geração dos teóricos de Frankfurt não quis tanto explicar as crises do capitalismo desenvolvido, mas a estabilidade surpreendente desse sistema considerado morto por Marx. Eles investigavam sobretudo os fenômenos da cultura e da socialização com o intuito de explicar por que sociedades como a nossa, embora tenham visto operar nelas apenas uma razão instrumental destinada à totalidade, não foram completamente destruídas.

Na década de 1950, quando começamos a nos distanciar pouco a pouco do horizonte do fascismo e do stalinismo, era preciso deslocar somente um pouco essa perspectiva para poder trazer ao primeiro plano o problema que me ocupou desde então: a sociedade não se deixaria simplesmente desmascarar como totalidade negativa (Adorno), ou como niilismo que se tornou estrutura (Heidegger), ou como vaivém contingente de opacos discursos de poder e de saber (Foucault) se em seu âmago, junto com um poder desfigurador, também não reproduzisse a promessa da obtenção de um acordo *isento de coerção*. Caso contrário, a crítica perderia seu chão, não teria mais onde se sustentar – faltariam uma memória e uma força propulsora das quais ela tem de se nutrir.

Que eu busque essas centelhas de uma razão quase extinta na solidariedade de uma práxis cotidiana que depende em última instância do entendimento, pode ser algo inspirado pelas experiências biográficas mencionadas: pela degradação e ofensa universais que os nazistas impuseram a tudo que tinha semblante humano – mas também pela experiência de que, apesar de tudo isso, no mesmo solo, a saber, na República Federal da Alemanha, algo ficou *melhor*. O universalismo moral certamente foi incorporado de maneira muito incompleta nas instituições do Estado de direito e da democracia; e, por mais que ele possa ter se degenerado em palavreado vazio em nossa cultura política, mesmo a título de palavreado vazio ele ainda é um fato pleno de consequências. O reconhecimento de princípios norteadores de uma convivência esclarecida uns com os outros, o livre jogo da arte moderna e a individualização crescente dos estilos de vida fazem toda a diferença quando comparados com outros tempos.

Na Alemanha, há quase duzentos anos já cultivamos a crítica ao Esclarecimento e aos ideais da Revolução Francesa: o falso gesto da substancialidade mimetizada, a arrogância da formação de quem tem acesso privilegiado à verdade, o desprezo pelo *common sense* [senso comum], pela argumentação pública, pelo compromisso e pelo entendimento. A execução prática desses preconceitos *foi* o fascismo. Portanto, o que seria mais natural do que a tentativa de ligar as ideias de Kant, Hegel e Marx às de

Thomas Paine, Peirce, Mead e Dewey? Também podemos descobrir essa intenção na teoria da ação comunicativa quando não nos limitamos a destacar e ridicularizar palavras e conceitos isolados.

Maggiori: Os conceitos de sua teoria da comunicação servem para, segundo o senhor mesmo afirmou, desenvolver uma teoria da "modernidade" que possua a seletividade necessária para analisar as patologias sociais, ou seja, o que Marx havia compreendido por alienação. Porém, não é surpreendente que, nesse contexto, o senhor se atenha àquele conceito de "emancipação" que muitos consideram superado? Para o senhor, em que consistem os potenciais emancipatórios de nossas sociedades?

Habermas: Este jornal se intitula *Libération*, e Sartre sabia tanto quanto Marcuse o que se devia entender por esse título. Hoje como antes, a palavra "emancipação" foi empregada, por exemplo, para os movimentos de libertação nacionais ou para o feminismo. Certamente, hoje temos a vista mais afiada para ver a dialética de tais movimentos de independência. Sabe-se que os processos de descolonização depois da Segunda Guerra Mundial também reproduziram em uma nova forma as velhas dependências econômicas e políticas. Sabe-se que os passos menos dramáticos no caminho para a igualdade jurídica e social das mulheres também tiveram por consequência sobrecargas ainda mais sublimadas. E é necessário perseguir e denunciar até os capilares da circulação comunicativa cotidiana essa dialética da libertação sob o microscópio da análise do discurso ensinada por Foucault. Mas esse ceticismo justificado é motivo suficiente para revogar os objetivos dos movimentos emancipatórios enquanto tais? Há alguma alternativa diante da implementação do princípio de igualdade radical, que com efeito de modo algum é ideologia *per se*, mas subjaz a toda crítica séria às consequências não intencionadas da própria emancipação? Em suas análises, Foucault foi mais implacável e consequente do que, por exemplo, R. Aron; mas ele não admitiu que seu páthos moral se nutria das mesmas fontes que o páthos ideologicamente abusado do Esclarecimento, das tradições liberais, democráticas e socialistas.

O senhor me pergunta sobre as possibilidades de emancipação hoje. É preciso desatrelar o teor utópico do procedimento da formação radicalmente democrática da vontade das fachadas de nossas democracias de massas iluminadas com luzes de neon, pois assim se vê ao menos a ambivalência das tendências de desenvolvimento. Essas tendências *também* apontam na direção de uma rede descentralizada de esferas públicas autônomas, de uma variedade de estilos de vida individualizados e formas de vida subculturais, de uma disposição crítica latente, ainda que cada vez mais ampla, por parte de grupos discrepantes, ou seja, apontam na direção de um pluralismo radical. Ao mesmo tempo, crescem o etnocentrismo e a intolerância, a xenofobia, a agressividade contra tudo o que é divergente, a disposição para uma regressão nacionalista.

Temos de nos emancipar da ideia de que a exclusão de 10% dos desempregados seja algo normal, de que o comércio internacional de armas seja algo normal, de que a discriminação de turcos e argelinos seja algo normal, de que o apelo ao patriotismo do século XIX, a miséria no Terceiro Mundo, a fome na zona de Sahel e o racismo na África do Sul sejam algo normal. Temos de nos emancipar da ideia de que a vinculação de uma soberania tornada obsoleta com a força propulsora do armamento atômico seja algo normal. Ao invés de, levados pela moda, desmontarmos os ideais do século XVIII, isto é, da Revolução Francesa, devíamos antes tentar realizá-los conscientes de uma dialética do Esclarecimento que certamente traz riscos consigo.

Maggiori: É possível caracterizar a "modernidade" em poucas palavras?

Habermas: No Idealismo Alemão e em Marx, autoconsciência, autodeterminação e autorrealização foram considerados conceitos que sintetizavam os conteúdos normativos da modernidade. O sentido do prefixo "auto" [*Selbst*], contudo, foi desde o início distorcido pela corrente de um individualismo possessivo e sob o signo da mais pura subjetividade. Precisamos devolver a esse "auto" seu sentido intersubjetivo. Ninguém pode ser livre apenas para si próprio, ninguém pode levar uma vida consciente sem se relacionar com os outros, nem que isso signifique conduzir sua *própria* vida. Ninguém é um sujeito que pertence somente a si mesmo. O conteúdo normativo da modernidade só pode ser decifrado em seu enfoque de leitura intersubjetivo. Se nos apropriarmos dele e o radicalizarmos à luz dessa intuição, não precisamos mais nos deixar desencorajar diante de uma crítica da razão contraproducente e que contradiz a si mesma, que joga o bebê junto com a água do banho.

Maggiori: Na parte do *Discurso filosófico da modernidade* dedicada à aula de Foucault, o senhor sublinha a maneira com que o "sistema foucaultiano" transforma o saber em poder, projetando um mundo em que o sujeito, preso no sistema da vigilância total, não dispõe mais da possibilidade para agir de forma autônoma, em suma: o modo como esse sistema "dessubjetiva" todas as relações sociais. Ora, em uma nota de rodapé o senhor acrescenta que não pôde considerar os últimos dois textos importantes de Foucault, *O uso dos prazeres* e *O cuidado de si*. Todavia, esses textos modificam a maneira com que o sujeito é compreendido em Foucault. Tais textos o levaram a corrigir ou modificar a crítica elaborada pelo senhor?

Habermas: Eu penso que sim. Contudo, não acredito que a projeção estética da existência teria permanecido à última palavra de Foucault.

Maggiori: Diz-se que durante toda a sua vida um filósofo procura expressar uma única coisa. Qual "coisa" o senhor quis expressar?

Habermas: Que todo verdadeiro filósofo persegue em sua vida somente um único pensamento – isso é uma daquelas frases pretenciosas de Heidegger. O senhor não fique bravo comigo, eu não gostaria de me envolver de modo nenhum com certos gestos elitistas do pensamento. Também nesse aspecto é possível aprender com o pragmatismo.

Maggiori: O movimento estudantil, os "verdes", o confronto com os historiadores "revisionistas"… O senhor sempre interveio em debates políticos, sendo considerado na Alemanha, de certo modo, a "consciência da esquerda". Em que sentido – no de Sartre, no de Foucault ou de algum outro – o senhor concebe o "engajamento" dos intelectuais?

Habermas: Na Alemanha, o papel dos intelectuais se impôs somente depois da Segunda Guerra Mundial. Medido com base no caso Dreyfus, isso significa um atraso de duas gerações. Já podemos nos considerar satisfeitos se difundirmos mais ou menos entre nós a autocompreensão sartreana do "intelectual universal" (Foucault).

Maggiori: Permita-me fazer uma "consulta": más línguas dizem que a paisagem filosófica francesa possivelmente ficará abandonada depois da morte de Sartre, Lacan, Jankélévitch, Foucault, Barthes, Châtelet e Aron. Qual é sua opinião? Além disso, por que os trabalhos de Gilles Deleuze têm tão pouco espaço em seus próprios trabalhos?

Habermas: Não é possível ler de tudo. Em Paris, como se sabe, as modas mudam muito rápido. Em vez disso, se atentamos aos "ritmos lentos", não se nota tal abandono. Pois existem muitos colegas desenvolvendo seus trabalhos de maneira obstinada e ao longo de décadas: por exemplo, Paul Ricœur, Castoriadis, Pierre Bourdieu, Touraine e muitos outros.

Maggiori: Para concluir. Temos a impressão de que o senhor está sempre ocupado ensinando e escrevendo. Além dessas atividades, o que mais lhe dá alegria? Por exemplo, do que o senhor ri?

Habermas: Há alguns anos, recebemos em nosso instituto por muitos meses um convidado chinês. Ele queria conhecer minha teoria. Podia ter lido meus livros, mas ele quis sobretudo saber como eu vivia desde a manhã até a noite. Eu não sabia mais se gargalhava ou apenas sorria. O colega havia me perguntado sobre minha rotina diária, quando eu me levanto, quando vou comer, se trabalho em minha mesa ou no jardim, quando passeio etc. Isso é uma visão bem chinesa das coisas. Na Europa já é suficiente dar uma entrevista. Pois a partir do *habitus* das respostas já se aprende tudo o que se quer saber sobre a pessoa.

3
Anéis da idade

Ao cair, uma árvore deixa à mostra os anéis de sua idade. No corte longitudinal de nossa história de vida, eles são contados como que pela casca. Quando as pessoas de seu próprio círculo envelhecem, acumulam-se as datas que nos permitem observar de maneira mais apurada esses anéis da idade: o aniversário de 70 anos de Margarete Mitscherlich (a carta endereçada a ela foi escrita junto com Ute Habermas-Wesselhoeft), os aniversários de 60 anos de Günther Busch, Siegfried Unseld e Rudolf Wiethölter e a entrega do Prêmio Sigmund Freud a Ralf Dahrendorf. Apresento esses pequenos textos na sequência cronológica das ocasiões em que foram escritos.

Movimento é tudo, é vida!

Caro Siegfried,
Você frequentemente refletiu sobre a relação entre autor e editor, você a estudou com base em exemplos conhecidos, escreveu sobre ela. Ninguém diria que você tem um talento para o masoquismo, mas foi editor o bastante para apresentar essa relação precária sempre do ângulo de visão do autor – e apenas então, com cautela e de modo indireto, inspirar no leitor simpatia pelo assolado editor. O papel que você atribui ao editor não é humilhante, mas humilde. Você recorda com prazer do "grande respeito pela personalidade criadora" que a Suhrkamp recomendava a seus revisores na relação com os autores. Com isso, você também funda "a lealdade do editor a seus autores" como a virtude suprema do negócio editorial.

Quem assume isso unicamente como retórica oficial o conhece muito mal. Para um círculo estreito, você é na verdade esse editor dos autores. Somente em segundo lugar você é um editor para livreiros e talvez, ainda depois, para revisores. Há um exemplo bem simples para mostrar que você é o editor de seus autores. Se você não fosse o artista da lealdade e o malabarista da confiança, que em meio a uma horda de adolescentes permanentes, que brigam de maneira egocêntrica, mantém um equilíbrio impossível, que em cada um deles mantém viva a consciência da amizade privilegiada, da promoção privilegiada, das relações sociais privilegiadas, simultaneamente cortando pela raiz em todos eles qualquer desconfiança virulenta; se você não fosse esse idealista calculador, que é capaz de reunir intimidades inconciliáveis como um analista, porque este é *realmente* imune à tentação da deslealdade, então permaneceria incompreensível a profunda satisfação com que você sempre celebra a história do editor Wilhelm Friedrich: "Ao longo de quinze anos, Friedrich havia editado livros de literatura, toda a *Jüngste Deutschland*, os 'realistas', em quinze anos foram mil obras literárias; foi ele que deu à literatura alemã um impulso enérgico, mas fracassou, porque, por fim, antes mesmo de completar 45 anos, não suportou as constantes disputas entre seus autores; ele pagou as dívidas de Liliencron, pagou o enterro de Hermann Conradi, pagou as multas para seus autores no conhecido processo contra os realistas. Em 1985, ele desistiu de sua editora". E, depois de uma pausa artística, você então cita com prazer Walter Hasenclever: "E seus autores desapareceram na efemeridade".

O aniversário de 60 anos do editor é uma linda ocasião para que ao menos uma vez os autores também exercitem a virtude da "assunção de perspectivas" – quem gostaria de perder essa oportunidade?

Naturalmente, eu preferiria escrever uma carta ao lorde Liszt e dizer-lhe, sendo ele mais jovem, mesmo que importunado, por sua vez, por pessoas mais jovens ainda, e inspirado pelos meus vinte anos de experiência, como ele teria de prestar atenção aos sinais de Thiele – às suas ligações telefônicas

A revolução recuperadora

nas vésperas de Ano-Novo já com o relógio na mão. Mas essas abordagens, que poderiam ser ampliadas, não vêm ao caso aqui. Do contrário, poderíamos – entre nós – chegar a falar, por exemplo, do editor em seu papel de autor. Enquanto ele escrevia sobre Hermann Hesse, com ideias retiradas de sua tese de doutorado, evidentemente a desdiferenciação entre os papéis de editor e de autor manteve-se dentro dos limites. Mas aquele texto verdadeiramente germanista de Iste sobre Goethe, mesmo as preleções de sociologia literária sobre Brecht, Rilke e Robert Walser, foram traduzidos para outras línguas, fazendo que o editor desse margem a uma preocupante concorrência com os autores de sua própria editora científica (até aquele momento, contudo, desprovida de uma área germanista). Como se permanecesse despercebido a esses tranquilos setores científicos da editora que o editor, no âmbito não científico, de modo algum expõe suas experiências *beletrísticas* tão abertamente à concorrência, confiando-as por agora somente às edições privadas. No coração daqueles que realizam serviços para a *Suhrkamp-Wissenschaft* [coleção científica da Suhrkamp] está fincada a dúvida se o grande respeito diante da personalidade criadora não começa antes pelos autores literários – ou por aqueles com os quais o editor lida como se fossem.

Eu me vejo resvalar para uma dessas conversas intermináveis sobre o editor, para uma dessas conversas confraternizadoras contra o editor, que acontecem sempre que dois autores da editora se encontram. Mas, se entendi corretamente, trata-se de perguntar pela coragem de conversar com o editor sobre ele na qualidade de editor.

Caro Siegfried, em nossas relações ocorre algo que poderia ser chamado de implosão: o derretimento e o desmoronamento de categorias sobre cujas arestas aliás nós nos apoiamos despreocupadamente. Desde sua primeira visita, numa tarde ainda invernal de primavera em Handschuhsheim, acontece sempre o mesmo: uma certa separação de esferas deixa de funcionar, coisas que costumávamos manter apartadas se interpenetram, amizade, produção e pausa, assuntos mundanos e de negócios, privados e profissionais, interligando-se em uma harmonia preestabelecida. Como naquela primeira tarde amigável – da qual, aliás, surgiu a série na editora dedicada à teoria –, passamos juntos muitas outras tardes amigáveis, privadas, agradáveis e, de resto, em sintonia com a editora. Todas as ocasiões eram adequadas para você, seja o aniversário de 50 anos ou a véspera de Ano-Novo, bem como todos os lugares, seja Neu-Isenburg, Nußdorf ou Starnberg, para nos revelar seus planos, mesmo que a atmosfera fosse a mais descontraída: uma nova série de livros de bolso, uma Conferência Benjamin, um discurso sobre os 80 anos de Scholem em Jerusalém ou a coleção da *Weiße Programm Wissenschaft*.

Viver para trabalhar – esse foi o título que me veio à mente ao preparar essas linhas. Viver para trabalhar?

Essa fórmula, inventada para a ética vocacional dos empresários do capitalismo nascente, foi cunhada pelos primeiros socialistas no contexto das dezesseis horas da jornada de trabalho e invertida de modo polêmico. Bataille questionou então o próprio refrão que se seguia ao verso "trabalhar para viver": *somente* no dispêndio *improdutivo* das forças e da riqueza se manifestaria a essência soberana dos seres humanos. Na busca pelas fontes desse *topos*, eu finalmente esbarrei com Fourier em uma reflexão que me fez duvidar completamente que seu estilo implosivo de movimento se deixaria acomodar no par conceitual "trabalho" e "vida".

Como se sabe, Fourier, sem se perturbar pela proibição de imagens, tinha ideias bastante concretas sobre a vida no Novo Mundo dos falanstérios. Ali realizar-se-ia uma loteria da felicidade, onde todas as tardes seriam sorteados os prazeres do dia seguinte: mesmo a felicidade individual deveria ser socialmente construída. Durante uma hora do dia, cada pessoa teria direito a uma maré de felicidade que consistia em sete prazeres, mais ou menos do seguinte modo: "Leandro teve êxito com a mulher que havia cortejado. Esse é um prazer composto em igual medida pelos sentidos e pelo espírito. Ela lhe oferece logo em seguida a carta de recomendação para uma vaga lucrativa, que ela lhe arranjara: segundo prazer. Um quarto de hora mais tarde, ela o conduz a um salão, onde se depara com surpresas afortunadas: ele encontra um amigo que pensava estar morto: terceiro prazer. Pouco depois, entra um homem famoso, Buffon ou Corneille, que há muito tempo Leandro já queria conhecer, o qual ficou para o jantar: quarto prazer. Segue-se uma requintada refeição: quinto prazer. Leandro se encontra ao lado de um homem poderoso, que se declara disposto a ajudá-lo com um crédito: sexto prazer. Durante a refeição, por fim, chega-lhe repentinamente a notícia de que ganhou um processo: sétimo prazer".[1]

Se essa é a vida que recompensa os esforços do trabalho, Fourier deveria tê-lo considerado, caro Siegfried, como um sortudo que não retrocede da vida elevada rumo ao trabalho. Nesse ponto, como você há de me entender, sou forçado a con-

---

[1] Fourier, *Theorie der vier Bewegungen*, Introdução, p.36.

cluir que seu caso não pode ser menos apreendido pelas categorias do primeiro socialismo que pelas do primeiro capitalismo. Uma personalidade complexa precisa ser compreendida por si própria – e você mesmo forneceu a palavra-chave que afastou de meu título a frase "viver para trabalhar". Você mesmo a revelou em sua edição privada, ao narrar aquele episódio dramático no qual o esquiador, em meio à tempestade, perde sua visão e sua visibilidade, perde-se no caminho, afunda na neve e então, como em um reflexo, obedece à voz: "Movimento é tudo, é vida. Permanecer parado – é morte certa".

É esse reflexo, esse movimento reflexo, essa união irresistível de movimento e vida que torna tão inimitável seu "estilo de vida", se assim podemos dizer. Também reconheço esse reflexo naqueles saltos de pensamento que você costuma dar – a primeira vez ocorreu em uma conversa comigo, quando deixou seus lastros na homenagem a Willy Fleckhaus, a última foi naquela tarde da Conferência Adorno, na Rua Siesmayer. Nessas ocasiões, você se referiu à frase de Adorno: "Não há vida correta na falsa". Na *Minima moralia*, essa frase se encontra ao final da reflexão sobre um "Asilo para os desabrigados", que faz variações em torno do motivo cristão do *semper peregrinus* [eterno peregrino], ou seja, a impossibilidade de, nesta Terra, nesta sociedade, estabelecer-se duradouramente: "Na verdade, morar é algo que não é mais possível". É claro que o significado dessa sentença vai mais além de seu contexto imediato (com suas observações brincalhonas, que já soam quase pós-modernas, sobre a arquitetura funcionalista): o todo, seja a sociedade enfeitiçada em termos capitalistas ou o pensamento sistematicamente enfeitiçado, é o não verdadeiro, que marca cada um de seus elementos. Há boas razões para não tratar essa tese como se fossem as palavras de Deus e para reagir exatamente como você fez: "O que é o todo ao qual o correto ou o falso se referem? A questão não pode estar decidida!". Porém, isso não é suficiente – seu movimento reflexo dirigido positivamente à vida não o deixa em paz; ele o impulsiona para além da indecidibilidade, compelindo-o a protestar e confessar o seguinte: "Não há vida falsa na correta".[2]

Na esperança de que esse impulso capaz de rebentar pensamentos também seja proveitoso para os autores, eu lhe desejo felicidade em seu próximo decênio.

Jürgen

---

2 Unseld, *Der Marienbader Korb*, p.98.

Pensamento analítico que toma partido

Cara Margarete,
Apesar de seu caráter convencional e casual, desumanamente indiferente, na verdade são as cesuras ditadas pelo calendário que interrompem por um curto momento o ritmo cada vez mais acelerado dos anos e dos decênios. Não parece que foi agora que estávamos comemorando o aniversário de 70 anos de Alexander, em St. Gallen, em uma grande festa aberta a todos? Ora, é chegado novamente um dia no qual somos convidados a dedicar um momento de pausa para a recordação.

Nós a conhecemos há 25 anos, em Heidelberg, na companhia de Alexander. Nessa relação complexa, bastante tensa, vital e sempre radiante, tudo o que lhes atraía e interessava parecia ser enfeixado. Com seus gestos, olhares, brigas ritualizadas e discussões, vocês dois eram um casal irresistível. Nunca mais sentimos com tanta vivacidade o que significa "interesse" (ser/estar entre [*Dazwischensein*]) e iniciativa (dar impulso [*Anstoßgeben*]). Mathias e o trabalho comum na clínica; Freud como provocação, como clássico esmagadoramente presente, como processo contínuo de apropriação, como missão; uma casa sociável, aberta e intelectual no estilo de vida da classe média alta; a rede bem tesa de contatos profissionais e de amigos com os professores e colegas da Suíça, Holanda, Londres, Nova York e Califórnia — foi nesse contexto que nos conhecemos.

Alexander sempre deitou suas raízes na medicina psicossomática nacional; ele também se via inquieto e intrigado com a antropologia cultural, a etiologia, as pesquisas sobre processos de socialização e a sociologia da família. Mas era você, Margarete, vinda de Londres, alicerçada nas grandes experiências da psicanálise, com o espírito dos começos heroicos, do contato com Anna Freud, Paula Heimann e Melanie Klein, que nos trazia um Freud autêntico. Ao menos era assim que, de longe, essa imagem se apresentava a nós: na qualidade de primeira iniciada, você era a autoridade em questões de interpretação de texto, de prática de análise e na reestruturação de um sistema de formação psicanalítico na República Federal. Você se identificava com as novas teorias, sendo reconhecida como especialista. Nos assuntos de teoria psicanalítica, Alexander submeteu até o fim cada uma de suas ideias a seu crivo crítico. Do mesmo modo, cada nova geração de psicanalistas, que vinham da clínica de Heidelberg, alimentava-se de seu entusiasmo, de seu engajamento, de seu conhecimento. Em Heidelberg, formou-se a infraestrutura intelectual que somente em Frankfurt (depois de uma mudança que lhe custou tanto) encontrou ressonância em uma esfera pública mais abrangente. Aqui, a semente de Heidelberg rebentou no solo de um contexto de comunicação mais amplo, a saber, na correlação única de *psiquê*, formação, pesquisa institucionalizada, política orientada à profissão, difusão jornalística e conferências em grande escala. Nesse período, vinham Paula Heimann, René Spitz e sempre os velhos amigos: Jeanne Lampl de Groot, Fritz Redlich, os Loewenfeld, Thure von Uexküll e Paul Parin.

Cara Margarete, você nunca nos encontrou atuando como psicanalista. Pudemos ver apenas como uma analista respira à tarde, depois de relaxar a tensão produzida pelas conversas com seus pacientes. Sobretudo, vimos que a paixão pela terapia, que toda uma vida dedicada a confrontar criticamente a teoria psicanalítica, não a protege de ser tragada pela esteira de conflitos dolorosos e constelações danosas. Você não conseguiu se imunizar contra as feridas de uma vida vivida de forma ofensiva. Você sofreu ainda mais nos anos em que, por causa de uma doença cada dia mais presente, Alexander pouco a pouco teve de se afastar de suas atividades profissionais, da esfera pública política, do trabalho intelectual conjunto, da colaboração entre vocês dois. Outros fatos, como a despedida do instituto, somaram-se a isso tudo. Esses anos de dissolução, de desprendimento emocional de tantas coisas que você vivera até aqui, ficaram para trás. Se algo merece admiração, portanto, é a maneira com que nessa última década você se tornou ainda mais você mesma, como, unicamente a partir de suas próprias forças, deu prosseguimento ao velho e iniciou algo novo.

Junto com Alexander, você havia publicado o estudo sobre *Die Unfähigkeit zu trauern* [A incapacidade para o luto] em uma época na qual as terminações nervosas da cultura política da Alemanha não podiam ser excitadas de maneira mais explícita e benéfica em nenhum outro livro. Você não apenas manteve essa sensibilidade para diagnósticos de tempo; nesse ínterim, viveu tão intensamente de sua própria contemporaneidade que sempre reagiu aos temas do momento – à questão da culpa que não deve ser superada, ao antissemitismo e o tratamento dos asilados, ao padrão neurótico da política armamentista. Você escreve e intervém furiosamente de maneira esclarecedora e analítica, tomando partido, mas nunca com intimidações, sempre tomando cuidado para não cair em ideologizações falsas, sempre procurando vestígios do passado no presente.

Desde cedo você se ocupou da psicanálise da feminilidade, da imagem que Freud construiu da mulher e do papel desempenhado pela inveja do pênis. Você aprendeu com Simone de Beauvoir, manteve estreita ligação com Alice Schwarzer, elaborou suas próprias experiências biográficas. Mas, nesse meio-tempo, você transformou de modo tão eficaz esse interesse psicanalítico em engajamento público, encorajando publicações de trabalhos, que com sua presença e sua pessoa você se tornou modelo para toda uma geração de jovens mulheres.

Desde o início, você se empenhou para que também na Alemanha a psicanálise se institucionalizasse como profissão. Permaneceu, durante algum tempo, no centro do poder de um sistema de formação altamente ritualizado e pouco transparente. Você também se desligou desse papel, não sem sentimentos e talvez até de forma um pouco injusta com o produto de seu próprio trabalho. A acertada crítica à solidificação da psicanálise institucionalizada também tem algo do caráter impiedoso de uma autocrítica. Por isso, você não teme a aprovação de falsos amigos: para os críticos ignorantes da psicanálise você sempre ofereceu apenas desprezo.

Você é, cara Margarete, uma intelectual combativa, todos veem isso hoje; infelizmente, poucos veem os insultos massivos que você acabou sofrendo por isso. Mas, na verdade, a maldade do *Nationalzeitung* e do *Bild* apenas te enchem de honra. Você cresceu com uma mãe alemã e um pai dinamarquês, às vezes além e às vezes aquém da fronteira entre Alemanha e Dinamarca. Isso a protegeu do mofo alemão, de um meio cuja estreiteza carregada de preconceito bloqueia nossa visão e tolhe nossos sentimentos. Nada a irrita mais do que o provincialismo alemão, a falta de cosmopolitismo, a tacanhez regional, a ausência de civilização. Sua atitude em relação à Alemanha foi marcada pela dupla nacionalidade da família e pelas ambivalências dos pais. Mesmo que sensibilizada pelo ambiente nazista quando era estudante, sendo confrontada, intimidada e perseguida – tendo diante de si, portanto, sempre a contraimagem do destemido dinamarquês, que é civil e civilizado –, ainda assim você se identificava o mais dolorosamente com sua mãe, sua língua materna e sua terra-mãe [*Mutterland*]. Nunca houve uma pátria [*Vaterland*] pela qual morrer. Mas apenas "seu próprio país", a respeito do qual, em 1985, com um charme arrebatador, você fez um discurso memorável diante do público entusiasmado do Teatro de Câmara de München.

Que no futuro você não queira fazer segredo da dor consciente dessa identificação, é algo que desejamos a você e a todos nós.

Ute e Jürgen

Sobre títulos, textos e prazos
ou como se reflete o espírito do tempo

I

Existem títulos que não querem se desligar do contexto de sua primeira aparição. Não se pode relembrar o texto sem imaginar a página de rosto, sem visualizar as cores e o formato do volume em que nos deparamos pela primeira vez com o título, sem visualizar as fontes com as quais o título foi escrito, sem sentir o cheiro ou notar o ruído de uma atualidade amarelada que naquele momento fizeram do título algo sintomático do impacto que deixou. Títulos exitosos como *Jargon der Eigentlichkeit* [Jargão da autenticidade], *Revolte und Kounterrevolution* [Revolta e contrarrevolução], *Unwirtlichkeit der Städte* [Inospitalidade das cidades] e *Hilfloser Antifaschismus* [Antifascismo desamparado], mesmo um título mais complicado como *Literaturgeschichte als Provokation* [História da literatura como provocação], são exemplos de um curioso entrelaçamento de abstração intelectual, constelação histórica e sensibilidade na construção de um livro. Em tais títulos se reflete o espírito do tempo, mas não sem que o autor tivesse antecipado, imaginado e inventado a reação de um leitor que ainda não existe, de modo que sua fantasia se adiantasse ao menos por um segundo em relação à realidade.

2

Na era de sua reprodutibilidade técnica, ao ser retirada do templo artístico e se despojar dos resquícios cultuais da religião cultural [*Bildungsreligion*], a obra de arte, como se sabe, perdeu sua aura. Com isso, pode ter se rompido também o selo que a qualificava como única, insubstituível e inalienável. E, mesmo assim, é aquela imagem concreta de uma atualidade decadente que determinados títulos evocam na memória do leitor, a ressonância de uma constelação única. Nela retorna uma constelação de significados, que por um único instante são abatidos enquanto síndrome e passam a exigir a força expressiva de um sintoma. No concretismo do todo a partir do *type, token, time*, o único mostra-se como o típico; em retrospecto, na sintomatologia do passado, o particular desposa o universal.

3

Não são muitos os textos que permanecem presos a seus títulos desse modo estranhamente concreto à data de sua primeira aparição: *Ohne Leitbild* [Sem imagem condutora] – essa *foi* a resposta à estabilidade pós-fascista da Era Adenauer. Entre os autores, Adorno foi o mestre do ofício; entre os editores, Günther Busch. Em suas mãos, a "edição Suhrkamp" tornou-se um meio que, à debilidade refletida, à prisão antecipada do tempo, ao gesto vanguardista do efêmero com objetivos específicos, o qual a título de passado-futuro deve estender seu significado para além do dia, emprestou no presente uma estabilidade precária – justamente como publicação em série. Com duas, quatro ou até seis novas publicações por mês, a "edição" apresenta-se como sequência impaciente de *Eingriffen* [Intervenções], *Stichworten* [Rubricas]: um título atrás do outro. Essas edições são "jornalísticas" no sentido de um desvelamento acelerante, que se repete quase compulsivamente, um desmascaramento do espírito do tempo: processos de aprendizagem com resultado mortal. Elas tratam do emudecimento da inteligência, da dissolução do conceito de arte, da crítica da estética da mercadoria, da doença como conflito; elas tratam da "vila" como arquitetura da dominação, da dialética entre continuidade e ruptura, do trabalho das mulheres, produção de material humano, amor de classe, problemas de legitimação no capitalismo tardio, autolibertação dos estudantes, política da subjetividade etc.

Essa série estava sob a lei da reflexão. Ela produziu uma corrente de teorização. No turbilhão da teoria caiu tudo o que na terminologia platônica deveria ser excluído da teoria – no limite, inclusive a própria "edição". Primeiro, uma brilhante *Theorie des Dramas* [Teoria do drama] responde a uma conhecida *Theorie des Romans* [Teoria do romance]. No meio está uma *Theorie der Avantgarde* [Teoria da vanguarda], que ergue a bandeira do pós-vanguardismo. Nisso vemos uma secreta alusão à lei de movimento da própria "edição", antes que, ao final, ela mesma se converta em tema com a edição 1.000. Essa edição conta com dois tomos, anunciando involuntariamente a "replicação" da série como um todo.

4

À lei de movimento da pós-vanguarda pertence a desdiferenciação do diferente, o nivelamento da alta cultura e da cultura de massa, a estabilidade da aceleração, a volta do velho no novo. Todos os ramos se entrelaçam, e das vozes disseminadas se forma uma nova concatenação comunicativa que reúne de maneira surpreendente estética e etnologia, lírica e economia política, textos de comunicação e análises sobre a paz, os *Brecht-Jahrbücher* [Anuários Brecht] e os *Starnberger Studien* [Estudos de Stanberg], a literatura e a jurisprudência. Grandes textos, como *Der Schatten des Körpers des Kutschers* [A sombra do corpo do cocheiro], o *Tractatus Logico-Philosophicus* [Tratado lógico-filosófico], *Die Innenwelt der Außenwelt der Innenwelt* [O mundo interior do mundo exterior do mundo interior], alternam-se com prosas recém-nascidas, textos cômicos, com outras obras interessantes, como os *Reden zum IV. Kongreß des Tschechoslowakischen Schrifstellerverbandes im Juni 1967* [Discursos do IV Congresso da Associação de Escritores da Tchecoslováquia em junho de 1967], por exemplo. Recuperou-se o esquecido, o radical, o estranho: de Bloch, Eisner, Piscator e Kracauer, passando por Landauer, Bernstein – o psicanalista – e Sohn-Rethel até Sraffa, Kirchheimer, Abendroth e Mandel. Em seguida sempre surge algo novo, pioneiro, precoce; nomes, os quais *posteriormente* se constata com admiração que, no domínio da língua alemã, surgiram pela primeira vez nessas publicações: Jakobson, Wittgenstein e Roland Barthes, Foucault, Eco, Kristeva, Minder, Laing, Basaglia, Rossana Rossanda, Soboul e outros. A "edição" não se limitou a refletir como um espelho os feixes do espírito do tempo – ela os focalizou e inflamou com uma lupa.

5

O envelhecimento da modernidade é um tema antigo. Rejuvenescer um presente no modo do envelhecimento da modernidade – essa nova obra de arte também pode lograr apenas uma vez em um editor engenhoso. Ora, junto com sua geração, ele também envelheceu – ao seu modo, mediante continuidade e ruptura. Ele, que se especializou em ter olho para o momento correto, permaneceu idêntico a si mesmo – quando inteligentemente se despede no tempo certo –, e assim, como testemunham os *Cahiers* de Valéry, conservou sua produtividade.

O filósofo como verdadeiro teórico do direito

I

Quando o lendário curso radiofônico *Rechtswissenschaft* [Ciência do direito] foi republicado cerca de vinte anos atrás, Wiethölter escreveu um prefácio característico, exprimindo não apenas uma distância que se tornou ainda maior em relação ao texto, mas ao mesmo tempo a fidelidade para com as velhas esperanças de reforma: "Considerar a ordem política de uma sociedade econômica como constituição da cultura jurídica é e permanece sendo o núcleo tanto teórico quanto prático de um projeto da modernidade".[1] Como em um mote, os pensamentos reunidos substantivamente se aglomeram em corpos explosivos, que no instante seguinte estouram como irônicos fogos de artifício para projetar no céu noturno uma figura alegórica que necessita ser decifrada. Wiethölter pensa na domesticação política e na transformação democrática da sociedade capitalista pelo *medium* de um direito cuja força

---
[1] Wiethölter, *Rechtswissenschaft*, p.7.

civilizadora penetra e se instala nas formas de vida culturais. O direito correto deve libertar a sociedade antagônica para a cultura do conflito.

Wiethölter é um grande formulador, um artífice da palavra, um malabarista das citações, um pirotécnico e um parodista, que de certo modo prepara as palavras de uma forma estridente para que possam com isso exercer um serviço esclarecedor. Da mesma maneira que as montagens de Alexander Kluge, a prosa inconstante de Wiethölter lança o leitor em uma confusão. Cada frase embrulha os pensamentos em um mote, cada uma mergulha em uma plenitude de conotações, cada uma destrói uma pré-compreensão, cada frase se dispõe próxima do centro de uma esperança histórico-filosófica que se inscreveu profundamente no ano de 1929. Com um suspiro de colorido melancólico da primavera de 1945, e que se manteve por toda a vida, Wiethölter permaneceu atado à sua geração: "[...] e hoje, como antes, a esperança secreta nos planos ocultos da natureza e no uso público da razão, ou seja, naquela benéfica e insidiosa dialética da implementação, sob cujo encanto e sob cuja varinha mágica se seguem consequências do agir humano, que não eram ao mesmo tempo as consequências das intenções do agir humano".[2]

A partir da experiência biográfica do novo começo é possível elucidar também a mentalidade e o páthos encoberto, que ainda emprestam sua clareza aos textos mais utópicos. Wiethölter não desiste; mesmo quando se retira, não renuncia. Em um discurso enérgico, que foi proferido em razão do sexagésimo aniversário de Ludwig von Friedeburg, encontra-se uma das mais

---

2 Wiethölter, Bemerkungen aus der Recht- und Juristenwelt, p.38 ss.

raras confissões: "Hoje não temos nem que trair nem justificar a crítica de então, mas continuá-la em termos contemporâneos; contemporâneo significa: de forma mais diferenciada, mais complexa, mais sólida, portanto também mais cautelosa, em um sentido totalmente literal, mais atenta e prudente – com vistas às oportunidades de longo prazo". Wiethölter domina de maneira tão magistral o ofício dos discursos comemorativos que eu não gostaria de concorrer com ele fazendo uma homenagem por seu sexagésimo aniversário. Em vez disso, relato as experiências de um leigo em direito com o jurista e verdadeiro teórico do direito Wiethölter. Com essa expressão, Kant se referia ao filósofo que percebera na esfera pública o papel do intelectual; mas, também como um tal filósofo, Wiethölter permanece jurista.

Em geral, o não jurista entre os filósofos não pode evitar uma experiência típica: as discussões do direito público, particularmente aquelas em torno do Estado de direito que se passaram no campo de forças políticas da República de Weimar, ainda podem ser conectadas a uma conceitualização filosófica grosseira; ao passo que a visibilidade diminui e a confusão aumenta, mais profundamente se penetra nas picuinhas do direito civil – e logo não se vê mais a floresta por causa das árvores que estão à sua frente. Ora, não posso me aproximar das considerações complexas de Wiethölter com esse esquema simplificador. É preciso tê-lo escutado ao menos uma vez durante três horas! Por um lado, ele se compraz com a necessidade de abstração do filósofo de um modo ainda mais impressionante do que os colegas do direito público: Wiethölter alarga perspectivas, oferecendo magníficos enfoques. Por outro lado, Wiethölter atormenta o pobre filósofo ainda com menos misericórdia do que o civilista mais obcecado pelo detalhe: Wiethölter, com seu grande calibre, abandona-o sem ajuda nos enxames de detalhes absurdos. Wiethölter separa ininterruptamente um caso do outro, buscando um efeito caleidoscópico – todas as estruturas se decompõem em detalhes e contingências transitórios. Wiethölter surpreende na maneira como não só concilia contrários, mas também os contamina intencionalmente. A determinação para formar estruturas com espessura histórica se alterna com a destruição casuística, permitindo imergir o universal no particular, o texto no contexto. Da construção experimental da história se segue uma desconstrução que prestaria honras aos virtuosos do *Critical Legal Studies*. Porém, ao contrário de Duncan Kennedy, que aliás tratou de compreender de forma notável o mundo de ideias de Wiethölter, a este pertencem ambas as coisas: a fúria desconstrutiva da consciência da crise e a procura por uma saída construtiva.

Wiethölter está profundamente convencido de que o compromisso do Estado social lançou o sistema jurídico das sociedades industriais desenvolvidas em uma crise. Wiethölter partilha dessa consciência da crise com muitos colegas; mas, de acordo com sua interpretação, manifesta-se nisso mais do que a exigência do sistema jurídico. Os problemas não resolvidos da sociedade, dos quais uns disseram respeito mais ao mercado e outros mais ao Estado, devem resultar antes de uma falha do sistema jurídico. Para Wiethölter, o direito não é um subsistema entre outros, mas um *medium* preferencial de integração da sociedade como um todo: "No essencial, isso significa o seguinte: a falha do mercado e da política como falha do direito". Em razão dessa posição central, devemos atribuir à transformação do sistema jurídico e à renovação da teoria do direito, que fornece a fagulha inicial para tanto, um significado político eminente.

Estas duas hipóteses – do estado crítico do sistema jurídico e da crise do direito como causa da crise social – elucidam a estratégia de Wiethölter: de um lado, ele tenta demonstrar sempre em casos particulares que a prática de decisão judicial é incalculável porque faltam "critérios, foros e procedimentos" que possam fundar um consenso; de outro lado, ele não extrai desse diagnóstico as consequências contextualistas habituais, mas se atém à autocompreensão normativa do Estado democrático de direito com a finalidade de harmonizá-la com uma prática em geral confusa. Porém, suas próprias hipóteses fundamentais são plausíveis? Como podemos compreender a tese de uma crise do direito (II), bem como a tese da posição socialmente central do direito (III)? Limitar-me-ei a algumas rubricas e interpolações exegéticas.

2

Na qualidade de dogmáticos formados, os juristas percebem o direito da perspectiva do juiz, e toda crise do direito é lida por eles como crise da jurisprudência. Sob esse aspecto, por sua vez, a indeterminação das decisões judiciais é o que mais os preocupa – ou seja, o fato de que o julgamento de um caso não seja suficientemente determinado pelo direito vigente, pelas decisões anteriores, pelo conjunto de leis, comentários e opiniões dominantes (mesmo quando o julgamento pode ser previsto em razão de *outras* variáveis). Nisso interessam sobretudo as razões estruturais. A indeterminação interna da jurisprudência resulta em geral da lógica de aplicação das normas jurídicas e especialmente das políticas do Estado intervencionista impostas conforme o direito. A complexidade cada vez maior de matérias carentes de regulação e a interdependência crescente das próprias regras deixam os tribunais diante do dilema de terem de aperfeiçoar o direito com base em sua própria autoridade, apesar das leis estarem vinculadas ao Estado de direito. Dessa perspectiva podemos falar de uma crise do direito se (a) for possível diagnosticar a indeterminação interna cada vez maior da jurisprudência, que (b) se apresenta como reflexo jurídico de desenvolvimentos políticos e sociais irreversíveis e (c) exige do juiz uma interpretação construtiva capaz de aperfeiçoar o direito, sem que (d) para essa "ponderação" se coloquem à disposição critérios examinados intersubjetivamente e legitimados de forma democrática (por exemplo, procedimentos para formação de critérios). Quem, como Wiethölter, persegue com receio a crise do direito da perspectiva do juiz tem de se interessar, por essa razão, pelo tema do aperfeiçoamento do direito.

Em um trabalho correspondente, Wiethölter acabou por completo com a doutrina convencional da separação de poderes. A análise da jurisprudência mostrou que a práxis de decisão judicial não pode ser concebida, da mesma maneira que se ensina no manual, como uma ação orientada para o passado, a saber, uma ação fixada ao direito vigente, nem ser diferenciada da legislação e da administração como um tipo de ação concentrado no futuro e no presente. Por outro lado, a literatura que Wiethölter discute nesse ponto – estudos de F. Müller, D. Simon e R. Ogorek – conduz a um resultado sensato, ao retirar os elementos dramáticos do cenário da crise. De acordo com essa discussão, desde o fim do século XVIII o trabalho de interpretação do juiz e da dogmática jurídica *sempre* se movimentou dentro de uma margem de apreciação relativamente grande; a práxis de decisão judicial sempre se constituiu como um aperfeiçoamento construtivo do direito, totalmente independente da compreensão política instável do direito e de suas diversas metodologias jurídicas: "Em último caso, coube ao juiz todos os passos das tarefas do poder soberano regente: ele identifica o caso, compõe um programa de regras, toma decisões e medidas administrativas, e calcula as consequências políticas – mais precisamente, sem considerar se nos últimos duzentos anos isso lhe foi explicitamente proibido ou se ele se encorajava constantemente ao agir assim".[3] Em aparente acordo com essa tese, o próprio Wiethölter tira a seguinte conclusão da investigação que R. Ogorek oferece sobre a história do direito, a saber: que o dilema de uma jurisprudência obrigada pela razão, que pode administrar o direito positivo apenas como direito correto na medida em que o aperfeiçoa sem o respaldo do direito natural e da legitimação democrática, dificilmente poderia ter sido modificado a partir do início do século XIX.

No entanto, se não se deve reconhecer nenhum agravamento dramático daquele dilema, nem mesmo a tendência de uma pressão crescente do problema, o que ainda justifica o diagnóstico da crise ao qual Wiethölter se atém também no teor desse ensaio? O que justifica a queixa sobre a falta de "critérios, foros e procedimentos"? Por que Wiethölter acredita ser necessária uma revisão profunda dos conceitos fundamentais do direito para com isso resolver a crise? Por que, para a reconceitualiza-

---

[3] D. Simon citado em Wiethölter, Zum Fortbildungsrecht der richterlichen Rechtsfortbildung p.19.

ção do direito, ele espera ajuda de fora – dos enfoques da teoria dos sistemas, da economia e da teoria da comunicação, também de teorias da sociedade rivais que extrapolam a perspectiva interna do sistema jurídico? Wiethölter se atém à intuição fora de moda de que o direito perde sua pretensão de legitimidade se a pretensão de validade normativa do direito não puder mais ser desempenhada por uma jurisprudência racional capaz de fechar as lacunas da indeterminação. No entanto, ele não localiza esse problema imediatamente no âmbito da metodologia e da dogmática jurídica, mas no âmbito de uma compreensão de fundo da teoria social que penetrou a profissão e que forneceu ao direito um significado preciso, mais exatamente no quadro de um projeto dinâmico que se tornou reflexivo: "Portanto, nosso interesse precisa se voltar para as orientações que influenciam a época".[4]

Isso explica o interesse de Wiethölter nas "épocas" do direito formal burguês, do direito materializado do Estado social e do direito procedimental, que deve fazer parte de uma sociedade pós-industrial em surgimento. Ora, essa periodização, porém, tal como a compreendemos, não é muito frutífera para o desenvolvimento efetivo do direito em nossas sociedades. Contudo, Wiethölter também não utiliza as expressões direito formal, material e procedimental para fins históricos, como rubricas para "modelos sociais do direito". Em torno desses conceitos cristaliza-se a cada vez, portanto, outra compreensão de fundo, que é própria daqueles que participam mais diretamente do processo de realização do Estado democrático de direito como um projeto histórico – sobretudo o projeto

---

[4] Ibid., p.24.

que se depreende da atuação em longo prazo dos especialistas em direito. Pois somente um projeto como o de uma sociedade justa ou bem ordenada (Rawls) poderia fechar as lacunas de indeterminação da interpretação do direito válido ligada a casos determinados.

Klaus Günther esclareceu recentemente, do ponto de vista de uma lógica da argumentação jurídica, o papel das ideologias jurídicas, que oferecem um contexto de inserção para as normas jurídicas. Ele elaborou um modelo de coerência que lançou uma nova luz à compreensão de fundo paradigmática do direito em geral. A interpretação de uma norma aplicável a uma situação tem o objetivo de fundamentar o primado de uma norma que seria a única adequada, de tal modo que o ideal de um sistema de normas válidas não fosse violado.[5] Aquela norma que parece "adequada" à luz de uma descrição, a mais completa possível de todos os indícios relevantes de uma situação de aplicação, não anula a validade das normas concorrentes, que de início se candidatam a uma aplicação, mas que posteriormente seriam consideradas inadequadas; a escolha da norma adequada se apresenta antes como resultado da melhor teoria de *todas* as normas válidas – teoria essa considerada sempre em cada caso. Pois a interpretação de um caso à luz da norma privilegiada aparece não como a realização mais favorável de um bem jurídico que concorre com outros bens jurídicos;[6] ela significa antes que se esgotaram da melhor maneira todas as possibilidades de um *sistema* de normas válidas.

---

5 Günther, *Der Sinn für Angemessenheit*.
6 Como em Alexy, *Theorie der Grundrechte*, p.71 ss.

Cada norma permanece dependente da complementação coerente efetuada por meio de todas as outras normas válidas. No entanto, esse sistema se encontra em constante movimento, podendo-se assim alterar as relações de primazia com cada nova situação que surge. Em regra, não é possível se orientar segundo um ideal tão pretensioso como esse – e isso nem mesmo no caso da jurisprudência profissionalizada. Portanto, no lugar do ideal entram os paradigmas, "em que as normas, que consideramos válidas aqui e agora, (já) foram trazidas em uma ordem transitiva [...]. Eles formam um contexto de fundo no qual são inseridos nossas avaliações de cada situação e os juízos morais *prima facie* correspondentes [...]. Assim, sob formas modernas de vida, cada um solucionou a seu modo a relação de hierarquia entre os princípios da liberdade e da igualdade, sem que se afirmasse com isso que os paradigmas correspondentes são inalteráveis e para cada caso de colisão se sugerisse sempre somente uma e mesma solução. Mas Günther logo acrescenta: "Na medida em que desobrigam os participantes de uma prática social determinada a se contentarem com uma porção de princípios não ordenados e somente *prima facie* aplicáveis, [...] os paradigmas, contudo, também são uma fonte de prejuízos, avaliações distorcidas da situação e, por conseguinte, aplicações parciais ou unilaterais de normas válidas".[7] Um exemplo disso é oferecido pelas ideologias jurídicas do Estado de bem-estar social com seus conceitos centrais de direito formal e material.

---

7 Günther, *Ein normativer Begriff der Kohärenz für eine Theorie de juristischen Argumentation*, p.22.

A revolução recuperadora

O diagnóstico da crise produzido por Wiethölter pode ser compreendido então de tal modo que, ao se cristalizarem em torno dos direitos subjetivos do participante privado do mercado e das exigências por serviços a que têm direito os clientes da burocracia do Estado de bem-estar, esses paradigmas são desintegrados *sem que fossem substituídos por uma nova ideologia jurídica.* Os modelos sociais implícitos nos conceitos do direito formal e material hoje não são mais passíveis de consenso; eles perderam sua força de integração. De acordo com esse diagnóstico, a jurisprudência se tornou "indeterminada" porque falta o consenso de fundo que poderia atuar como paradigma de uma ordem justa. Oferece-se como alternativa uma autocompreensão funcionalista ou econômica do sistema jurídico que deflaciona todas as reflexões normativas. Em contraposição a isso, Wiethölter parte de que um sistema jurídico, que determinasse sua própria base normativa e se apresentasse como um sistema irracional de controle do comportamento, dificilmente seria capaz de sobreviver. Por isso, ele busca uma alternativa. Sob a rubrica de direito "procedimental", ele defende o vir-a-ser reflexivo [*Reflexivwerden*] de *todos* os paradigmas. Em todo caso, ele associa com esse conceito o modelo de uma sociedade que organiza a si mesma e que tem por premissa o pluralismo das orientações axiológicas e dos poderes de crença [*Glaubensmächte*].

No lugar de formas de vida presas a ideais produtivistas, que surgiram do contrato de pessoas privadas livres e iguais ou da distribuição igualitária das riquezas produzidas socialmente, entra o projeto de instituição em larga escala de procedimentos de processos racionais de formação coletiva da opinião e da vontade. No lugar de uma religião civil desta ou daquela proveniência entra a "cultura do direito como conflito", no lugar de um contexto de inserção substancial, um direito que não projeta mais uma forma de vida concreta, mas se limita a determinar os procedimentos de auto-organização da sociedade.

3

Wiethölter declina incansavelmente as formas gramaticais do direito. Ele distingue direito como categoria de forma e direito como categoria de conteúdo, direito como programa condicional e como programa final, como forma da liberdade subjetiva e como *medium* da política estatal, com o propósito de emprestar contornos visionários ao terceiro tipo que deve ser complementado na série de formas jurídicas, a saber, a procedimentalização do direito. Com esse novo e abstrato contexto de inserção, a categoria do direito enquanto tal deve se modificar: "A procedimentalização visa não tanto às garantias sociais (como direito de liberdade), e nem também às outorgas (como administração política), mas às condições de possibilidade [...] de tais garantias e outorgas a partir da conjunção de interesses que podem ser integrados pelas ordenações jurídicas que regulam o comportamento".[8] Wiethölter antecipa a instauração de foros e procedimentos para uma formação discursiva da vontade (especificada segundo um âmbito objetivo e social) mediante critérios de acordo com os quais um conjunto de princípios interpretados com conceitos jurídicos indeterminados – como o bem-estar das crianças, interesses das empresas, condições pacíficas nas relações de trabalho, paridade social etc. – possam, em casos específicos, ser dispostos

---

8 Wiethölter, *Prozeduralizierung der Rechtskategorie*, p.12.

em uma ordem coerente. Ao mesmo tempo ele dramatiza essa recomendação com vistas a uma perspectiva de transformação da sociedade como um todo: "A procedimentalização é — em uma frase — a conexão renovada com a filosofia e a história burguesas, com a intenção de reproduzir seus desenvolvimentos tanto idealistas quanto materialistas sob circunstâncias modificadas enquanto um projeto de aprendizagem da sociedade".[9] Em tais passagens, Wiethölter parece esquecer que, depois do fim de todas as ideologias jurídicas capazes de consenso, podemos falar inicialmente de uma compreensão de fundo procedimental somente se esta servir para melhorar a racionalidade da jurisprudência. Wiethölter tem algo ainda maior em vista. Ele ainda não desistiu da ideia de um direito racional da sociedade burguesa como um "programa jurídico instituído e executado", pois continua convencido, agora como antes, de que o "direito (é) a estrutura decisiva da sociedade".

Isso pode *aparecer* assim da perspectiva do sistema jurídico. Mas Wiethölter também sabe que sociedades modernas não se adaptam em geral a conceitos do direito racional e, com isso, aos conceitos jurídicos fundamentais. Já os filósofos morais escoceses e os fisiocratas franceses tomaram emprestado seu modelo de *outras* ciências. A sociedade não é mais compreendida a partir do direito, mas — de Marx até Luhmann — o direito é compreendido a partir da sociedade. Então, em qual sentido podemos falar de uma posição central do direito?

Wiethölter parece partir, com Savigny, de um conceito duplo de direito: do direito como um âmbito funcionalmente es-

---

9 Ibid., p.13.

pecializado e do direito como um elemento em que se reproduz o todo da sociedade. Em todo caso, ele cita Savigny:

> Pois quando a cultura aumenta, divide-se cada vez mais todas as atividades do povo, e o que antes se exercia em comum diz respeito agora a estamentos individuais. Agora, também os juristas formam um estamento separado [...]. A existência do direito é, a partir de então, mais artificial e desenvolvida, na medida em que ele tem uma vida dupla, de um lado, como parte da vida total de um povo – o que o direito não deixa de ser –; de outro, como ciência particular nas mãos dos juristas. Com base na cooperação desse princípio vital duplo se explicam todos os fenômenos tardios, e agora é compreensível como também aquele tremendo detalhe pôde surgir de um modo orgânico, sem arbítrio nem intenção. Para encurtarmos, chamamos artificialmente a conexão do direito com a vida comum do povo de elemento *político*, mas a vida científica especializada do direito denominamos como sendo seu elemento *técnico*.

Ainda hoje essa distinção possui seu sentido adequado; o direito como sistema de todas as interações reguladas juridicamente é mais abrangente do que o sistema de todas as interações relacionadas *reflexivamente* com o direito, e nas quais se trata do próprio direito. Mas esse sistema jurídico em sentido estrito não se mantém apenas devido à aplicação profissional do direito, mas antes por causa da produção e do aperfeiçoamento tanto quanto à implementação de normas ou programas jurídicos. A perspectiva interna desse sistema jurídico não pode ser reduzida unilateralmente à perspectiva do juiz ou do dogmático do direito. Se uma perspectiva – também por razões metódicas – tiver de ser perseguida, deve ser aquela do legislador democrático e não aquela do jurista, na qual Savigny havia visto o guardião nato do direito e de sua racionalidade. É certo que Wiethölter orienta seu olhar para o "elemento político" do direito – mas ele também privilegia inesperadamente seu "elemento técnico", uma vez que se trata de saber como o sistema jurídico em seu todo pode dispor da "procedimentalização". Algumas formulações nos dão a impressão de que o verdadeiro teórico do direito ainda representaria o papel do dogmático civilista de Savigny. O dogmático vestia o ornamento invisível do juiz-rei e se localizava em um lugar tão alto que podia observar de cima o legislador como uma de suas fontes do direito. Era tudo então uma questão de sensatez da jurisprudência, que havia constituído a sociedade com um direito correto – uma vez corretamente instaurado, ela já passaria a funcionar. Contudo, hoje podemos pôr em dúvida se o direito nesse sentido ainda é capaz de afirmar sua centralidade.

Talvez em um outro sentido ele ainda exerça um papel central – como guardador de lugar [*Stattshalter*] da *pretensão* de que também nossos sistemas complexos, regulados pelo dinheiro e pelo poder administrativo, não podem abrir mão completamente de uma integração social medida pela consciência da sociedade em seu todo. Parsons falou de uma institucionalização jurídica do *medium* do dinheiro e do poder. Nesse sentido, não é totalmente inoportuna a representação do direito como o *medium* sobre o qual a integração sistêmica permanece ligada à integração social de formas de vida. O direito deve essa expectativa à circunstância de que ele simultaneamente limita as interações desde fora e as justifica da perspectiva dos participantes; e se o direito se contenta com a legalidade das ações, também tem de sempre *poder* ser obedecido por razões morais. Foi assim que Kant concebeu o direito à coerção. E sempre a dimensão normativa de sua validade liga o direito em seu todo a um reconhecimento intersubjetivo isento de coerção por parte dos parceiros do direito. Ainda que reste ao direito pós-metafísico apenas uma aparência de normatividade, as formas de organização jurídicas se refletem no brilho da promessa de uma auto-organização da sociedade – os participantes têm de poder considerar a organização de sua vida em comum como se ela tivesse surgido de sua formação intersubjetiva racional da vontade.

Suponho que Wiethölter tenha superado esse vestígio de idealismo, que a ironia do cínico atrai para si, no conceito de "direito procedimental". Para poder efetuar uma mudança, contudo, o projeto de uma sociedade radicalmente democrática, que está insidiosamente associado a essa expressão, não deve penetrar apenas na consciência de juristas especializados; ele deve se enraizar na compreensão de fundo das administrações e das corporações legislativas – e com isso remeter à união da formação da vontade constituída democraticamente com esferas públicas autônomas, que decerto têm de ser possibilitadas juridicamente, mas não podem ser constituídas em seu todo a título de corporações. O direito não pode produzir uma cultura política democrática permanecendo dependente da boa vontade desta. É assim que compreendo o discurso paradoxal da ordem política de uma sociedade econômica como "constituição de uma cultura jurídica".

Em Wiethölter, as reflexões sobre teorias da democracia também giram em torno da questão de como pode ser institucionalizada "a imparcialidade de critérios sob os quais todas as particularidades recebem seu direito". Ele se mostra cético diante do universalismo abstrato do Esclarecimento e de seus princípios que estão localizados "lá no alto por sobre as particularidades que nos definem". Porém, Wiethölter também é cético diante de um contextualismo que vira as costas para o universalismo:

> A teoria jurídica da esquerda decidiu, na luta pelo direito, não reclamar seus direitos em nome da racionalidade universal ou da imparcialidade reguladora, mas também estabelecê-los numa particularidade radicalizada, na soberania (também jurídica) e na autonomia de grupos autodeterminados. Com isso, eles reclamam igualmente reconhecimento de uma minoria absoluta em relação à maioria relativa, ou seja, expresso na terminologia jurídica clássica, concebe antes o status referente ao direito público do que o status do direito civil.[10]

O próprio Wiethölter contrapõe o modelo do direito das gentes [*Völkerrecht*] com o do direito privado internacional. Um caso que seja interpretado diferentemente a partir do ponto de vista de contextos distintos deve, não obstante, ser decidido segundo regras de colisão que são aceitáveis para ambos os lados.

Ora, algo semelhante vale para a formação política da vontade em sociedades pluralistas e altamente individualizadas, as quais, por estarem tão fragmentadas, só permitem maiorias de minorias subculturais. De modo algum essa situação obriga ao abandono do universalismo; no entanto, o esforço de contextualização cresce na medida em que a operação de universalização exige regras e princípios fundamentais cada vez mais

---

10 Ibid., p.12.

abstratos. Diante disso, a "teoria jurídica da esquerda" frequentemente se limita a reagir refletindo seus velhos erros – os quais, também em outros tempos, foram desnecessários. Porque tinham permanecido presos a premissas coletivas falsas, agora confiam tudo ao reflexo do individualismo. U. Preuß utiliza uma teoria da escolha racional, que se tornou reflexiva, para fazer que os cidadãos orientados pelo bem comum de Rousseau desçam das alturas de sua identificação nacional para o chão do autointeresse burguês do indivíduo privado e esclarecido. No percurso de volta que leva de Marx a Hobbes, Kant parece ter ficado no meio do caminho. Do cálculo de utilidade individual deve resultar, mediante preferências de segunda ordem, a compatibilidade social do interesse que é sempre meu:

> A satisfação do meu interesse individual depende ou de uma ação coletiva – em cada esquina há um policial que observa o comportamento desdenhoso dos passantes e, caso necessário, o sanciona – ou que os outros indivíduos satisfaçam seu comportamento individual, o qual, baseado na confiança do comportamento de seus concidadãos igualmente regulado pela lei, levam de fato à satisfação dos interesses.[11]

Wiethölter não reagiu de forma tão clara contra essa tentativa de uma "socialização da teoria econômica": "Tudo o que disse o sr. Preuß [...] ilumina extraordinariamente nossa cabeça, mas causa tristeza demais ao coração".

Ora, Wiethölter não deveria ter ficado tão triste por esse motivo. Em sua própria contribuição à discussão, ele já expôs

---

11 Preuß, Perspektiven Von Rechtsstaat und Demokratie, p.10.

A revolução recuperadora

uma dúvida saudável em relação à dúvida individualista. Preuß não pode fechar o abismo entre o cálculo de utilidade egocêntrico e o interesse comum lançando mão de preferências – pois mesmo estas, quando se tornam reflexivas, *permanecem* subjetivas. Isso é realizado apenas pela "mão invisível" de Adam Smith (na qual Preuß não acredita mais) ou pela "lei universal" de Kant (uma legislação que, no entanto, deve ser libertada da prisão da vida solitária da alma). O próprio Preuß diz isto: "Temos diante de nós então não o caso de uma satisfação coletiva de interesses, também não o de uma satisfação individual, mas uma satisfação de interesses apoiada na reciprocidade e na confiança mútua entre os indivíduos".[12] Ele postula que cada indivíduo (a) reflete para si qual seria o comportamento universal *igualmente bom para todos*; e (b) confia com isso que todos os outros empregarão a mesma reflexão; e (c) agirão de acordo com seu resultado. Assim, de Hobbes volta a surgir Kant.

Talvez a partir daqui se devesse avançar de Marx até Mead e postular com Wiethölter "foros e procedimentos" que pudessem emprestar à assunção de uma perspectiva universal ainda relacionada ao *foro interno* (sem a qual também a teoria econômica do direito não se "socializaria") a forma sólida de uma práxis intersubjetiva.

---

12 Ibid.

O primeiro – Um elogio

No espelho da esfera pública, a imagem de Dahrendorf já assumiu contornos definidos. Nem todos os traços que estamparam essa imagem são falsos. Sempre onde chegava, Dahrendorf era o primeiro – e isso não só em um sentido temporal. Da minha geração, ele foi o primeiro a ser promovido (aos 23 anos), o primeiro a viajar para o exterior, o primeiro a fazer sua habilitação, tornando-se o mais jovem professor. Em Bonn, ele certamente foi – eu não comprovei isso – o mais jovem secretário de Estado do Ministério de Assuntos Exteriores; em Bruxelas, o mais jovem alto comissário. Desde 1974, essa carreira brilhante teve continuidade na Inglaterra; ela levou Dahrendorf para Oxford e para a Câmara dos Lordes. Esse percurso revela o esforço de um espírito vibrante, uma grande ambição intelectual. Também esconde alguns vestígios: a retidão e a continuidade de um espírito decidido. Com frequência, Dahrendorf teve de aportar em novos litorais para poder continuar a ser ele mesmo.

Já faz 35 anos que eu o conheci em um círculo de jovens sociólogos; Dahrendorf se apresentava como nós hoje o conhecemos – ele era brilhante, e sabia disso. Dessa autoconsciência surgiu, por exemplo, o título de sua conferência de abertura em Tübinger no ano de 1961: "Sobre a origem da desigualdade entre os homens". Aqui ele ajustava as contas com Rousseau. E uma década mais tarde ele objetará a seus amigos de esquerda que a busca por Rousseau teria o trágico fim de acabar em Hobbes. Naquela ocasião, tratava-se de identificar os vestígios de Rousseau no funcionalismo estruturalista contemporâneo e uma teoria do conflito baseada em Hobbes, que no contexto de Adenauer se oferecia como crítica ferrenha das sugestões harmoniosas do parsonismo dominante. Na base estavam argumentos que Dahrendorf havia desenvolvido em sua habilitação. E na versão inglesa que foi reelaborada, vemos, mesmo que em retrospecto, o livro mais importante de Dahrendorf na área de Sociologia.

Dahrendorf contestou o vínculo estreito que Marx havia estabelecido entre situação econômica e estratificação social, de um lado, e dominação política, de outro lado. Da própria estrutura de dominação, da necessidade de obrigar o comportamento social conforme a normas por meio de sanções, surge *per se* uma desigualdade social que já precederia a distribuição desigual de meios de produção e da riqueza socialmente produzida. Desse modo, só é possível restituir a inocência ao conflito de classe caso seja domesticado por instituições da liberdade. Evidentemente, um conflito de classe neutralizado dessa maneira pode ser reabilitado como motor da desejável mudança social.

As ideias de Dahrendorf se moviam naquele tempo como as de seu amigo Popitz, em uma rede conceitual formada por norma, sanção e conflito – a sociedade é algo que pesa, e ape-

A revolução recuperadora

nas mediante coerção abre aos indivíduos espaço de liberdade. Só muito tempo depois Dahrendorf se apropriaria do discernimento de Max Weber segundo o qual instituições são feitas também de outro material, a saber, interesses *e* valores, sanções *e* convicções. Ele declarará que o aumento de opções não deve ser obtido ao preço de toda espécie de vínculos sociais, caso contrário a liberdade perderia sua substância.

Com sua primeira teoria do conflito, muitas vezes mal compreendida, Dahrendorf exerceu influência no início dos anos 1960, durante a incubação da revolta estudantil, para além de sua área de especialização, ajudando a preparar o terreno para a coalizão social-liberal. Com sua segunda grande monografia, *Gesellschaft und Demokratie in Deutschland* [Sociedade e democracia na Alemanha], de 1965, ele ganhou reputação em uma esfera pública mais ampla. Foi o único sociólogo que, depois de 1945, teve a coragem de abordar frontalmente a questão vital de por que durante tanto tempo não foi possível se impor na Alemanha uma democracia de corte ocidental. Dahrendorf tinha um olho para identificar problemas que não provinham do discurso científico, mas vinham até nós pela vida. Ele também trabalhou questões históricas sob pontos de vista generalizantes, armado apenas de alguns postulados normativos e hipóteses explicativas. Esse modo de proceder parece à primeira vista algo escolástico: de início, uma questão precisa e uma tese correspondente, depois uma tentativa de explicação com evidências empíricas, por fim o argumento. Na verdade, esse discurso é inspirado por Popper, pela crença na sociologia como ciência de leis.

Dahrendorf se formou na escola de dois filósofos analíticos: Josef König e o próprio Popper; ele está distante de toda hermenêutica das ciências do espírito. Lá em seu doutorado abordou Hegel e Marx com a ponta dos dedos; depois também não correu o risco de ser infectado ou tragado pelo poder da linguagem do Idealismo Alemão. Sua linguagem, suas *duas* linguagens são de outro tipo. De maneira construtiva, Dahrendorf confecciona textos argumentativos, transparentes, didaticamente construídos com uma elegância irredutível e com uma conceituação de longo alcance, porém de modo algum maçante. Ele é um sociólogo com capacidade para escrever, mas que, no entanto, ainda continua sociólogo quando põe sua escrita a serviço dos diagnósticos políticos do tempo.

As experiências políticas entre 1969 e 1974 fizeram de Dahrendorf um escritor político teoricamente pretensioso, informado pelas ciências sociais. Dahrendorf, que aos 15 anos já havia entrado em conflito com a Gestapo e sido detido, sempre pensou em termos políticos. Se seus pais não tivessem sido social-democratas, não compreenderíamos nem o engajamento de toda uma vida em prol da liberdade e da justiça social nem sua solução ambivalente para a tradição socialista. Ele mesmo, de maneira um tanto irônica, denominou-se um liberal não reconstruído do século XVIII. Isso explica uma radicalidade beneficamente inflexível de muitas de suas posições, também certas dissonâncias que elas provocaram no *juste milieu* da República Federal da Alemanha. Ele virou as costas ao provincialismo deste país, mesmo não sabendo ao certo se um hamburguês que vai a Londres também já emigra ao fazê-lo. Essa radicalidade daquele liberalismo inicial com o qual Dahrendorf tentou ajustar o déficit democrático das tradições alemãs – e, assim como outros, recorreu ao pragmatismo norte-americano – pôde afinal explicar também por que não precisou guardar um ressentimento anticomunista. Em julho de 1985, diante de um público inglês, ele repetiu aquela frase que o Chanceler Wirth havia pronunciado depois do assassinato de Rathenau: "O inimigo está à direita".

Na produção da última década e meia, nas *Reith Lectures* da BBC, nas preleções sobre *Law and Order* [Lei e ordem], no importante livro sobre as *Lebenschancen* [Oportunidades de vida], por fim, nos *Fragmenten eines neuen Liberalismus* [Fragmentos de um novo liberalismo], o lado literário de Dahrendorf chegou a seu ápice. Um estilo terminologicamente mais despojado se livra das convenções especializadas, os antigos pontos fortes são ressaltados de maneira ainda mais clara: o acesso direto ao tema, o traço explorador do ensaísta, a provocação iluminadora, a simplificação consciente, a aproximação enérgica das questões normativas, o olhar honesto sobre realidades dolorosas. A vista apurada para o politicamente possível sem oportunismo e autocompaixão, sem compromisso em princípio. Tal autor merece um prêmio pela prosa científica.

Com certeza, Dahrendorf não mantem uma relação íntima com a obra de Sigmund Freud. A sombra de Popper está entre ele e Freud. O que o une a Freud é uma mentalidade que lembra Max Weber. Dahrendorf pode às vezes parecer pretensioso; contudo, de maneira totalmente despretensiosa, em seus escritos se produz a difícil unidade entre objetividade e paixão.

4
Teoria e política

O trabalho teórico e a tomada de posição política pertencem a contextos diferentes. Nós só nos tornamos conscientes de como se relacionam quando, apresentados a certas questões, vemo-nos obrigados a elaborar discursos e respostas. A entrevista com Hans-Peter Krüger ocorreu em novembro de 1988, ou seja, um ano antes da abertura do muro. Uma viagem programada ao Brasil deu ocasião para as questões de Barbara Freitag, que respondi em julho de 1989. Em janeiro de 1990, reagi às perguntas e objeções do colega sociólogo T. Hviid Nielsen, que conheci em Berkeley. Elas são precedidas pela resenha do livro *Justiça política*, de Otfried Höffe.

Limites do normativismo do direito racional

Otfried Höffe possui o mérito de ter reconquistado o terreno que a filosofia, quase sem luta, cedeu desde os dias de Hegel para a jurisprudência.[1] Com a interrupção da tradição da política aristotélica no século XIX, com a virada da filosofia do direito para a teoria da sociedade, com a irrupção do pensamento histórico-hermenêutico nas ciências normativas e a ascensão das ciências sociais acompanhada pela retaguarda dos hegelianos de direita, sobretudo com a diferenciação de uma dogmática jurídica, que na oscilação entre historicismo e jurisprudência conceitual, realismo e positivismo jurídico tenta com ainda mais esforço controlar uma matéria cada vez mais complexa, a filosofia do direito e do Estado migrou para a periferia das faculdades dedicadas à ciência jurídica. Penalistas e constitucionalistas conquistaram esse antigo domínio dos filósofos como uma vênia adicional – e nem tão levada a sério assim; em todo caso, esse domínio foi disputado por al-

---

1 Höffe, *Politische Gerechtigkeit*; as páginas citadas se referem à edição de 1987.

guns cientistas políticos orientados pela história das ideias. Há muito tempo as questões da teoria normativa do direito e do Estado, que não tinham mais conjuntura alguma, têm sido abordadas mais da perspectiva reflexivamente refratada da metodologia jurídica do que de uma maneira frontal. Mas Rawls e Nozick, que na filosofia moral revalorizaram as construções do direito racional, não permaneceram sem efeito também aqui neste país. Ora, Höffe procura mobilizar o potencial argumentativo reanimado pela teoria moral de Hobbes a Kant para questões de justiça política. Apesar da retaguarda anglo-saxã, ele se expõe com tal empreendimento, pois levanta a suspeita de restaurar uma abordagem superada e sobrecarregada, neste caso pouco complexa. O próprio Höffe sabe que a "revisão do discurso sobre a justiça" (p.16), a qual opera normativamente de uma forma quase natural, envolve algo de "anacrônico" (p.17). Contudo, ele confia em uma "filosofia fundamental do político" (p.33); apesar de sua neutralidade com respeito a visões de mundo, uma democracia liberal também vive de um consenso sobre "coisas últimas": "Em termos de história da teoria e de história social, o projeto político da modernidade pode significar sistematicamente uma Filosofia Primeira do político" (p.28). A implementação da teoria deve poder ser medida por essa resoluta pretensão.

I

O estudo se distingue pelo fato de Höffe tratar os clássicos – longe de se intimidar pela distância histórica – como contemporâneos. Essa abordagem francamente sistemática é simpática e torna sobretudo os textos de Platão, Aristóteles e Hobbes tão vivos quanto merecem; é digno de nota que Kant, o qual é a verdadeira fonte de inspiração para a teoria liberal do Estado de Höffe, permaneça em segundo plano. A estrutura arquitetônica do livro é delineada (1) por uma dupla *frente* contra concepções positivistas do direito e do Estado e contra a utopia anarquista da liberdade de dominação; (2) pela *perspectiva da justiça* deontológica (desenvolvida na Introdução); e, finalmente, (3) pelo *argumento* (desenvolvido na última parte) em prol de uma legitimação dos direitos humanos baseada no direito racional.

Sobre a frente. Höffe introduz seu objetivo de fundamentar normativamente uma ordem política liberal, derivada do princípio da liberdade, em termos metacríticos, ou seja, pela via de um confronto com o positivismo e com o anarquismo. Ele explica a antítese entre essas duas posições a partir da percepção seletiva de experiências políticas fundamentais. A experiência da guerra civil motiva um pensamento que parte dos fenômenos da concorrência e do poder, compreende a política e o direito de maneira naturalista e concebe assim o Estado de forma funcionalista. O Estado é concebido como uma ordenação coercitiva que garante a paz e a segurança jurídica, apoiado na ordem e na obediência. O anarquismo se comporta de maneira absolutamente inversa a tal concepção. Ele é motivado pela experiência do despotismo, parte dos fenômenos da repressão e da exploração e, por compreender a política e o direito em termos naturalistas como meio de estabilização das relações de poder, visa à auto-organização espontânea da sociedade. Esta deveria poder prescindir do poder político exercido conforme ao direito.

Contra um dos lados, Höffe ressalta a conexão interna da política e do direito com a moral; contra o outro, a legitimidade da faculdade jurídica de exercer coerção. Uma regulação normativa racional da vida em comum não seria possível sem o *medium* do direito; e o direito precisa ao mesmo tempo tanto satisfazer critérios de justiça quanto ser respaldado pelo poder de sanção estatal. Essa comprovação convencional perde algo de sua trivialidade quando temos diante dos olhos a estratégia teórica de Höffe; ele pretende desenvolver uma concepção de justiça política que se distancie tanto de "teorias institucionais isentas de ética" quanto de "teorias do discurso isentas de instituição". Umas fornecem o pano de fundo das ciências sociais para uma consideração moralmente neutra da política e do direito; as outras promovem uma crítica moralista da dominação, porque, segundo Höffe, contestam "a legitimidade da coexistência da faculdade de exercer coerção" (p.27). Portanto, tenho curiosidade em saber como o conceito de justiça de Höffe se distingue daquele da ética do discurso, ao qual se refere de passagem.

Sobre o conceito de justiça. Höffe parte do significado tripartite do predicado "bom"; ele diferencia conformidade pragmática a fins, bens axiológicos e mandamentos morais. Mas desconsidera diferenciações no plano do que é bom para mim ou para nós: fins subjetivos e preferências não se diferenciam com base em orientações refletidas de valores e projetos de vida. Por isso, a relação entre ética e justiça moral permanece confusa. Dentro do domínio da moral, a justiça e a solidariedade (ou benevolência) devem se comportar de maneira semelhante entre si como obrigações negativas e positivas; e estas, por sua vez, devem se diferenciar entre si segundo o grau de obrigatoriedade como obrigações jurídicas ou éticas, de modo que somente direitos subjetivos moralmente fundamentados correspondam a obrigações jurídicas. Deixemos como estão esses encaminhamentos, já que Höffe (da mesma maneira que Rawls) faz uma distinção direta entre a justiça política referida a instituições da justiça e a moral individual referida a pessoas. A "justiça política" é cognitivamente compreendida; ela serve de critério sobre o qual nos apoiamos quando avaliamos o direito e o Estado do "ponto de vista moral" (p.59).

Höffe explica o ponto de vista moral (mais uma vez no sentido de Rawls) como ponto de vista da avaliação imparcial dos benefícios que uma estrita regulação institucional traria por consequência para cada concernido: "Lá onde a práxis humana é avaliada segundo o benefício de cada um, não se toma partido por um indivíduo nem por um grupo, mas sim distributivamente por todas as partes" (p.83). Chamamos de justa aquela práxis – ou observância geral da regra – que pudesse ser aceita por cada um como proveitosa para todos. O moralmente bom resulta da generalização imparcial do benefício de cada um dos concernidos. Assim, Höffe concebe a perspectiva da justiça como "ponto de vista do benefício distributivo"; ela está talhada pela figura do juiz no papel ideal de um observador imparcial (p.84). Essa definição, contudo, continua presa à imagem utilitarista de um observador ideal que pondera monologicamente os interesses dos outros. Höffe erra o ponto central da ética do discurso segundo o qual uma práxis ou regra é válida somente se puder contar com o assentimento dos *próprios* concernidos, a saber, sob condições discursivas que obrigam todos os participantes a assumir a perspectiva de cada um dos outros. A assunção ideal de papéis não pode ser pensada como assunto neutro de uma terceira pessoa; trata-se de uma organização intersubjetiva a partir da qual a perspectiva da primeira pessoa do plural forma uma comunidade ampliada contrafactualmente. Apenas dessa perspectiva de uma intersubjetividade de nível superior, que não corta o acesso ao saber intuitivo dos participantes nem prejudica suas tomadas de posição sim/não, é possível avaliar com imparcialidade o que é *igualmente bom* para todos.

O argumento. Portanto, Höffe fala de justiça política ou legitimidade quando o direito e o Estado são avaliados segundo o critério do benefício distributivo. Ele define o Estado, de certa forma, em termos apolíticos como "a coletividade que reclama autoridade jurídica" (p.65). Suas competências são caracterizadas pela tarefa de administrar o direito, enquanto o próprio direito consiste nas regulações coercitivas do comportamento, mais precisamente aquelas sancionadas pelo Estado. Para o andamento da investigação, é decisivo que Höffe não submeta esse conceito de direito a uma análise conceitual, o que o possibilitaria esclarecer como o poder político e o direito positivo se constituem reciprocamente com base em obrigatoriedades morais; com isso, ele poderia obter as ferramentas para uma análise das mudanças no estado de agregação dos sistemas jurídicos modernos. Em vez disso, ele se interessa exclusivamente pelo caráter coercitivo daqueles "mandamentos, proibições e regulamentos procedimentais, que no essencial são conhecidos de antemão e circunscritos com certa exatidão, que em casos de conflito são objeto de interpretação pela autoridade estabelecida e que, caso necessário, são impostos mediante coerção, isto é, sob ameaça de penalidades jurídicas" (p.65). Dessa perspectiva particularmente limitada de um penalista, a questão da legitimação fica reduzida a saber se, do ponto de vista moral, "pode haver afinal uma coerção jurídica e estatal" (p.68). Höffe trata unicamente da legitimação da coerção jurídica.

Sob premissas de um direito racional pós-metafísico (p.92 ss.), essa questão acabou encontrando uma resposta antes convencional. Pois Höffe fundamenta a coerção jurídica com ajuda de um experimento mental clássico, inspirado em Hobbes e Kant, o qual consiste em três passos.

Mesmo no estado de natureza, a liberdade de ação individual de uma pessoa é limitada pelas liberdades de ação das outras; além disso, na coexistência de pessoas livres, sempre temos de contar com conflitos. Coerção social e conflito são como que naturalmente compostos. Por isso, "o objetivo de um convívio de pessoas livres sem risco de conflito e coerção [...] é algo inalcançável em todos os mundos possíveis" (p.334).

Ora, essa convenção horizontal, que Höffe caracteriza como uma troca negativa da renúncia recíproca da liberdade, e esclarece com base no exemplo da proteção mútua da integridade do corpo e da vida, é apresentada sob o ponto de vista do benefício distributivo. Na medida em que todos os seres humanos, sem considerar suas ideias individuais de felicidade e seus objetivos de vida, compartilham interesses elementares, ainda que estes sejam diferentemente avaliados, uma troca anular diacrônica de renúncias da liberdade, que seja portanto calculada em longo prazo, pode ser vantajosa para cada um dos indivíduos. Restrições universais à liberdade vantajosas a todos certamente não perdem seu caráter coercitivo; sob a condição de uma reciprocidade estrita, porém, as renúncias da liberdade dos outros significam para cada um possibilidades de pretensões subjetivas. Essas liberdades fundamentais reciprocamente protegidas têm o sentido dos *direitos* naturais; pois a estes se vinculam uma capacidade natural de exercer coerção. Cada um tem o direito moralmente fundamentado de defender-se contra toda intervenção em suas pretensões subjetivas.

Se cada um exercesse a autoridade coercitiva por si mesmo, o critério de uma justiça natural, abstratamente discernida por todos, só agravaria o estado prenhe de conflito ao qual ela deveria pôr fim. Para poder resolver o conflito de interpretação a respeito da aplicação de princípios reconhecidos, os direitos recíprocos de liberdade precisam ser especificados de modo preciso e em comum. A observação desse tipo de lei positivada só poderia ser presumivelmente razoável se um poder público constituído com poder de sanção cuidasse da imposição do direito.

Como Locke e Kant, Höffe ancora os direitos fundamentais em um contrato social que precede o ato de estabelecimento do poder do Estado: "Já que todos os homens possuem uma pretensão prepositiva e suprapositiva às liberdades fundamentais da justiça natural e essa pretensão é obtida pela troca das liberdades, o poder positivo do direito não pode fundar originalmente a justiça, só pode ajudar em sua existência efetiva [...]. A comunidade cuida da definição exata da delimitação e de sua observância, ela pode apenas garantir as liberdades fundamentais, mas não outorgá-las" (p.435).

II

O que essa estratégia argumentativa pode render ainda hoje? De um lado, (1) ela faz um bom serviço no confronto com o positivismo jurídico. De outro lado, partilha com os precursores do liberalismo clássico as fraquezas (2) de uma abordagem individualista, (3) de uma negligência do princípio de democracia e (4) de uma oposição abstrata entre direito natural e processo histórico.

A interpretação brilhante e sistematicamente fecunda a respeito de Hobbes (p.13 ss.) baseia-se no conceito de validade do direito. Höffe defende Hobbes contra o enfoque de leitura da teoria do poder que C. Schmitt e outros seguidores deram ao *Leviatã*. Se compreendermos "validade por força da autoridade" desde o início no sentido da "validade por força do poder autorizador", encontramos reunidas no conceito de autoridade três dimensões que isolam a cada vez da validade do direito as teorias do poder, as teorias do reconhecimento e as teorias da autorização. Porque o poder público é instaurado em virtude do benefício geral, nem toda coerção expressada conforme o direito pode pretender caráter jurídico e, com isso, reconhecimento. Com essa distinção revalorizada em termos de teoria moral entre *violenta* e *potestas*, poder e autoridade, mera coerção e autorização para exercer coerção jurídica, Höffe obtém um ponto de vista a partir do qual pode criticar o conceito positivista de direito e, por fim, reformulá-lo. Recorrendo à teoria do direito como ordem de Austin, à ideia de Kelsen de uma hierarquia de regras como um sistema de autorizações e à teoria analítica do direito de Hart, Höffe elabora de maneira cuidadosa as implicações normativas da coerção formal do direito positivo – de modo algum a autorização e a forma das regras de coerção específicas do direito são neutras do ponto de vista da justiça.

No entanto, ao caráter eticamente mínimo da igualdade na aplicação das regras é preciso adicionar a "justiça primária" da igualdade do conteúdo jurídico, de modo que "a coerção social em geral traga mais vantagens do que desvantagens", mais precisamente *in the long run* em igual medida tanto para os "afetados pela coerção" quanto para os — atualmente — "favorecidos pela coerção" (p.169). Sob o ponto de vista da justiça política, trata-se de regular as matérias contenciosas no interesse geral, garantindo que a respectiva práxis de observância geral das regras seja igualmente boa para todos. Por essa razão, o próximo passo a ser dado por uma teoria do direito e do Estado seria em direção à legitimação de um procedimento para a legislação. Porém, Höffe se fixa no caráter coercitivo do direito.

Isso explica o confronto com um anarquismo que, no entanto, é definido apenas de maneira vaga. Também não é muito plausível que, nesse contexto, Höffe inicie uma discussão com Platão e Aristóteles. Essa composição artificial resulta do fato de Höffe pretender realçar um modelo de conflito apoiado em pressupostos individualistas diante das utopias da ausência de dominação e de seus pressupostos comunitaristas. Ele desenvolve um conceito individualista de direito que, no sentido da doutrina kantiana do direito, é talhado pela compatibilidade entre liberdades subjetivas iguais, diante do pano de fundo de um estado de natureza em que "o desejo de ação de um entra em concorrência real com o desejo de ação do outro" (p.330). Contra as hipóteses intersubjetivistas e cooperacionistas fundamentais tanto do direito natural clássico quanto do socialismo anarquista inicial, Höffe insiste em um estado original de concorrência entre pessoas que são capazes de proferir ameaças, cujas liberdades de ação colidem entre si de maneira altamente conflituosa: "Em uma primeira aproximação, pode-se considerar as pessoas como chefes de família ou pais que representam filhos e avós" (p.351).

Höffe se apoia em uma antropologia já ultrapassada de proveniência gehleniana com o intuito de se proteger contra objeções evidentes com a ajuda de um institucionalismo pessimista. Porém, mesmo assim não se deixam resgatar os conceitos fundamentais do individualismo possessivo. Conflitos carentes de regulação, para os quais o direito fornece uma solução funcional, não podem ser analisados segundo o modelo das relações externas de Estados soberanos; elas resultam de contextos de interações sociais que *desde o início* são reguladas normativamente. Por isso, o mecanismo que o direito possui para regular conflitos apoia-se apenas sobre os recursos da justiça porque, pelo modo de socialização, na qual pela primeira vez os sujeitos ao mesmo tempo se tornam indivíduos, está assegurado um consenso prévio – por exemplo, na forma de pressupostos necessários da ação comunicativa. Höffe barra o caminho para uma concepção intersubjetivista que adota os discernimentos de G. H. Mead porque reduz cultura e sociedade a um conjunto de restrições externas sem considerar o caráter formativo e proporcionador de competências chamado por Hegel de espírito "objetivo". Antes que a coerção social represente os sujeitos, estes precisam primeiro ter sido socialmente constituídos. Quando se concebe a sociedade segundo o modelo da restrição recíproca de "pessoas livres no mesmo mundo exterior" unicamente como coerção social, as *enabling conditions* [condições possibilitadoras] se perdem sob as *constraining conditions* [condições constritivas].

Tendo em vista a finalidade de suas reflexões sobre a legitimação, a abordagem individualista impede que Höffe torne o confronto com o anarquismo social tão frutífero quanto sua crítica anterior ao positivismo jurídico. Pois a discussão a respeito dos conselhos girou em torno da forma de organização da "associação livre", que pode ser apartada sem mais das utopias superadas de uma sociedade do trabalho que organiza a si mesma. Enquanto Höffe remete a socialização espontânea ao interesse na troca igualmente benéfica entre liberdades que se encontram restringidas e, nessa medida, concebe tal socialização em termos contratualistas, o conceito de livre associação aponta para uma concepção não contratualista de sociedade. Pois permite a institucionalização jurídica de um intercâmbio social de acordo com critérios da "justiça natural" no sentido de Höffe. Mas a sociedade justa não precisa ser representada senão como uma ordem instrumental – e, portanto, pré-política – que surge de contratos, a saber, de acordos conduzidos por interesses entre pessoas privadas que agem estrategicamente. Uma sociedade integrada por associações em vez de mercados – por exemplo, o mercado de troca entre liberdades negativas – seria uma ordem política e igualmente espontânea, fundada na razão. O modelo composto por membros livremente associados da sociedade representa um equivalente para a situação gerada pela sociedade de contrato que é enfatizada na leitura liberal. O modelo da livre associação, que dissolve o contrato, põe no lugar do mecanismo de troca o entendimento coordenador da ação acerca de problemas que precisam ser coletivamente solucionados.

Diante da concepção do contrato e da troca, o conceito fundamental de formação discursiva da vontade – que aqui não posso desenvolver – leva consigo um conceito correlato de racionalidade procedimental que aponta para além da legitimação do caráter coercitivo do direito. O experimento mental de Höffe permite somente fundamentar a ideia de liberdades básicas ou direitos humanos em geral. Ele não mostra como, diante de desafios históricos em mudança, chegamos a definições de direitos fundamentais *específicos*; nem fornece um procedimento segundo o qual a necessidade *concreta* de regulação pode ser satisfeita com a ajuda do direito positivo, de sorte que as leis geradas, aplicadas e implementadas em conformidade com o procedimento tenham para si a pretensão de legitimidade. Em sua discussão pormenorizada da *Política* de Aristóteles, Höffe ignora de maneira curiosa aquela práxis mediante a qual a dominação política deveria ser constituída só como uma dominação que livres e iguais exercem sobre si mesmos – a participação de cidadãos na legislação política. Rousseau concebeu a liberdade como aquela autonomia que se atualiza na participação igual de todos em uma práxis de autolegislação. Porque na própria práxis legislativa está inscrita uma estrutura racional, a razão que legitima a dominação não precisa preceder nem se colocar acima da vontade soberana do povo. O ponto dessa reflexão é a união de razão prática e vontade soberana, direitos humanos e democracia.

Ora, eu não estou dizendo que a proposta de Rousseau pode ser convincente ainda hoje. Seus conceitos fundamentais são excessivamente substantivos, sua abordagem como um todo não é universalista o bastante. E a ideia de autolegislação necessitava de uma versão estritamente procedimental. Porém, o experimento mental de Höffe não é suficiente para, além do conceito abstrato de direito público-subjetivo, operacionalizar a justiça política como um critério *inerente* ao sistema jurídico.

Em uma revista jurídica, a resenha em seu todo benevolente do livro de Höffe conclui com uma observação: teorias filosóficas da justiça como as de Rawls, Nozick e Höffe não teriam muito a ver com o direito efetivo dos séculos XIX e XX. Certamente, todo filósofo tem de se expor hoje à advertência de seus colegas juristas de, por favor, "tomar conhecimento da situação do direito positivo e de seu manejo".[2] Mas o déficit em termos de teoria democrática de uma abordagem que aloja todos os conteúdos morais nos direitos humanos pré-políticos pode ter ainda mais dificuldades para aproximar-se da mudança acelerada dos sistemas jurídicos do Estado social do que uma teoria que opera com um conceito procedimental de justiça e que, dito de maneira ainda pouco rigorosa, vê a moral ancorada nos pressupostos comunicativos de formas juridicamente institucionalizadas de argumentação. Essa abordagem da teoria do discurso foi realçada na Alemanha pelos trabalhos de Robert Alexy e Klaus Günther.

Em suma, Höffe continua partindo das premissas de uma sociedade centrada no Estado. Mas sua crítica justificada a Luhmann (p.171 ss.) não pode desvalorizar aqueles argumentos das ciências sociais segundo os quais em sociedades diferenciadas o sistema político não forma mais o centro de uma consciência social total e de uma autoprogramação da sociedade. O modelo do todo e de suas partes, ao qual a tradição do direito natural permanece presa, ricocheteia na realidade social de hoje.

---

2 Naucke, *Zeitschrift für gesamte Staatswissenschaft*, p.1878.

Entrevista com Hans-Peter Krüger

Krüger: Na Europa Ocidental e na América do Norte, o senhor é conhecido como um dos poucos grandes que, no campo da filosofia e da teoria social, ainda empreende tentativas de síntese de fundamentos teóricos. Talvez seja possível descrever sua filosofia, que fornece uma orientação interdisciplinar, como a filosofia da "razão comunicativa". Sua filosofia equivale a uma nova fundamentação autocrítica da tradição de uma crítica social esclarecida que, por seu turno, tem sido criticada. O senhor concorda preliminarmente com essa caracterização um tanto grosseira?

Habermas: Caro sr. Krüger, como se sabe, os mandarins alemães durante muito tempo causaram equívocos com isso de "grandes" ou mesmo de "profundos"; tirando a *captatio benevoletiae* [atitude benevolente], estou de acordo com a etiqueta que o senhor me coloca, sem "poréns". Se fosse antes, nos anos 1950, eu teria adicionado algumas qualificações; pois, naquela época, a fórmula do "segundo Esclarecimento" era tão evidente entre os intelectuais da Alemanha Ocidental que seu caráter distintivo ameaçava se perder. Muitos tinham essa frase de efeito na ponta da língua. Quando a revolta estudantil terminou, e com a continuidade das dificuldades econômicas, o clima espiritual se modificou. Hoje, por exemplo, não se quer mais reconhecer em Nietzsche um *Aufklärer* intransigente, mas apenas o precursor elitista da filosofia tardia de Heidegger. Em meio a uma empenhada busca de sentido na qual parecemos nos encontrar, é preciso recordar mais uma vez a perspicaz reabilitação feita por Heine do livreiro Nicolai, que já no século XIX havia se convertido em símbolo intimidador do "carrasco a serviço do Esclarecimento" [*Aufkläricht*]: são os obscurantistas, dizia Heine, que o têm desdenhado tanto.

Assim como o Esclarecimento não começou com Diderot e Helveltius, tampouco terminou com Sartre. Ele começou já na Antiguidade, com o ceticismo contra os conceitos universais de um idealismo filosófico que passavam rapidamente por cima dos sofrimentos concretos produzidos pelas condições de vida humilhantes – também porque esse protesto era feito em nome da razão e tendo em vista as necessidades reais e a felicidade neste mundo. Os motivos céticos, hedonistas, materialistas são precursores de um modo pós-metafísico de pensamento; de modo algum apontam para o que é superficial, insensível ou grosseiro, no melhor dos casos sinalizam o caráter ordinário no sentido do discurso "ordinário" de Brecht contra aquele tom elitista que já deixava Kant nervoso. Portanto, o que se acrescentou depois de Kant ao Esclarecimento, a saber, a dimensão da crítica social, como o senhor a denominou, visa não somente às relações de produção, à dinâmica social, que pela primeira vez produz um sofrimento objetivamente evitável, mas também a um potencial que se encontra inscrito na própria forma de existência social – visa ao que há de reconciliável na interação humana, à intersubjetividade incólume do reconhecimento recíproco, à autonomia e à dignidade, também aos momentos fugazes de felicidade nas formas não falsas de convivência. A base inflexível do sofrimento existencialmente inevitável não é tão espessa a ponto de não conseguirmos juntar o entulho das absurdas devastações e violações, uma vez que, na modernidade, são de certo modo autoproduzidas, como que autoinfligidas. Poder explicar isso, contra um fatalismo de tipo funcionalista, é o que entendo por Esclarecimento crítico-social.

Krüger: A razão é um conceito próprio do modo moderno de fazer filosofia, senão o conceito fundamental. Entretanto, ela se converteu em um conceito de sinalização para a política mundial, também em convite para desenvolver novas formas de ação nas sociedades industriais, considerando tanto problemas ecológicos quanto diferenças entre países desenvolvidos e países em vias de desenvolvimento. O que é "razão" para o senhor e como sua concepção de razão se diferencia de outras concepções de razão?

Habermas: Não sei se compreendo corretamente as pressuposições de sua pergunta. Permita-me adiantar que sou cético diante de toda vinculação apressada entre teoria e história universal. Em sociedades complexas, interpõe-se entre teoria e práxis tantas camadas que deveríamos desconfiar de todo filósofo que aparecesse hoje como se tivesse a solução (Gehlen). Hegel ainda acreditava que, em sua teoria, a verdade do decurso histórico era resumida de maneira despojada, por assim dizer – a grande filosofia como invólucro da verdade. Hoje, as verdades estão disseminadas em múltiplos universos de discurso que já não podem ser hierarquizadas; mas em cada um desses discursos andamos tenazmente em busca de ideias que possam convencer a *todos*.

A razão segue sendo a faculdade do entendimento universal possível – sob certas condições. Mas não é só isso, pois ela também já existe na história – nas conquistas dos movimentos sociais; por exemplo, nas instituições e princípios do Estado democrático de direito. Os problemas que o senhor menciona expõem uma porção de "não razão" [*Unvernunft*] existente e são, portanto, um protesto mudo contra a miséria *gerada* no Terceiro Mundo, contra os *riscos gerados* por uma absurda corrida armamentista e uma energia atômica dificilmente controlável, contra a aniquilação agressiva dos recursos naturais, das espécies animais, dos equilíbrios ecológicos, da beleza natural. Estão em jogo aqui interesses da espécie, não somente interesses de classe. E não é menos ruim, certamente, a privação de direitos e a humilhação a que estão submetidos os indivíduos impotentes, as minorias étnicas, os opositores políticos. A razão está aí para trazer à linguagem tal negatividade, para emprestar nossa voz ao emudecido pela dor, para "trazer à razão" o que é irracional – nessa oposição contra o irracional existente, essa expressão perde tudo o que há de meramente autoritário.

Krüger: No Ocidente, a crítica total da razão parece ter prosperado ao longo das últimas décadas. Essa crítica total da razão frequentemente pressupõe que a razão adviria do poder: o Esclarecimento racional, que teoricamente já se orienta à totalidade, em sua efetivação prática converte-se de maneira inevitável em algo totalitário, em estruturas de poder inimigas da democracia. Mas esses críticos não assumiram o ônus que tiveram de carregar por sua pressuposição. Como o senhor resiste a essa crítica total da razão? Um de seus artigos se intitula programaticamente "Die Einheit der Vernunft in der Vielheit ihrer Stimmen" [A unidade da razão na multiplicidade de suas vozes].

Habermas: Da forma como foi elaborada pelos Novos Filósofos e alguns pós-estruturalistas franceses, essa crítica da razão tropeça sobre si mesma, desvalorizando os meios da própria crítica — ela se torna abertamente aporética. Com isso, não quero de modo algum negar os grandes feitos alcançados, por exemplo, pela análise do poder formulada por Foucault. Mas muitos de seus seguidores se enredaram em falsas premissas, mesmo se descontarmos seus êxitos produtivos. Pois o que nesses círculos se denuncia como "razão" é apenas a racionalidade voltada a fins alçada ao todo, uma subjetividade que se autoafirma de maneira intransigente. Às vezes eles esfregam os olhos como se a venerável diferença entre razão e entendimento fosse totalmente inútil. Horkheimer e Adorno falam de "razão instrumental" — uma expressão irônica que afirma que hoje a racionalidade com respeito a fins de Max Weber ameaça usurpar o lugar da razão e produzir assim consequências totalitárias, por exemplo, a burocracia estatal que erroneamente considera que a sociedade possui um centro e um topo.

Krüger: Nesse meio-tempo, teve início uma onda de recepção de seus escritos em nosso país. O senhor foi convidado pela primeira vez para dar uma conferência em Halle sobre os motivos da filosofia pós-metafísica. E seus trabalhos têm sido progressivamente publicados entre nós. O senhor vê alguma ligação entre sua teoria filosófica e sua teoria social, ambas orientadas à comunicação, e a exigência de um "pensamento novo" tanto na política mundial quanto no caso das reformas iniciadas na União Soviética, que ficaram conhecidas sob as rubricas *perestroika* e *glasnost*?

Habermas: Ora, o senhor sabe que eu cresci na tradição do "marxismo ocidental" – foi assim que Merleau-Ponty denominou uma vez as correntes hegelo-marxistas que remetem a Gramsci, Lukács, Korsch, Horkheimer entre outros. No entanto, eu procurei me libertar da imagem teleológica de mundo, que na minha visão ainda estava envolvida com as hipóteses cripto-normativas de uma filosofia materialista da história. Em vez de confiar na razão das forças produtivas, ou seja, em última instância na ciência natural e na técnica, eu confio na força produtiva da comunicação que se expressa mais nitidamente nas lutas sociais por libertação. Essa razão comunicativa também veio à tona nos movimentos burgueses por emancipação – nas lutas em prol da soberania popular e dos direitos humanos. Elas se sedimentaram nos dispositivos do Estado democrático de direito e nas instituições da esfera pública burguesa. O socialismo soviético não se apropriou inteiramente do conteúdo emancipatório dessas conquistas históricas, deixando, com isso, de liberá-lo e radicalizá-lo.

Na medida em que Gorbachev tinha por meta recuperar o que foi perdido e implementar um pluralismo democrático baseado em um socialismo desburocratizado, seria de fato possível desencadear algo como uma força produtiva da comunicação. Penso aqui não em microchips ou na melhoria das estruturas de informação e de decisão, embora isso também seja importante. Se o senhor me pergunta o que eu diria da *perestroika* da perspectiva de uma "teoria da ação comunicativa", então penso de saída na revitalização de uma esfera pública politicamente ressecada.

Krüger: Se o senhor permitir, poderíamos agora tentar esboçar uma espécie de guia de sua teoria para não especialistas. No essencial, parece-me que sua concepção procura expor os potenciais socioculturais para o desenvolvimento da sociedade e da cultura modernas. O senhor não se atém ao que é sempre empiricamente dado, mas pergunta pelo que foi, é e será estruturalmente possível, mediante o qual as realidades empiricamente mutáveis se tornam problemas passíveis de crítica. Parece que, para o senhor, trata-se menos do fato de o desenvolvimento social depender, em termos energéticos, da natureza externa, dos modos de produção tecnológicos e, com isso, das correspondentes necessidades de estruturação socioeconômicas, e sim das possibilidades socioculturais para que a sociedade se desenvolva de modo moderno. Falando com Marx: em minha visão, em vez de explicar o "reino da necessidade", o senhor dá primazia à explicação dos potenciais positivos do "reino da liberdade".

Habermas: Eu não veria exatamente dessa forma. Toda teoria social tem a ambição de explicar como uma sociedade funciona e de que modo se reproduz. Porém, para responder a essa pergunta nas condições do capitalismo tardio, a primeira Teoria Crítica precisou fazer um giro de 180 graus em sua perspectiva de explicação. Era preciso esclarecer por que o capitalismo, apesar de suas tendências imanentes de crise, pôde continuar a se desenvolver e se estabilizar. Para tanto, naquela época desenvolveu-se no Instituto de Pesquisa Social uma teoria da cultura de massas. Hoje as crises se perpetuaram e estabilizaram, pagando o preço, contudo, do crescente desemprego e marginalização, da exclusão da subclasse relativamente impotente mantida pelo Estado social. Quanto melhor estiver socialmente integrada a maioria dos empregados, mais importantes se tornam os fatores culturais. Por isso, são antes tendências de *revolução cultural* que levam sociedades como a nossa a uma desestabilização temporária. Naturalmente, a hipótese da indústria cultural, como se vê hoje, baseia-se em um esquema muito simplificador.

Não tenho somente um interesse negativo nos desenvolvimentos culturais, na religião, na consciência a respeito do direito e da moral, na arte moderna, em geral na mudança cultural das orientações axiológicas. Quanto mais a força de integração da sociedade se alimenta dessa reserva, mais a política e a administração, para obter lealdade das massas, têm de se adaptar aos domínios culturais dificilmente acessíveis em termos administrativos, e mais se tornam dependentes também dos potenciais de aprendizagem e das experiências explosivas que são sintetizadas no termo "capital cultural" – se eu puder tomar emprestada essa expressão de meu amigo Bourdieu. Como o senhor disse, eu também tento tornar esse diagnóstico do presente historicamente frutífero. Sem prescindir da abordagem materialista, é possível mostrar também em retrospectiva histórica as funções pioneiras dessas importantes inovações culturais.

De resto, talvez vejamos com mais clareza entre nós que as horas do paradigma produtivista estão contadas: por mais que se possa censurar o capitalismo, ele realmente não refreou as forças produtivas da ciência e da técnica. O que mais ameaça o capitalismo são seus próprios êxitos: essa interligação tênue de forças produtivas e destrutivas, bem como os limites ecológicos em que se deparam um crescimento qualitativamente descontrolado e um desenvolvimento cego de forças produtivas.

Krüger: O senhor identifica os potenciais socioculturais do desenvolvimento moderno nos processos de racionalização comunicativa do mundo da vida. E concebe esse processo de forma tripartite de acordo com os conceitos fundamentais da ação comunicativa. O senhor poderia explicar de que maneira compreende esse processo?

Habermas: No *Manifesto comunista*, afirma-se que "tudo o que era sólido e estável se desmancha no ar; tudo o que era sagrado é profanado, e os homens são obrigados finalmente a encarar com sobriedade suas relações recíprocas". A modernidade abarca não apenas transporte, economia e administração, mas relações de vida em seu todo, as *formas de vida* culturais. E estas mudam de acordo com seu próprio ritmo, sua própria lógica. Certamente foram as locomotivas – o grande símbolo do progresso do século XIX – que naquele momento revolucionaram a consciência cotidiana do tempo, tanto quanto os palácios de vidro pré-fabricados das exposições industriais transformaram a sensação que seus admirados contemporâneos tinham do espaço. Mas a aceleração da história e a mobilização dos espaços só foram *impulsionados* pelo progresso técnico – a racionalização dos mundos da vida da sociedade burguesa nascente, caracterizada pelos estamentos profissionais, locomoveu-se por seus próprios trilhos, ou seja, por seus próprios trilhos culturais.

Desde o início do século XIX, a atitude diante de transmissões culturais foi rompida reflexivamente. A população se tornou cada vez mais consciente de que mesmo as tradições mais sagradas nada têm de natural, mas aguardam ser testadas, apropriadas e *seletivamente* continuadas. O mesmo vale para a relação com as instituições vigentes. A consciência da autonomia político-moral está amadurecendo: somos nós mesmos que temos de decidir sobre as normas de nossa convivência à luz de princípios estritos. Sob a pressão de tradições diluídas discursivamente e normas autoproduzidas, forma-se uma consciência moral orientada por princípios que também transforma os padrões de socialização. Cada vez menos podemos fixar a identidade de nosso Eu em papéis concretos que herdamos na qualidade de membros de uma família, uma religião ou uma nação. Em meio a expectativas cada vez mais complexas e modificadas de papéis, o que nos permite ser e permanecer nós mesmos é a capacidade abstrata de projetar uma vida absolutamente individual.

Eu caracterizo o ponto de fuga de um mundo da vida racionalizado, para o qual convergem radialmente essas tendências, e que foi mencionado pelo senhor, com as rubricas (1) de uma revisão duradoura de tradições diluídas e (2) de uma inversão das ordens pretensamente legítimas com base em procedimentos discursivos de criação e fundamentação de normas; para os indivíduos socializados (3) resta apenas a possibilidade de um autocontrole arriscado exercido por uma identidade altamente abstrata do Eu.

Krüger: A partir da primeira onda de racionalização do mundo da vida na época do surgimento da moderna sociedade burguesa, o senhor explica o duplo desacoplamento entre sistema e mundo da vida. Com isso, dois processos analiticamente diferentes, mas interligados no decorrer da história real, ganham relativa independência: de um lado, a racionalização comunicativa do mundo da vida; de outro, a reprodução mais material da sociedade mediante a formação de subsistemas voltados à solução de problemas econômicos e político-administrativos. A autonomização desses dois subsistemas levou posteriormente quase a uma usurpação patogênica da racionalização comunicativa do mundo da vida. As formas de vida dos cidadãos se tornaram cada vez mais monetizadas e burocratizadas. Em que medida o senhor, com essa concepção dual de sociedade (sistema/mundo da vida), também trouxe ao conceito um ganho de estruturação concebido como conquistas gerais da modernidade?

Habermas: Eu penso que Marx descreveu corretamente a modernização social: de um lado, a diferenciação entre um sistema econômico controlado pelos mercados e as ordens de dominação política; de outro lado, o estabelecimento do aparelho estatal economicamente improdutivo, que na qualidade de Estado fiscal é dependente do produto social obtido de maneira não política, permanecendo, portanto, funcionalmente vinculado a esse sistema econômico. Quero dizer, porém, que esse passo evolucionário determinante de toda a modernidade não pode ser concebido *exclusivamente* sob o ponto de vista de uma transformação das estruturas de classe. A teoria dos sistemas tornou claro que, com a economia capitalista e a dominação legal, entra em cena também uma especificação de funções concernentes à sociedade como um todo, a qual significa um nível mais elevado de diferenciação do conjunto do sistema. Dito de forma grosseira, isso permite incrementar suas capacidades operacionais, ainda que seja ao preço de uma crescente predisposição a crises. As estruturas de classe determinam então como os meios pelos quais a economia e a administração estatal se diferenciam, ou seja, valor de troca e poder administrativo são juridicamente institucionalizados no mundo da vida. As estruturas de classe decidem sobre a desigualdade material de direitos formalmente iguais e dão às formas de vida concretas um perfil especificamente social. Mas esses mundos da vida, que têm seu cerne na práxis comunicativa cotidiana, não são um *medium* neutro. Mediante os papéis de trabalhador e consumidor, cidadão e cliente, eles se relacionam com a economia e com o aparelho do Estado. Eles também são colonizados por estes, eles se "alienam", embora não estejam simplesmente entregues às intervenções econômicas e administrativas. Em casos extremos, o mundo da vida amordaçado sai em batalha de sua defesa, com movimentos sociais, com revoluções, como na França há duzentos anos, ou com revoltas como as que estamos vendo agora na esteira da *solidarnosć*, na Polônia.

Voltando à sua pergunta. Quando se considera a dinâmica social a partir dessa dupla perspectiva do sistema e do mundo da vida, estamos protegidos contra a miopia *monista*. Os efeitos da reificação podem resultar *em igual medida* tanto da burocratização quanto da monetização dos domínios públicos e privados da vida. Também é possível se proteger contra a miopia *holista*: uma economia moderna, por exemplo, mantém sua especificidade sistêmica em todas as relações de produção. Por isso, era falsa a expectativa de que a aparência objetiva do capital seria descortinada com a eliminação do capitalismo privado e que, ao mesmo tempo, a espontaneidade, que até agora se encontrava aprisionada sob os ditames da lei do valor, podia ser automaticamente restituída ao mundo da vida.

Krüger: O senhor não trata apenas das contradições entre a dinâmica autonomizada dos chamados subsistemas, de um lado, e a lógica comunicativa própria do mundo da vida moderno, de outro lado. O senhor investiga também as contradições inerentes à racionalização comunicativa. No processo comunicativo de reprodução do mundo da vida, ocorre uma diferenciação entre mundo da vida privado e público, entre práxis comunicativa cotidiana e culturas de especialistas que se tornam cada vez mais especializadas. Consideradas em si mesmas, essas diferenciações também exprimem um ganho de estruturação em relação às possibilidades de desenvolvimento. Porém, em que medida tais diferenciações se convertem em processos parciais autonomizados, que se excluem mutuamente? Nesse contexto, o senhor falou da "fragmentação da consciência cotidiana" e remeteu às possibilidades de integração de processos parciais divergentes.

Habermas: Quanto mais as culturas especializadas encapsulam em si mesmas ciência e técnica, direito e moral, arte e crítica, maior o risco de parcelamento e ressecamento da práxis comunicativa cotidiana. As ideologias políticas do século XIX sempre prometeram uma orientação global no quadro de uma sociedade altamente complexa, que tomou a forma de uma segunda natureza. Nos dias atuais, esse tipo de proposição a respeito de imagens de mundo, sobretudo nas culturas de massa relativamente abertas do Ocidente, não tem mais chance alguma. Correntes fundamentalistas, creio eu, representam reações de curto prazo. Porém, ao mesmo tempo, as estruturas comunicativas de esferas públicas dominadas e distorcidas pelas mídias de massa parecem a tal ponto se ajustar a um uso passivo, divertido, privatizado de informações que não é mais possível formar um padrão *coerente* de interpretação (nem mesmo de médio alcance). A consciência cotidiana *fragmentada* dos consumidores no tempo livre impede uma formação de ideologias de tipo clássico – tornando-se ela mesma uma forma dominante de ideologia.

Krüger: De um lado, o senhor expõe os potenciais progressivos do desenvolvimento social e cultural da modernidade e, de outro lado, não desconsidera também que, em contradição com isso, realidades bem distintas se impuseram empiricamente de maneira massiva. Para explicar essa diferença, o senhor recorre – como em uma de suas respostas anteriores – a mecanismos específicos de classe, pelos quais certos potenciais culturais só foram e serão realizados em expressões unilaterais. O senhor às vezes também diferencia dois caminhos de modernização em nosso século, o capitalista e o burocrático-socialista. – Já que nós dois não somos políticos, não precisamos encontrar formulações voltadas à produção de acordos políticos diretamente aplicáveis ao nosso contexto. Eu sei que o senhor não investigou de perto nosso próprio caminho de modernização, mas sim aquele de sua sociedade. – Porém, no programa soviético de reformas dos últimos anos, aparece cada vez com mais frequência a formulação de que se trata agora de um "socialismo moderno", de onde se pode concluir que até aqui se tratou de um socialismo pré-moderno ou localizado apenas nos primórdios da modernidade. Nesse último caso, critica-se o predomínio de estruturas de decisão burocrático-administrativas. Por mais diferentes que, sem dúvida, sejam nossas sociedades, como o senhor caracteriza esses mecanismos especificamente sociais de seleção, mediante os quais os potenciais socioculturais são realizados de maneira invertida, destrutiva ou unilateral?

Habermas: O programa do Estado social, que foi implementado em nossas sociedades depois da Segunda Guerra Mundial, tem um êxito relativo. Pois, por um lado, significa uma compensação perceptível dos riscos e das sobrecargas ligadas ao trabalho dependente, mas, por outro lado, mesmo sob um certo disciplinamento, o crescimento capitalista ao mesmo tempo continuou a ser nutrido. Certamente, o pecado original do destino natural imputado sobre o mercado de trabalho capitalista ainda não foi remediado, foi tratado apenas de maneira cosmética. Mas, no momento presente, é como se a esquerda socialista no Ocidente não almejasse outros progressos, sobretudo por não conseguir estabilizar suas conquistas, pois todas as perspectivas socialistas, todos os projetos que já se tornaram defensivos de qualquer maneira, foram desvalorizados por uma espécie de culpa. A imagem desoladora, em parte catastrófica, que o socialismo realmente existente oferece à sua população e aos telespectadores do Ocidente parece desmentir *de antemão* a possibilidade histórica do socialismo. Refiro-me a um socialismo que vincularia a riqueza social e as liberdades políticas das democracias de massa do Estado social com o pluralismo radical e as práticas autônomas de uma sociedade, a qual merece ser chamada de fundamentalmente democrática. Eu sinto que em geral tal perspectiva só poderia ser reaberta se o projeto de Gorbachev tivesse êxito.

As condições da política externa não são tão desfavoráveis para isso; os governos ocidentais parecem conceber que um fracasso dos projetos de reforma não pode ser de seu interesse. Contudo, uma reforma teria de significar que o socialismo burocrático é capaz de uma autocorreção que representa um equivalente à autocorreção do capitalismo já efetuada pelo Estado social. Digo *equivalente*, pois o compromisso social-democrata só foi possível e necessário dentro do quadro institucional de uma sociedade de capitalismo tardio. Conheço muito pouco das relações soviéticas para poder indicar como seria o equivalente na União Soviética. Os detalhes só poderão ser apurados por meio de tentativa e erro; porém, encaminhamentos inovadores são importantes. Algo poderia ser aprendido inclusive do exemplo do desenvolvimento do Estado social: é evidente que este não concerniu somente a uma reestruturação da economia, já que nunca teria sido possível sem uma reestruturação do Estado em prol de uma democracia de massas organizada em partidos.

O jogo de soma zero entre, por exemplo, mais mercado e de novo mais planejamento há muito tempo tem sido jogado em países de socialismo real – sem grande sucesso. Certamente, descentralização das decisões, melhor administração, mais *know-how*, maior flexibilidade etc., tudo isso é importante. Mas a *perestroika* deveria dizer respeito, sobretudo, à reforma do sistema político, deveria significar atacar o mal pela raiz, isto é, a dominação burocrática da *nomeklatura*. A *glasnost* realmente teria a ver com transparência e publicidade, o que em termos políticos deveria significar: revitalização da esfera pública, pluralização da formação da opinião, ampla participação nos processos de decisão, em suma, desdobramento das forças produtivas da comunicação. A liberação de forças espontâneas vindas de baixo não precisa, nem sequer em primeira linha, assumir a forma de incentivos amplos para o interesse próprio; ela precisar levar à libertação de energias *políticas* paralisadas. O poder administrativo não pode limitar a si mesmo, ele precisa – como diz Hannah Arendt – ser limitado pelo poder produzido comunicativamente daqueles que assumem de maneira recíproca o interesse *uns dos outros*.

Krüger: Uma questão central para a realização progressiva de possibilidades modernas consiste em saber o que o senhor entende por uma "nova divisão de poderes" em favor da esfera pública. Como isso se diferencia da antiga separação de poderes?

Habermas: O senhor e seus colegas, caro Krüger, falam de modos de comunicação da sociedade em seu todo. Com isso, o senhor quer dizer que sociedades complexas se tornam coesas e são controladas de maneiras diferentes pelos meios de comunicação. Eu mesmo faço a distinção entre meios de controle do valor de troca e do poder administrativo e o *medium* com base no qual é possível inicialmente distinguir tais códigos especiais: a linguagem corrente, o *medium* de nossa práxis cotidiana pelo qual percorrem as ações comunicativas. Essa comunicação sobre orientações axiológicas, fins, normas e fatos forma também uma fonte de integração social. Ao lado dos meios dinheiro e poder, que seguem seu interesse próprio, entendimento ou solidariedade formam um terceiro e fundamental recurso.

A separação de poderes é um fundamento normativo do Estado de direito. Em analogia com isso, podemos falar de uma divisão entre os três poderes de integração social, tornando claro o fundamento normativo de uma sociedade auto-organizada. Por isso, não deveríamos mais nos apoiar sobre as utopias da sociedade do trabalho tornadas apagadas, ou seja, em primeira linha as ideias da autoadministração dos trabalhadores. As circulações do dinheiro e do poder, que fazem parte da economia e da administração pública, precisam ser *represadas*, e elas ao mesmo tempo têm de ser separadas dos domínios estruturados comunicativamente da vida privada e da esfera pública espontânea, caso contrário abafariam sempre mais o mundo da vida com suas formas dissonantes de racionalidade econômica e burocrática. Uma comunicação política, que provém das fontes do entendimento do mundo da vida, e não é produzida por partidos estatizados, precisa proteger as fronteiras do mundo da vida e seus imperativos, isto é, enfatizar as exigências orientadas ao valor de uso.

Krüger: Um dos problemas mais difíceis dos desenvolvimentos sociais modernos consiste em criar relações democráticas e mantê-las em desenvolvimento. Com base em doutrinas democráticas e antifascistas, que precisamente o senhor vem resgatando da história alemã, o senhor estabelece uma dupla tarefa: ampliar a democracia política rumo a uma democracia social e, ao mesmo tempo, assegurá-la por intermédio da cultura política. O que significa para o senhor "democracia social" e "cultura política"?

Habermas: Entre nós, apenas a continuação tornada reflexiva do projeto social pode conduzir a algo como uma democracia social, a uma neutralização definitiva das consequências indesejadas do mercado de trabalho capitalista, à eliminação do desemprego real. Contudo, quando digo "tornada reflexiva", isso também deve significar tirar consequências das experiências relacionadas com o *medium* do poder, das quais os políticos do Estado social têm de se servir para suas intervenções no substrato social. O poder administrativo não é um *medium* passivo e neutro; com ele, não é possível criar novas formas de vida, muito menos formas de vida emancipadas. Estas precisam se formar espontaneamente e poder transformar a si mesmas. Formas de vida espontâneas também são o revestimento da cultura política. Em uma democracia que merece este nome, os processos de formação juridicamente institucionalizados e politicamente "constituídos" – incluindo os votos dos eleitores – precisam estar reacoplados e porosamente abertos a uma formação da opinião não previamente constituída, que é no máximo controlada de maneira argumentativa. Para tanto, é necessária uma rede de associações livres *abaixo* do âmbito de organização de partidos estatizados, meios submetidos ao poder, associações dependentes de interesses etc.

Não posso detalhar isso ainda mais, pois uma tal visão só pode adquirir teor de realidade na medida em que as correntes públicas de comunicação se inserem em uma cultura política, na medida em que as convicções democráticas fundamentais habitam em silêncio os corações e as mentes de todos e se tornam costumes cotidianos. Uma tal cultura separada das estruturas imediatas de classe não se deixa produzir administrativamente. O padrão de interação civilizada, a tolerância diante do outro como alguém que possui o direito de permanecer outro e a evidência de um igualitarismo sensível e persistente são características político-culturais que se seguem de processos multiplamente entrelaçados. Aqui existem grandes diferenças nacionais. Na Holanda ou nos países escandinavos, encontramos traços fundamentais de democracia na vida cotidiana, os quais, como se sabe, não se deixam *organizar*. Culturas políticas precisam de um clima favorável, não de um clima prussiano.

Krüger: Mesmo quando se defende a democracia e, portanto, também se assume responsabilidade por seu modo de funcionamento, é preciso reconhecer seus pontos fracos. A regra da maioria é constitutiva para a democracia. Mas, sob certas condições, as maiorias podem ser manipuladas. Maioria e verdade não coincidem necessariamente. Qual papel se atribui às minorias em uma democracia? Quais direitos precisam ser concedidos às minorias sem anular a regra da maioria? O senhor mesmo, por exemplo, invocou o direito à resistência simbólica quando, em 1983, aqueles que se opuseram a estacionar novas armas atômicas de médio alcance na Alemanha estavam em minoria em relação à representação parlamentar.

Habermas: A desobediência civil toca em questões complicadas. O conceito refere-se a uma infração simbólica de regras como último apelo à maioria, para com isso levar a maioria a, com base em questões de princípio, refletir sobre suas decisões e, assim, possivelmente revê-las. Isso pressupõe consequentemente relações no quadro do Estado de direito, também a identificação psicológica de quem viola a regra com a ordem jurídica existente como um todo. Só assim ele ou ela poderiam fundamentar seu protesto à luz de princípios constitucionais sob os quais é possível legitimar a própria ordem existente. É verdade: maioria e verdade não coincidem necessariamente. Mas já nossos democratas do *Vormärz** compreenderam a decisão da maioria como anuência *condicionada* de uma minoria que deixa sua vontade a serviço da maioria, todavia com a reserva de que a decisão da maioria se realize sob as condições de uma formação pública e discursiva da opinião e, por essa razão, ainda possa ser revista à luz de argumentos melhores. Para se submeter temporariamente à vontade de uma maioria não é preciso exigir da minoria que ela renuncie a suas convicções (supostamente melhores). Ela tem apenas de esperar poder convencer a maioria em uma disputa livre e pública de opiniões para que assim também sua vontade se torne majoritária. Isso soa liberal à moda antiga, e de fato é; mas sem um procedimento democrático não existe formação democrática da vontade.

---

* Literalmente, "pré-março", designando o período de tempo que antecede a revolução de março de 1948. (N. T.)

Krüger: A essa conexão geral entre democracia e nova divisão de poderes também pertence a definição do intelectual. O senhor é globalmente considerado como tal, inclusive descreveu de maneira impressionante qual é o papel dos intelectuais. Penso, por exemplo, em seu trabalho sobre Heine, em que o senhor aborda as dificuldades do reconhecimento desse papel, principalmente na história alemã. O senhor mesmo também se entende como intelectual, ainda que no modesto sentido de seu discurso de agradecimento na recepção do prêmio Geschwister-Scholl, que ocorreu na Câmara Municipal de Munique em 1985. Naquela ocasião, o senhor afirmou: "Feliz o país que necessita somente de intelectuais". A alusão ao *Galileu* de Brecht era clara: "Feliz o país que não necessita de heróis". O que significa para o senhor ser intelectual hoje?

Habermas: Ora, um intelectual ou uma intelectual – pois hoje, graças a Deus, também se reconhecem as mulheres, como se vê no caso de Christa Wolf – é alguém que, mesmo carecendo de competências, se sente responsável por coisas que não lhe afetam apenas no âmbito pessoal. Eles fazem um uso secundário, por assim dizer, de seus conhecimentos profissionais na esfera pública política. Atualmente, os intelectuais não são mais apenas escritores ou filósofos como Sartre ou Adorno, mas também especialistas que compreendem algo de economia, de questões de saúde ou de energia atômica. Eles sabem que não têm um acesso privilegiado à verdade, que também se enganam com seus contrassaberes e contraopiniões político-morais. Porém, essa espécie é hoje mais necessária do que nunca para ampliar o espectro de temas e razões muito restritos e manter *aberta* a comunicação política. Para o indivíduo isso não traz apenas prazer; pessoalmente, eu sinto que o papel do intelectual é na maioria das vezes penoso e incômodo para meu trabalho científico. Aliás, pertence a tal papel algo que, em geral, precisamente nos falta na qualidade de intelectuais: autocrítica. Pois, caso contrário, o negócio degenera muito fácil para uma autoexposição narcisista de intelectuais midiáticos.

Krüger: Desde 1985, o senhor tem se engajado mais em termos jornalísticos contra a tentativa em seu país de "eliminar" o passado fascista e a responsabilização particular que daí decorre sobre o presente. Eu me recordo do papel que o senhor desempenhou na chamada "querela dos historiadores", mas que aqui não nos interessa como assunto interno à República Federal da Alemanha. Parece-me ter relevância mais geral que, contra o ressurgimento de uma consciência nacional alemã, o senhor fale de "patriotismo constitucional". Este pode ser ainda um instável fenômeno passageiro, mas que sinaliza em qual direção? Desde meados dos anos 1970 o senhor levanta a questão acerca das "identidades sociais pós-tradicionais", que hoje poderiam apontar para além do significado das identificações nacionais dos séculos XVIII e XIX. O que o senhor entende por tal identidade pós-nacional?

Habermas: O nacionalismo ressurgiu em ambas as partes da Alemanha. Mas tenho a sensação de que nós do Ocidente podemos renunciar com relativa tranquilidade aos sonhos da reunificação. Os fardos do desenvolvimento do pós-guerra não foram simetricamente distribuídos entre Oeste e Leste. Por isso, entre vocês podem imperar outros sentimentos. No ano passado, li no *Der Spiegel* a defesa de Rolf Schneider em prol da reunificação; isso me lembrou de uma diferença geográfica de perspectiva, que facilmente esquecemos. Também não estou negando o aspecto moral dos encargos desiguais. Contudo, não

A revolução recuperadora

vejo quem ou o que a unidade cultural da nação ameaçaria, e por que a junção formada por uma nação de cultura não seria suficiente. Nós não estudamos Kant de modo diferente desde que Königsberg passou a se chamar Kaliningrado. O que nós, que nascemos mais tarde, teríamos "perdido"?

Visto em termos gerais, os Estados-nação da Europa Ocidental já se encontram no caminho para sociedades pós-nacionais. O elemento multiétnico se torna cada vez mais evidente, e depois de 1992 se tornará ainda mais intensa na Europa Ocidental a mobilidade horizontal e, com isso, a mescla de línguas e povos. As duas potências mundiais sempre foram construções multiétnicas – os vestígios desse processo estão atingindo agora a União Soviética de maneira drástica. Isso exige então levarmos mais a sério uma cultura política que, como disse Rousseau, permite "ancorar as leis nos costumes" enquanto âmbito de integração normativa do que os 75 anos de unidade estatal um tanto infeliz. A orientação da República Federal para o Ocidente com certeza não tem apenas um sentido militar e um sentido econômico. O sentido normativo, a saber, a atenção sem reservas ao universalismo moral do Esclarecimento típico da Europa Ocidental, é a melhor e mais importante parte dessa orientação para o Ocidente – talvez a única garantia para que a tendência de nosso desenvolvimento no pós-guerra não seja invertida. Depois de 1945, rompemos com as atrações obscuras de nossa tradição, com o que Lukács chamou de "destruição da razão". Deixemos simplesmente que o melhor de nossa cultura siga com Lessing e Kant, Freud, Kafka e Brecht, sem ter de recair em Klages, no Heidegger tardio ou C. Schmitt, ou mesmo na linha de tradição intelectual que remete ao Império de Bismarck. Seria muito bom que, entre ambos os Estados alemães, pudesse se desenvolver uma concorrência vital para saber quem fomenta o que há de melhor em nossa herança comum – uma concorrência intelectual, não entre dirigentes partidários, funcionários do governo ou fundadores de museus – pois em solo alemão já não haveria coisa muito pior do que uma *tal* concorrência entre a República Federal e a RDA, o senhor não acha?

Entrevista com Barbara Freitag

Freitag: Paris está se enfeitando para festejar, em 14 de julho, os duzentos anos da Revolução Francesa. Marx exaltou a capacidade dos franceses e dos ingleses para realizar uma revolução econômica e narrou com sátira a incapacidade dos alemães para levar a cabo tal feito: se os ingleses fazem dos homens chapéus, os alemães fazem dos chapéus ideias. Se os franceses fazem revolução, os alemães fazem contrarrevolução ou, em todo caso, "revolução em suas cabeças". Como o senhor avaliaria *hoje* as capacidades políticas e econômicas dos "alemães"?

Habermas: Os alemães ocidentais certamente se destacaram nas últimas décadas mais por sua produtividade econômica do que intelectual. Mas, olhando em seu todo, uma guerra perdida, uma derrota que atinge profundamente as dimensões morais, também significa uma oportunidade. Depois de quarenta anos, a República Federal da Alemanha revela algumas constantes de nosso desenvolvimento no pós-guerra: uma integração obstinada no Oeste, ligada com flexibilidade e abertura em relação ao Leste – sem reviver nisso os sonhos clássicos do Centro da Europa. A abertura em direção ao Leste se encontra sob as premissas da garantia da paz (é simplesmente de nosso interesse eliminar os arsenais idiotas em solo alemão); por essa razão, ela está em certa medida desacoplada do revanchismo nacional. A integração no Oeste sela a renúncia a todas as ideias de grande potência ou simplesmente de soberania. Aprendeu-se na República Federal que os alemães só podem atuar como fermento em um contexto supranacional mais amplo. Considero tudo isso razoável. Pela primeira vez nos tornamos um integrante quase normal da comunidade de Estados ocidentais.

Contudo, de início esse processo ocorreu em termos econômicos e políticos, mais tarde, aos poucos, também culturalmente. Esse processo se tornará irreversível apenas quando a ocidentalização cultural tiver impregnado a mentalidade de toda a população. No plano intelectual, isso pressupõe uma apropriação *modificada* de nossa tradição histórica nacional, a saber, uma apropriação crítica, que examine nossas tradições precisamente à luz daquela herança do Esclarecimento europeu, que durante o século XIX e a primeira metade do século XX não foi mais aceita sem reservas. Isso também pode ser chamado de "revolução nas cabeças".

No mundo ocidental, é evidente que ninguém mais parece ser "revolucionário" em sentido estritamente marxista. Por outro lado, porém, os jovens da República Federal perderam aquele mofo autoritário que Marx observou em seus contemporâneos.

Freitag: As festividades de Paris podem significar duas coisas: de um lado, a comemoração de um capítulo encerrado da história francesa, ou melhor, da história universal (da mesma maneira que François Furet); de outro, a referência às promessas não cumpridas do ideal da Revolução (como prefeririam os herdeiros dos jacobinos) e a um processo histórico ainda em aberto, que pode nos trazer outras revoluções ainda imprevistas. Como o senhor se situa diante dessas questões? A ideia de revolução precisa ser arquivada como reminiscência romântica da tradição histórica da velha Europa ou ainda pode se tornar virulenta como paradigma de futuras transformações sociais?

Habermas: Eu não sou da mesma opinião de F. Furet, que declara enfaticamente querer "acabar com a Revolução", nem partilho da opinião de marxistas ortodoxos, contra os quais se volta Furet. A revolução bolchevique se livrou de dissidentes que se rebelaram contra a própria Revolução. O que nos resta é a tristeza pelo fracasso de um projeto, *todavia irrenunciável*.

Você pergunta pelas promessas não cumpridas dos ideais da Revolução. A Revolução Francesa deixou atrás de si uma herança ambígua. Em todo caso, muitas ideias estiveram atreladas ao Estado nacional democrático: o nacionalismo do cidadão de uniforme, a ideologia da justiça ligada à sociedade do trabalho, o *ethos* da racionalidade voltada a fins, que foi incorporado no Estado centralizador etc. Nada disso nos contagia mais hoje. O que continua sendo exemplar são a democracia e os direitos humanos. Eles exigem instituições políticas da liberdade. Mas essas instituições serão constantemente desmentidas pelo cotidiano da desigualdade social, da repressão e da miséria caso não se possa estabelecer permanentemente uma política de renovação que se enraíze na cultura política, ou seja, nos corações de uma população *acostumada* com a liberdade. Em última instância, vejo a conquista duradoura da Revolução Francesa em uma *nova mentalidade*.

A consciência revolucionária surgida nesse tempo é o berço de uma nova mentalidade, a qual, ainda que em forma não revolucionária, hoje permanece como força motriz para processos de democratização. A essa mentalidade pertence uma consciência histórica que rompe com o tradicionalismo de continuidades cegas e fatalistas; uma compreensão da práxis política que se encontra sob o signo da autodeterminação e da autorrealização; e, por último, a confiança em um discurso público, conduzido da forma mais racional possível, por meio do qual toda autoridade política deve se legitimar. Esses são os traços de um conceito radicalmente intramundano do político que, na atualidade, ainda não se perdeu.

Freitag: No curso da Revolução Francesa, ao menos duas correntes bem diversas vieram à tona: uma, que foi encarnada sobretudo por Mirabeau, insistia na realização do ideal dos direitos humanos e, com isso, nas ideias fundamentais do Iluminismo; a outra, que foi representada pelos jacobinos (Robespierre), pelos *sans-culottes* e pelos primeiros socialistas como Babeuf, lutavam pela realização dos direitos sociais e da igualdade econômica. Esta última foi predominante no século XX, assumindo formas autoritárias nos países do bloco do Leste e nas revoluções do Terceiro Mundo. A outra corrente, na medida em que tinha se concretizado parcialmente em democracias ocidentais, parece ter esgotado em nosso século seu potencial dinâmico.

De acordo com sua concepção, os movimentos políticos na Polônia (Solidariedade), na União Soviética (*Glasnost*) ou mesmo na China (as revoltas estudantis na Praça da Paz) poderiam ser considerados como um corolário virulento da primeira corrente da Revolução Francesa – baseada na Declaração dos Direitos Humanos – , cuja efetivação está sendo exigida em nível mundial?

A revolução recuperadora

Habermas: Uma vez que a Revolução Francesa foi inspirada em Rousseau, ela se diferenciou da Revolução Americana na medida em que os direitos humanos não foram sugeridos como filtro para a práxis autônoma de autolegislação, mas deveriam ser deduzidos desta última. Rousseau reconhece nos direitos humanos apenas as estruturas e os pressupostos do próprio processo democrático de formação da vontade. Se os compreendemos desse modo, evitamos a leitura seletiva do liberalismo, pois não colocamos os direitos humanos compreendidos em termos individualistas em oposição aos objetivos da emancipação social. Por essa razão, não estou de acordo com a divisão que você faz.

Também nas sociedades industriais do Ocidente, os direitos humanos ainda não foram amplamente efetivados; mesmo os partidos socialistas se resignaram diante dos objetivos ambiciosos de uma democratização da sociedade. Nessas sociedades, a maioria continua vivendo à custa da marginalização de amplos grupos em situação de pobreza e excluídos da comunicação cultural. Por outro lado, desde a Segunda Guerra Mundial, essas sociedades instauraram o desenvolvimento do Estado de bem-estar social, que pode ser concebido como autocorreção e aprendizado do capitalismo.

Eu compreendo os desenvolvimentos na União Soviética e em todos os domínios em que exerce sua autoridade antes como se o socialismo burocrático ainda tivesse de realizar um aprendizado comparável, o que significaria algo equivalente ao compromisso com o Estado social em sociedades ocidentais. Sobre o desenvolvimento na China, não sou capaz de emitir juízo algum.

Freitag: Em que medida sua teoria da ação comunicativa, que procura enfatizar a razão comunicativa, o diálogo emancipatório, o discurso libertador tanto no plano teórico quanto prático, pode ser considerado uma versão moderna dos ideais iluministas da Revolução Francesa em geral e do Esclarecimento [*Sapere aude!*] reputado a Kant em especial, o qual aspira à maioridade [*Mündigkeit*]?

Habermas: A teoria da ação comunicativa está estruturada de maneira mais ampla do que uma teoria moral. Ela é diferente de uma filosofia prática como a conhecemos desde Aristóteles e Kant. Ela não fundamenta apenas normas morais ou ideais políticos. Ela possui antes um sentido descritivo na medida em que identifica na própria práxis cotidiana a voz persistente de uma razão comunicativa, lá onde esta é constantemente reprimida, distorcida e deslocada. Trata-se para mim do potencial racional de um mundo da vida em que as próprias fontes de resistência podem se regenerar sob circunstâncias desesperadas. Isso não tem nada a ver com otimismo. O pessimista ainda se distingue do cínico ao considerar as coisas de maneira estereoscópica, ou seja, nunca somente por um único lado. Esse era sem dúvida o sentido de uma "dialética do Esclarecimento", que decifrou, de Hegel a Adorno, o processo de modernização por ambos os lados e em toda a sua ambivalência: como um progresso dos potenciais da liberdade que podem se transformar em forças destrutivas.

Freitag: Heidegger foi festejado como grande filósofo alemão tanto dentro quanto fora da Alemanha – apesar de sua postura simpática ao nazismo – mesmo depois da Segunda Guerra Mundial. Na França (e também no Brasil), a filosofia moderna e pós-moderna foi decisivamente influenciada pela recepção, simpática a Heidegger, de Sartre e da esquerda "pós-estruturalista". O senhor, no entanto, pertence ao grupo de críticos implacáveis de Heidegger, que já em 1953 chamaram a atenção para a genialidade "ambígua" do autor de *Ser e tempo*. Em sua aula sobre Heidegger, *O discurso filosófico da modernidade* (Frankfurt am Main, 1985), o senhor se mostra "irritado" pela indisposição de Heidegger de reconhecer ao longo de sua vida o erro que cometera durante o período nazista. Como o senhor explica então o fato de que o livro de Farias (1987)* sobre Heidegger caiu como uma "bomba", provocando uma controvérsia completamente nova?

Habermas: Eu penso que esse teatro possui uma causa bastante trivial: depois da guerra, Heidegger foi recepcionado na França e nos Estados Unidos de maneira anistórica, de uma forma desnazificada, por assim dizer – por isso, é como se nada tivesse ocorrido entre *Ser e tempo* (1927) e *Carta sobre o humanismo* (1946). Essa carta tinha na verdade o sentido de apagar os vestígios políticos da história da origem da filosofia tardia; por isso, no estrangeiro, Heidegger foi claramente bem-sucedido em sua recepção. Na República Federal da Alemanha, o papel de Heidegger durante o período nazista era conhecido, então não havia nada que disfarçar. Contudo, uma geração influente de discípulos de Heidegger conseguiu assegurar, até meados dos anos 1960, a influência acadêmica do professor mesmo entre nós; as dúvidas políticas foram marginalizadas mesmo entre nós até a revolta estudantil.

---

* Referência ao livro polêmico *Heidegger e o nazismo*, publicado pela primeira vez em francês no ano de 1987, depois traduzido para diversas línguas. (N. T.)

Freitag: O livro de Farias aparentemente recolocou no centro a questão de saber em que medida a obra filosófica de um grande pensador e suas convicções políticas (e as ações que dela decorrem) devem ou não ser separadas. O senhor pertence abertamente àqueles pensadores que não estão dispostos a separar o erro político de Heidegger de sua obra, postulando assim uma afinidade eletiva entre filiação política e sistema filosófico. No entanto, de que maneira explicar que autores críticos como Sartre, Marcuse, Hannah Arendt e outros, cuja indubitável atitude antinazista dificilmente seria negada, deixaram-se influenciar de forma decisiva pela obra de Heidegger, desconsiderando assim sua simpatia pelo nazismo?

Habermas: Nesse ínterim, foram publicados tantos textos dos anos 1930 que permitiram acompanhar, de modo mais claro do que antes, os diferentes passos que compunham a *visão de mundo* do pensamento de Heidegger, que teve início aproximadamente em 1929. Em minha introdução à edição alemã do livro de Farias, eu tentei mostrar que a história da origem da filosofia tardia não pode absolutamente ser explicada sem as seguidas adaptações e reações diante dos desenvolvimentos históricos contemporâneos. Isso não afeta o significado pioneiro de *Ser e tempo*, do qual nunca duvidei.

O pensamento de Heidegger foi substantivamente atacado pela primeira vez nos anos 1930, sendo arrastado no turbilhão dos diagnósticos de tempo dos jovens conservadores. Se pensarmos no formato e na inovação fenomenal de *Ser e tempo*, parece natural que estudantes como Hannah Arendt e Herbert Marcuse antes de 1933, e também um intelectual tão apolítico como Sartre naquela época, tivessem sido marcados por seu pensamento. (Diga-se de passagem que, como estudante depois da Segunda Guerra Mundial, eu era heideggeriano, até ler em 1953 a *Einleitung in der Metaphysik* [Introdução à metafísica].) Porém, como mostram suas cartas agora publicadas, essa influência marcante não impediu Marcuse de julgar a atitude de Heidegger com uma clareza filosófica e uma agudeza política insuperáveis – e considerar *nonsense* a filosofia tardia. Também Hannah Arendt esperou até a morte de seu mestre, Karl Jaspers, para publicamente tomar partido por Heidegger. Contudo, suas ligações pessoais com Heidegger foram tão profundas durante sua vida que, depois da morte de Jaspers, ela tentou separar o filósofo Heidegger do homem privado politicamente irresponsável. Nós, que nascemos na geração seguinte, não temos razão alguma para aderir a tais acrobacias.

Freitag: Na qualidade de intelectual (sua "segunda vocação"), o senhor participou de maneira engajada em uma controvérsia muito atual e polêmica, a chamada "querela dos historiadores". Nessa disputa, o senhor se voltou contra aqueles historiadores (mas também políticos em Bonn e Bayern) que querem pôr um "ponto final" na recente história nazista da Alemanha. Quais são as possibilidades que o senhor vê hoje para uma elaboração consciente do passado, tendo em vista o recente resultado das eleições em Berlim e Frankfurt? Essa questão também é atual no Brasil, principalmente porque aqui casos bem famosos como a detenção de Wagner (e seu subsequente suicídio), a suposta descoberta do corpo de Mengele ou o centésimo aniversário de Hitler deram origem a vozes negligentes, que querem defender em todo caso a "tese do ponto final" e até mesmo mostrar o lado "bom" do regime nazista.

Habermas: O êxito dos republicanos, que provavelmente serão incluídos na próxima composição do Parlamento, deveria ser avaliado com sobriedade. É possível considerá-lo também sob o aspecto de uma certa normalização. Na República Federal, já tínhamos um potencial autoritário de 10% a 15%, entre os eleitores. Esse percentual foi há pouco tempo absorvido pelos partidos conservadores. Contudo, pagamos um preço bem alto por isso. Pois além de sua capacidade de integração, esses partidos foram como que envenenados por dentro. Na medida em que havia tendências fascistoides, eles não tiveram de procurá-las em uma *lunatic fringe* [ala lunática], mas na ala direita dos partidos cristãos estabelecidos – inclusive em suas lideranças. Hoje, essa mentalidade se desligou pela primeira vez de considerações pragmáticas e pôde ser apreendida publicamente. Há uma razão simples para isso. Se vocês compreenderem o atual presidente da República Federal, Richard Von Weizsäcker, como símbolo de integração do centro, então vocês percebem que o centro de gravidade da integração política se deslocou para a esquerda. Enquanto até poucos anos atrás, até o início do governo de Kohl, a força de integração do sistema político não havia alcançado mais do que a centro-esquerda do partido social-democrata, tanto que a esquerda na República Federal nunca pôde realmente se sentir representada, a linha divisória passa de agora em diante pelo espectro direito da CDU [União Democrata Cristã] e da CSU [União Social Cristã]. Isso é consequência da mudança de política empreendida pela liderança da CDU que, depois do espetáculo de Bitburg, entendeu que a gerações mais jovens só podem ser conquistadas ou permanecer solidárias com um perfil liberal e uma consciência histórica aberta.

Nessa medida, a controvérsia dos historiadores também pode ter a ver com o êxito dos republicanos. Como mostrou o comportamento simbólico de nossa elite política no dia 10 de novembro do ano passado, no cinquentenário dos *progroms** de 1938, também a CDU desistiu daquela estratégia de recalcar a história, que ela exerceu nos anos de Adenauer e continuou praticando até pouco tempo. Depois dessa reviravolta, não é mais possível ligar os potenciais à ala direita; mas assim sabemos ao menos onde cada um está.

Freitag: O senhor se encontra às vésperas de uma viagem ao Brasil, que é esperada por nós com grande expectativa. Que ideia o senhor faz desse país? Que lugar o senhor atribuiria ao Brasil em sua teoria da evolução? Quais perspectivas o senhor vislumbra para a América Latina nessa virada de século?

Habermas: É a primeira vez que vou à América do Sul. Também não conheço a situação no Brasil. Por isso, vejo essa viagem com grande entusiasmo. O que acho desagradável é precisar dar palestras. Isso poderia passar uma falsa impressão, pois na verdade sou eu que vou até lá para aprender. Não me sinto em condições de dar conselhos a ninguém no local.

Freitag: A discussão sobre modernidade e pós-modernidade foi alimentada por três fontes: a francesa (Foucault a Deleuze); a americana (Bell a Baermann); e, não por último, a alemã (Sloterdijk a Kamper). O senhor confrontou completamente essas três fontes e defendeu a tese de que não é possível reagir às patologias da modernidade condenando ou recusando o

---

* *Progrom* é um termo utilizado para designar ataques em massa e violentos contra determinados grupos étnicos, religiosos e culturais. Habermas se refere aqui à chamada "Noite dos Cristais" [*Kristallnacht*], que ocorreu em 1938, quando os nazistas investiram massivamente contra sinagogas, lojas e casas da comunidade judaica, torturando, matando e deportando milhares de judeus. (N. T.)

mundo moderno como um todo. Muito pelo contrário, o senhor insistiu em interpretar a modernidade como a pretensão, ainda não plenamente satisfeita, de realização das esferas da razão. Em vez de dar continuidade à "destruição da razão", seria preciso refletir sobre as dimensões ainda não realizadas do ideal da razão e deixar o beco sem saída da filosofia da consciência para, com isso, poder avançar em direção à razão comunicativa e ampliar os "nichos da razão" já existentes. Também no Brasil isso lançou uma "luz esclarecedora" sobre a discussão acalorada e engajada em torno da pós-modernidade.

Em sua opinião, é possível banalizar a filosofia pós-moderna simplesmente como um "mal-estar da modernidade" e considerá-la apenas como outra versão da hostilidade contra a modernidade, que sempre foi concomitante à própria modernidade, ou há de se temer que essa tendência encerre novos riscos ameaçadores?

Habermas: Como ocorre com todas as modas intelectuais, também o chamado pós-modernismo precisa distinguir o que pode ser explicado como mera reação e o que são novos discernimentos obtidos. Não há dúvidas de que existe evidentemente uma certa correspondência entre os escritos mais esotéricos de intelectuais como Foucault e Derrida, para citar os autores mais substanciais nessa cena, e as atmosferas públicas amplamente difundidas. Essas atmosferas, que encontram apenas uma ressonância cultural no movimento pós-moderno, não são fáceis de analisar. Em países como a República Federal e os Estados Unidos, tais disposições de ânimo são talvez sintomáticas para o que se chamou de fim do período das guerras. Esse período foi determinado economicamente por uma conjuntura de prosperidade, e ideologicamente pelo predomínio de ideias tecnocráticas. O clima foi marcado pela confiança, factibilidade e capacidade de desenvolvimento de processos sociais lineares, por uma certa credulidade na ciência, por um modernismo incontestado na arte, pelas correntes analíticas na filosofia, por um estilo internacional da arquitetura, no geral pelo racionalismo, pela sobriedade, pela abstração e pela autoconfiança. No começo dos anos 1970, já por razões econômicas, esse clima arrefeceu. Além disso, a esquerda se decepcionou com o fracasso das revoltas estudantis, com a experiência diante dos limites do reformismo administrativo e com os efeitos colaterais disfuncionais dos programas social-democratas. Max Weber tinha razão contra Marx, por assim dizer, porque havíamos notado não só o poder instrumental do mercado, mas também o sentido intrínseco da burocracia.

Ora, essas rubricas não podem naturalmente substituir uma análise; elas só podem indicar o contexto a partir do qual se deveria também explicar o regresso de Marx a Nietzsche: a polêmica contra os mestres pensadores, a valorização da narrativa diante da teoria, a suspeita contra o universalismo, o levante da periferia contra o centro etc. Nesses estereótipos do pós-modernismo, de fato são absorvidos impulsos de esquerda, incluindo sentimentos antimetafísicos contra os traços autoritários do idealismo platônico. Não é de se estranhar que hoje os antiplatônicos Heidegger e Wittgenstein encontrem tanta ressonância. A tomada de partido pelo não integrado, divergente, periférico, excluído, pelo particular, individual, concreto, ambíguo, dependente do contexto etc., pode refletir assim a oscilação habitual de um pêndulo intelectual, uma dialética normal de movimentos intelectuais. No andar inferior dos imitadores, o pós-modernismo se esgota em tais reflexos.

Isso não vale para os pensadores principais, cujos escritos também precisam ser levados a sério. Pois neles se reflete mais do que somente o habitual mal-estar da modernidade. Foucault e Derrida realmente levam a cabo um distanciamento em relação à autocompreensão da modernidade que em grande medida dependeu dos conceitos fundamentais da filosofia do sujeito. Porém, o fato de estarmos cada vez mais distantes das origens da modernidade no século XVIII não significa que também possamos nos desligar de seus conteúdos normativos. Se o horizonte da modernidade se desloca, isso ainda não significa que *saímos* dele. A crítica da modernidade vive de seus próprios critérios. Visto de modo filosófico, os pensadores produtivos do pós-estruturalismo, dentre os quais eu também contaria nos Estados Unidos com meu amigo Richard Rorty, são interessantes porque radicalizam a tal ponto a destranscendentalização (iniciada por Dilthey e pelos pragmatistas) de uma razão equivocadamente centrada no sujeito que foi possível estudar, como se estivessem em um tubo de ensaio, as consequências aporéticas de um antiplatonismo como que exacerbado. Foi o que tentei mostrar em *O discurso filosófico da modernidade*, um livro que nesse ínterim foi traduzido para o espanhol e para o português.

Freitag: Em sua conferência na Associação Hegeliana Internacional, proferida em junho de 1981 e publicada em *Moralbewußtsein und kommunikatives Handeln* [Consciência moral e ação comunicativa] (Frankfurt am Main, 1983), o senhor fala da filosofia "como guardadora de lugar" [*als Platzhalter*] para teorias empíricas com pretensão universalista, negando-lhe o papel de "indicador de lugar" [*Platzanweiser*] (para as ciências) ou de juiz (sobre a ciência, a moral e a arte). Os tradutores espanhóis e portugueses tiveram dificuldades com esse conceito, utilizando a palavra "vigilante" [*Wärters*], que a meu ver não expressa corretamente o que o senhor quis indicar. O senhor poderia desenvolver um pouco mais o papel da filosofia, tal como hoje o entende, sobretudo depois da publicação de *Nachmetaphysiches Denken* [Pensamento pós-metafísico] (Frankfurt am Main, 1988)? De que maneira a "tese do guardador de lugar" pode ser compatibilizada com sua concepção de que a Sociologia seria hoje a herdeira natural da Filosofia, como afirmado na *Teoria da ação comunicativa* (1981)?

Habermas: Em um de meus primeiros livros, *Conhecimento e interesse* (1968), realmente tendi a dissolver a substância do pensamento filosófico na teoria social. Mas essa já não era minha posição em *Teoria da ação comunicativa* (1981), como a senhora pode ver a partir de meu último capítulo. Contudo, eu quis dizer que a Filosofia, em seu campo genuíno, a saber, a investigação das condições universais do conhecimento, da linguagem e da ação, também não deveria se esquivar a uma certa divisão de trabalho com determinadas ciências empíricas, que se ocupam da mesma problemática da racionalidade (como Piaget, Max Weber, Freud ou Chomsky), só que de outro ângulo. Com a teoria da racionalização social de Max Weber, que passando por Lukács também influenciou o marxismo ocidental, a "racionalidade" se tornou sem dúvida um conceito-chave da teoria social. Isso já mostra que as disciplinas filosóficas não podem monopolizar com exclusividade o tema da razão. As lutas para delimitar o campo disciplinar têm na verdade algo de cômico. Por isso, na conferência mencionada pela senhora, eu defendi a tese de que a Filosofia precisa exercer um papel duplo como *guardadora de lugar* e *intérprete*.

Dentro do sistema da ciência, a Filosofia tem de se afirmar ao lado de e em cooperação com aquelas ciências que perseguem problemáticas universalistas (por exemplo, a formação do juízo, o desenvolvimento da cultura, a aquisição da linguagem, a capacidade de ação); como resultado, algumas disciplinas parciais ocasionalmente perdem então seu vínculo com a filosofia; vê-se em retrospecto que a filosofia desempenha um papel de guardador de lugar. Ela também continuará a exercer essa função se minha suposição de que as ciências humanas terão de ser cada vez mais filosóficas, distanciando-se de falsos modelos baseados nas ciências naturais, estiver certa. Esse papel cooperativo da Filosofia no sistema das ciências a protege também diante de pretensões fundamentalistas de observância kantiana ou de pretensões totalizantes, como foram defendidas em último caso por Hegel. A Filosofia não pode mais se apresentar com uma "atitude-chave", como Arnold Gehlen a denominou, como se ela tivesse a chave para a solução dos enigmas do mundo. Por outro lado, isso não a dispensa de seu papel de intérprete voltado ao mundo da vida. Ela continua mantendo uma relação íntima com o *common sense* [senso comum], lado a lado com o que já sabemos intuitivamente, e subvertendo ao mesmo tempo o entendimento humano saudável. Eu penso que filósofos podem muito bem assumir o papel de intelectuais na esfera pública. Mas assim os filósofos também partilham com outros especialistas a tarefa de esclarecer nossa cultura a respeito de si mesma.

Freitag: Em 1983, duas importantes publicações – a de Kohlberg et al., *Moral Stages: A Current Formulation and a Response to Critics* [Estágios morais: uma formulação corrente e uma resposta aos críticos], e seu livro *Consciência moral e ação comunicativa* – trouxeram à tona uma questão central da discussão moral, que remete a Kant. A argumentação de Kohlberg é fundamentada em um tipo de desenvolvimento genético e procura demonstrar empiricamente a construção de critérios internos de avaliação que acompanham a formação da criança até a idade adulta. Para ele, o "imperativo categórico" não é inato, mas antes resultado de uma construção, cujo último estágio tem como patamar final a razão prática de Kant. Sua teoria do discurso, sr. Habermas, está fundamentada em uma teoria da ação. A solução de um dilema moral não pode ser encontrada nem fundamentada individualmente (de maneira monológica), mas apenas em termos dialógicos, com a ajuda de um discurso prático que seja "público". As duas abordagens não são "congruentes". O "acordo mútuo" se torna antes um "desentendimento recíproco" se considerarmos que em cada caso se argumenta sobre a base de argumentos já superados (desde os anos 1970) do interlocutor. Tenho a impressão de que, nessa discussão, se mantém um aparente paradoxo. A ética do discurso só pode ser efetivada como "discurso prático" se todos os participantes tiverem atingido o estágio 6 da escala proposta por Kohlberg. Mas a obtenção desse estágio pressupõe situações que, por sua vez, têm por pressuposto uma prática discursiva. Em minha visão, as últimas publicações de Kohlberg, *The Measurement of Moral Judgment* [A medida do juízo moral] (1987/1988), não resolvem esse paradoxo. O senhor poderia nos trazer alguns esclarecimentos a respeito dessa questão?

Habermas: Eu não vejo um confronto tão grande entre a posição de Kohlberg e a minha. Ele juntou, sem dúvida, as competências do juízo moral com as competências sociocognitivas investigadas por Selman, ou seja, a competência para assumirmos as perspectivas do outro em contextos de interação. Eu apenas reforcei um pouco mais esses momentos, que remetem a Georg Herbert Mead. A senhora tem razão ao afirmar que, no curso de nosso processo de formação, precisamos ter adquirido a capacidade de emitir juízos morais pós-convencionais se pretendermos participar de argumentações morais. Na medida em que entramos em argumentações morais, temos com frequência de admitir pressupostos contrafactuais, já que nos encontramos em uma situação comunicativa em que podemos *convencer* o outro ou nos deixar convencer pelo outro: apenas a coerção do melhor argumento pode contar. Ora, as circunstâncias factuais geralmente nos impedem de admitir em tal discussão todos os participantes ou mesmo todos os concernidos. Mas mesmo quando, de maneira substitutiva, representamos em nosso pensamento como deveria ocorrer tal discurso e quais argumentos seriam apresentados, somos coagidos a nos colocar o tanto quanto possível na situação, na forma de vida e na constelação de interesses de todas as outras pessoas, por mais estranho que isso nos pareça. Mesmo quando simulamos um discurso *in foro interno* o procedimento discursivo se distingue de um princípio moral que, como o imperativo categórico, é talhado desde o início para uma aplicação monológica.

Freitag: Em *Moralität und Sittlichkeit* [Moralidade e eticidade] (1986), o senhor conclui afirmando que a teoria moral moderna, sobretudo sua ética do discurso, explica e fundamenta antes o ponto de vista moral, esclarece o cerne universal de nossas intuições morais e pode refutar o ceticismo axiológico, embora seja impotente diante dos "quatro maiores fardos político-morais de nossa existência" (fome, tortura, desemprego, armamento nuclear). Aqui, de acordo com sua visão, as ciências históricas e sociais poderiam contribuir para "aliviar" tais sobrecargas. De que maneira?

Habermas: As teorias morais kantianas, incluindo a ética do discurso, tornam-se abstratas em um mau sentido e se expõem a todas as objeções endereçadas pelos hegelianos e neoaristotélicos caso esqueça duas coisas.

Em primeiro lugar, a *aplicação* de normas válidas a situações particulares requer um tipo de discurso e pontos de vista que sejam diferentes da *fundamentação* dessas normas. Enquanto esta é efetuada sob o ponto de vista do que todos poderiam querer, a situação concreta de aplicação exige algo diferente de uma tal universalização. Discursos de aplicação exigem a reflexão sobre qual das normas *prima facie* colocadas em questão e já consideradas válidas é adequada a uma dada situação quando esta é descrita da forma mais completa possível em todos os seus traços normativamente relevantes. Adequação, não universalização, é aqui o ponto de vista apropriado para que a razão prática seja considerada.

Porém, em segundo lugar, é ainda mais importante a reserva que se segue do princípio de universalização e cuja premissa estabelece a única maneira como normas são consideradas válidas: uma norma moral válida, isto é, que resistiu ao teste de universalização, só pode ser *exigida* de pessoas que podem esperar que de fato *tal norma também seja observada por todas as outras pessoas*. No mundo, como o conhecemos, muitas vezes esse não é o caso. Portanto, as normas jurídicas e o emprego do poder político são necessários para assegurar uma ação considerada legítima. Contudo, o comportamento jurídica ou politicamente imposto só é legítimo se o próprio direito e as instituições políticas satisfazem suas pretensões à legitimidade. Deus sabe o quanto isso é ainda mais raro.

É nesse contexto que falei sobre os grandes fardos político-morais mencionados pela senhora. Diante dessa situação, que é sem dúvida ainda mais especialmente drástica na América do Sul, não basta um discernimento moral abstrato. São necessárias análises empíricas e uma valorização normativa de instituições estatais, normas jurídicas e políticas específicas. Somente em relação a um Estado que pretende ser legítimo é possível levantar a questão de se – e, se for o caso, quando – a injustiça evidente das relações existentes justifica formas de desobediência civil e de resistência. A olho nu, a moral é impotente diante da obscuridade de sequências de ação encadeadas de modo anônimo; também a substância moral do direito e da política, que permitem a mediação de interações cara a cara, não pode mais ser avaliada em nosso mundo complexo sem microscópio, sem análise social ou dados cientificamente elaborados.

Entrevista com Torben Hviid Nielsen

Nielsen: Nosso tema principal diz respeito a suas concepções sobre teoria moral e ética, especialmente na forma como o senhor as apresenta desde a *Teoria da ação comunicativa*. Vamos nos concentrar de início no conceito de moralidade e na relação entre justiça, direito e cuidado. Depois, em segundo lugar, nos voltaremos às questões de fundamentação da ética do discurso nos termos de uma pragmática universal. Trata-se da validade de normas, do status da chamada situação ideal de fala e da delimitação de procedimentos democráticos. Em terceiro lugar, eu gostaria de tratar a moral e a ética em relação ao sistema e ao mundo da vida.

Como deveríamos entender o desenvolvimento que o conduziu de uma crítica sociológica das patologias da modernidade (na *Teoria da ação comunicativa*) para sua teoria moral (em *Consciência moral e ação comunicativa* e nos artigos e preleções que se seguiram)? É possível entender a ética do discurso como uma resposta filosófica oferecida de uma perspectiva individual à questão sociológica acerca de como deveria parecer uma relação correta, não patológica, entre sistema e mundo da vida?

Por que, desde 1981, o senhor se ocupou mais com questões da ética filosófica do que com essa questão sociológica deixada em aberto na *Teoria da ação comunicativa*?

Habermas: Eu vejo isso de outro modo. Para os fundamentos filosóficos da *Teoria da ação comunicativa*, foi importante sobretudo a introdução do conceito de racionalidade comunicativa a partir da pragmática linguística. Com efeito, ao seguir Weber e Durkheim, eu já estava explorando o desenvolvimento do direito e da moral; mas as duas abordagens teóricas que eu estava utilizando ali, a ética do discurso e a teoria de Kohlberg a respeito dos estágios de consciência moral, ficaram em segundo plano naquele momento. Só me dediquei a essas questões, que foram deixadas um pouco de lado, nos anos seguintes. O ensaio que dá título ao livro *Consciência moral e ação comunicativa* data da época e do contexto de pesquisa do Instituto em Starnberg. E o ensaio sobre a ética do discurso surgiu de um seminário que apresentei logo depois de minha volta a Frankfurt e que apresentei na Faculdade de Filosofia. Desde 1983, eu de fato tenho atuado em um ambiente profissional transformado; isso também desempenhou um papel decisivo ao acentuar certos interesses de pesquisa.

Sua suspeita também não procede porque essa preocupação com questões de teoria moral já estava atrelada a temas que eu havia tratado na última parte de *Problemas de legitimação no capitalismo tardio*, em 1973. Naquela época, propus um modelo de "interesses universalizáveis reprimidos" com o intuito de mostrar em que sentido era possível diferenciar interesses "universais" e "particulares". Depois, na *Teoria da ação comunicativa*, não retomei mais esse modelo, mas tentei compreender as patologias sociais, que o senhor corretamente relembrou, com a ajuda de um conceito de sociedade em dois níveis, a saber, como deformações que se originam em perturbações na reprodução do mundo da vida (v.2, p.215). Em especial, eu me interessei pelas patologias que surgem quando desequilíbrios sistêmicos sujeitos a crises na economia e no aparelho estatal são empurrados para o mundo da vida, interferindo em sua reprodução simbólica (v.2, p.565 ss.). Se eu quisesse ter analisado corretamente os fenômenos da reificação das relações comunicativas ocasionadas pela monetização e pela burocratização, ou seja, o que Marx chamou globalmente de "alienação", não havia lugar para reflexões de teoria moral. Pelo contrário, para aquelas questões era mais apropriado investigar com precisão o conceito de uma comunicação sistematicamente distorcida. Concebi essa forma de comunicação – com base em pesquisas empíricas sobre patologias da família – como a contraparte interpessoal daquelas perturbações intrapsíquicas que a psicanálise reduz à defesa inconsciente dos conflitos e explica com os mecanismos de defesa correspondentes. Contudo, desde 1974 eu não volto a essas ideias sobre as patologias da comunicação que surgem no plano das interações simples.[1] Mas ainda considero relevantes meus esforços, e me sinto amparado nessa apreciação pelos interessantes trabalhos de Jim Bohman e Martin Löw-Beer.

Nielsen: O senhor apresenta a ética do discurso tanto como continuidade e complementação de seus trabalhos iniciais de teoria moral quanto como resposta à agenda política das discussões públicas levadas a cabo na década de 1980. O senhor

---

[1] Habermas, *Vorstudien und Ergänzungen zur Theorie des kommunikativen Handelns*, p.226-70.

sente alguma tensão entre esses dois polos, ou seja, entre seu próprio desenvolvimento teórico, que remete às questões dos anos 1960, e os temas políticos dos anos 1980? Esses temas contribuíram na virada que o senhor conduziu de uma concepção moral social, mais baseada na ética hegeliana, para uma concepção moral individual, de matriz antes de tudo kantiana?

Habermas: De fato, desde mais ou menos 1970, ou seja, desde aquelas reflexões sobre a pragmática formal e sobre a teoria do discurso como verdade, que apresentei pela primeira vez nas *Christian-Gauss Lectures*,[2] sempre persegui *o mesmo* programa de investigação. Por outro lado, todos aqueles que mantiverem uma certa sensibilidade política (e teórico-política) também reagirão às mudanças de contexto. De um lado, nos anos 1960, foi preciso confrontar as teorias tecnocráticas; de outro lado, no início dos anos 1970, as teorias da crise. Desde meados dos anos 1970 sentimos a pressão da crítica da razão levada à cabo tanto por neoconservadores quanto por pós-estruturalistas – eu respondi a isso com o conceito de racionalidade comunicativa. Essa constelação não se alterou no início dos anos 1980; por isso, continuei perseguindo o tema da crítica da filosofia do sujeito, tornando-a filosoficamente mais precisa. No livro *O discurso filosófico da modernidade*, pretendi mostrar que o "pensamento representativo" [*vorstellende Denken*] pode ser dissolvido por algo diferente do derrotismo dos desconstrutivistas ou do contextualismo neoaristotélico.

Nesse contexto de uma autocrítica intersubjetivista da razão, também reagi à conjuntura favorável em que a ética fi-

---

2 Habermas, Vorlesungen zu einer sprachtheoretischen Grundlegung der Soziologie, p.11-126.

losófica se encontra (ainda que nunca totalmente isenta de suspeita), e trabalhei coisas que decerto já haviam despertado meu interesse em conexão com a ética comunicativa de Mead (*Teoria da ação comunicativa*, v.2, p.141 ss.). Por isso, como no caso de Mead, a ética do discurso também está ligada às intuições da teoria moral kantiana, sem assumir suas premissas individualistas.

Nielsen: A ética do discurso se refere a relações especificamente modernas (como também a *Teoria da ação comunicativa* e *O discurso filosófico da modernidade*). O senhor defende o Esclarecimento e a modernidade contra o tradicionalismo, de um lado, e o pós-modernismo, de outro lado. Assim, por exemplo, o conceito de virtude para o senhor, assim como para um de seus principais opositores, o neoaristotélico A. MacIntyre, é incompatível com as condições de vida modernas. Como aconteceu de todas as morais tradicionais e substanciais ficarem ultrapassadas? E em que consiste sua solução: uma moral não substantiva que é mais bem justificada do que a resposta dada por MacIntyre, a saber, do que o regresso às virtudes tradicionais por ele defendido?

Habermas: Em minha opinião, *After virtue* [Depois da virtude] tem sobretudo duas fraquezas. Primeiro, MacIntyre torna sua crítica muito fácil: com a teoria de A. Gewirth, ele escolhe um exemplo atípico e antes de tudo muito fácil de ser criticado para ilustrar a posição universalista, em vez de discutir Rawls, Dworkin ou Apel. Em segundo lugar, ele recai em problemas com o recurso ao conceito aristotélico de práxis, uma vez que tenta extrair um cerne universal de formas de vida legítimas respaldadas na modernidade por um pluralismo inevitável. Onde ele deriva o equivalente para o que Aristóteles ainda podia confiar – refiro-me a um substituto para a prioridade metafísica da *polis* enquanto forma de vida exemplar, na qual os homens, mais precisamente todos os homens que não permaneçam bárbaros, podem realizar o *telos* de uma vida boa? Porque, na modernidade, a multiplicidade de projetos de vida individuais e formas de vida coletivas não podem mais ser filosoficamente prejudicadas, pois o modo de viver é de responsabilidade unicamente dos próprios indivíduos socializados e tem de ser avaliado da perspectiva dos participantes, conclui-se precisamente disso que apenas um *procedimento* de formação racional da vontade poderia convencer a todos.

Nielsen: A ética do discurso oferece uma compreensão restrita ou minimalista da ética em dois aspectos. Sua abordagem é deontológica, cognitivista, formalista e universalista; e ela se restringe à justiça como seu objeto central. Desse modo, ela exclui a orientação tradicional voltada ao bem ou à felicidade (ou uma combinação de ambos). Por que essa restrição à justiça? O senhor considera isso um traço necessário de todas as éticas modernas?

Habermas: Sob condições modernas de vida, nenhuma das tradições concorrentes pode mais *prima facie* pretender possuir obrigatoriedade universal. Por isso, mesmo em questões praticamente relevantes, não podemos mais apoiar argumentos convincentes sobre a autoridade de tradições inquestionáveis. Se não quisermos mais decidir questões normativas elementares de nossa vida em comum por meio da violência [*Gewalt*] direta ou velada, por pressão, influência ou pelo poder [*Macht*] dos interesses mais fortes, mas sim pelo convencimento não coercitivo fundado no acordo racionalmente motivado, então temos de nos concentrar no círculo de questões passíveis de avaliação imparcial. Não podemos esperar uma resposta universalmente vinculante quando perguntamos o que é bom para mim, ou bom para nós, ou bom para eles; pois deveríamos antes perguntar: o que é *em igual medida bom para todos*. Esse "ponto de vista moral" forma um cone de luz preciso, mas estreito, que seleciona, da massa de todas as questões valorativas, aqueles conflitos de ação que podem ser *resolvidos* com referência a um interesse universalizável: essas são questões de justiça.

Com isso, não estou afirmando que questões de justiça sejam as únicas relevantes. Na maior parte das vezes, questões ético-existenciais nos são muito mais urgentes: problemas que obrigam os indivíduos ou uma coletividade a se esclarecer sobre quem são ou gostariam de ser. Tais problemas de autocompreensão podem nos atormentar mais do que os problemas de justiça. Porém, apenas esses últimos são estruturados de modo a poderem ser resolvidos no interesse simétrico e bem ponderado de todos. Juízos morais têm de poder encontrar assentimento da perspectiva de todo possível concernido – e não apenas, como no caso de juízos éticos, da perspectiva sempre da minha ou da nossa própria autocompreensão ou compreensão de mundo. Por conseguinte, teorias morais, que seguem uma abordagem cognitivista, são essencialmente teorias da justiça.

Nielsen: Por que as dimensões da "justiça" não são ainda mais diferenciadas? Por que as cisões da modernidade devem se deter, por assim dizer, às três Críticas elaboradas por Kant e às suas respectivas esferas de valor, de modo que as questões de justiça só possam ser tratadas sob um único e mesmo aspecto? É possível compreender o livro de Michael Walzer, *Spheres of Justice* [Esferas da justiça], como um único longo argumento em favor de uma divisão do conceito de justiça segundo diferentes esferas (do pertencimento, do bem-estar, da economia, da educação etc.); ele pretende assim defender pluralismo e igualdade. "Os princípios da justiça possuem, por seu turno, uma forma plural, pois diferentes bens sociais deveriam ser distribuídos segundo procedimentos distintos, de acordo com diferentes agentes" (p.6).

Habermas: Eu concordo plenamente com essa frase, mas não com as consequências que Walzer gostaria de tirar dela.

Que uma norma seja justa ou seja do interesse universal significa que essa norma merece reconhecimento ou é válida. Justiça não é algo material, não é um "valor" determinado, mas uma dimensão de validez. Assim como proposições descritivas são verdadeiras, ou seja, podem exprimir o que é o caso, também proposições normativas são corretas e podem exprimir o que é imperativo fazer. Em outro plano, porém, estão os princípios ou normas que possuem um conteúdo especial – independente do fato de serem ou não válidas.

Por exemplo, existem diferentes princípios de justiça distributiva. Estes são princípios materiais de justiça como "A cada um segundo sua necessidade" ou "A cada um segundo suas realizações" ou "Para cada um o mesmo quinhão". Princípios de igualdade de direitos como os princípios de igual respeito para todos, de tratamento igual e de igualdade na aplicação das leis se relacionam a outro conjunto de problemas. Nesse caso, não se trata da distribuição de bens e serviços, mas da garantia de liberdades e inviolabilidades. Ora, esses princípios podem ser fundamentados sob o ponto de vista da universalização e pretender validade *prima facie*. Mas apenas em consideração a casos concretos é possível salientar *quais* desses princípios concorrentes são adequados ao *respectivo* contexto.

A revolução recuperadora

Essa é a tarefa dos discursos de aplicação: no interior da família, por exemplo, conflitos redistributivos são decididos mais de acordo com o princípio de necessidade do que pelo princípio de realização [*Leistungsprinzip*], ao passo que conflitos distributivos que afetam a sociedade como um todo podem ser tratados de maneira inversa. Isso depende de saber qual princípio *se acomoda melhor* à situação descrita da forma mais completa possível em todos os seus traços relevantes. Contudo, considero altamente problemática uma correlação geral entre princípios de justiça e esferas de ação. Nos discursos de aplicação, reflexões como as de Walzer poderiam ter seu lugar; mas aqui elas teriam de mostrar seu valor caso a caso, segundo o contexto.

Nielsen: A restrição da teoria moral às questões de justiça leva o senhor a uma forte distinção entre "questões morais" (que, em princípio, podem ser racionalmente decididas sob o ponto de vista da universalização) e "questões valorativas" (que apresentam questões da vida boa e só são acessíveis a uma discussão racional dentro do horizonte de uma forma de vida historicamente concreta ou de uma história de vida individual). Porém, o senhor realmente está excluindo a possibilidade de uma convergência entre justiça e vida boa? John Rawls, que como sabemos defende a prioridade do justo sobre o bem, parte de tal congruência, "ao menos no caso de uma sociedade bem-ordenada". Em sua visão, uma teoria moral também deve definir algum tipo de relação entre o justo e o bem?

Habermas: Sim, em uma sociedade que tivesse à sua disposição todos os recursos de uma sociedade moderna e fosse ao mesmo tempo bem-ordenada, isto é, justa e emancipada, os indivíduos socializados desfrutariam não só da autonomia e de um alto grau de participação, mas também teriam uma margem relativamente grande para sua autorrealização, ou seja, para a projeção consciente e a persecução de projetos de vida individuais.

Nielsen: O senhor certamente separa a justiça da vida boa, mas inclui aspectos do cuidado e da responsabilidade em seu conceito de justiça. Como tornar os conceitos de *care* e de *responsability*, empregados por Carol Gilligan, componentes de sua concepção teórico-discursiva de justiça? A ética do cuidado se refere ao outro concreto, não ao outro generalizado. Isso requer não uma abordagem formal e abstrata, mas sim contextualizada. O senhor tem em vista relações sociais, não papéis fixos, e remonta as questões morais a interesses conflitantes, não a direitos divergentes. Como todas essas diferenças podem ser subsumidas sob uma concepção formal de justiça?

Habermas: Permita-me tratar em pares os primeiros dois pontos de vista e depois os dois últimos.

A impressão de que éticas deontológicas como as kantianas nos obrigariam a negligenciar o outro concreto e sua situação particular surge em virtude da concentração unilateral nas questões de fundamentação, a qual pode ser evitada. Kant havia talhado a moralidade inteiramente a partir da perspectiva rousseauniana de um legislador que considera de que maneira uma matéria pode ser regulada no interesse comum de todo cidadão, ou seja, sob o ponto de vista da universalidade. Nesse ponto, a problemática da aplicação some de vista. A constelação única de um caso carente de decisão, os traços concretos das pessoas envolvidas entram em cena somente *depois* que os problemas de fundamentação foram resolvidos. Contudo, se nos cabe esclarecer qual das normas *prima facie* válidas é *a mais adequada* para dada situação e para o conflito em causa, então é preciso oferecer uma descrição a mais completa possível de todas as características do respectivo contexto. Klaus Günther deu à sua excelente investigação sobre os discursos de aplicação o título *Der Sinn für Angemessenheit* [O sentido da adequação] (Frankfurt am Main, 1998). A Razão Prática não pode ser plenamente realizada com base unicamente em discursos de fundamentação. Enquanto, no momento da fundamentação das normas, ela se exprime no princípio de universalização, na aplicação das normas ela se efetiva com um princípio de adequação. Quando se torna clara essa complementaridade entre fundamentação e aplicação, vê-se como a ética do discurso pode considerar aquelas ponderações que o senhor partilha com Carol Gilligan ou também com Seyla Behnabib.[3]

Passemos agora à outra objeção segundo a qual éticas deontológicas se ocupam unicamente dos direitos, não das necessidades, negligenciando também o aspecto das relações de pertencimento em comparação aos papéis institucionalmente cristalizados. Em retrospecto histórico ao individualismo de tradição kantiana, essa objeção se justifica; mas ela não atinge a ética do discurso. Pois a ética do discurso assume a abordagem intersubjetivista do pragmatismo e concebe o discurso prático como uma práxis *pública* de assunção recíproca *comum* de perspectivas: cada um se vê obrigado a adotar a perspectiva de cada um dos outros para testar se uma determinada regulação também é aceitável da perspectiva que cada um dos outros têm a respeito da compreensão do mundo e de si mesmos. Justiça e solidariedade são dois lados da mesma moeda, pois o discurso

---

3 Benhabib, The Generalized Other and the Concrete Other, p.77-96.

prático é um procedimento que, por um lado, permite a cada um se colocar com sim ou não e, nessa medida, leva em consideração uma compreensão individualista da igualdade de direitos; por outro lado, no discurso permanece intacto aquele laço social que todo participante da argumentação mantém ao se tornar consciente de seu pertencimento a uma comunidade ilimitada de comunicação. Apenas se for assegurada a existência da comunidade de comunicação, que com a assunção ideal de papéis demanda de todos um comportamento empático e altruísta, é possível então reproduzir aquelas relações de reconhecimento recíproco sem que a identidade de cada indivíduo também fosse decomposta.

Nielsen: Como devemos compreender a separação entre moral e direito? Segundo Durkheim e Weber, trata-se de duas esferas distintas que emergiram do declínio das éticas tradicionais; mas, de certo modo, também permanecem ligadas uma na outra por um centro comum. Temos de conceber a moral e o direito na modernidade somente como formas distintas de institucionalização de procedimentos que servem ao mesmo fim?

Habermas: O direito positivo e a moral pós-convencional se complementam entre si e recobrem a eticidade moderna. Sob pontos de vista normativos, é possível esclarecer facilmente a necessidade de complementação de normas morais fundamentadas em termos universalistas. Uma norma que se submete ao teste de universalização só pode merecer reconhecimento universal sob o pressuposto de também poder ser factualmente obedecida por todos. É justo essa condição que uma moral da reflexão, que rompe com as autoevidências da eticidade concreta, não garante mais. Logo, as próprias premissas de um modo de fundamentação pós-convencional pretensioso criam um *problema de presunção de razoabilidade* [*Zumutbarkeit*]: a observância de uma norma válida pode ser esperada só por aquele que pode estar certo de que também todos os outros seguirão a norma. É desse modo que Kant já havia fundamentado a passagem da moral para o direito sancionado pelo Estado. E mesmo Kant reconhece o problema secundário que surge com o recurso ao *medium* do poder estatal. O poder político não é um *medium* neutro; seu uso e sua organização precisam ser submetidos a restrições morais. A isso responde, por sua vez, a ideia do Estado de direito.

Em Kant e no liberalismo inicial, contudo, há uma representação da dominação das leis que sugere que a própria ordem jurídica tenha uma natureza exclusivamente moral, em último caso seja uma forma de implementação da moral. Essa assimilação do direito à moral leva a erros. Com o elemento político do direito, entram em jogo momentos completamente diferentes. Nem todas as matérias que carecem de regulação jurídica são morais. Mesmo se a legislação tivesse se aproximado o suficiente das condições ideais de uma formação discursiva da opinião e da vontade, as decisões do legislador não poderiam se apoiar somente em razões morais – sobretudo não o legislador do Estado de bem-estar social. Sempre desempenham um papel considerável razões *pragmáticas* para uma ponderação (mais ou menos equitativa) de interesses, que não são capazes de universalização, e também as razões *éticas* para a autocompreensão aceita e para a forma de vida preferida de um coletivo, em que se encontram diferentes tradições com identidades preservadas e que precisam estar em harmonia umas com as outras. Daí que a pretensão de legitimidade do direito positivo, mesmo que apoiada em uma formação racional da vontade, não poderia se reduzir à pretensão de validade moral. Com as razões pragmáticas e éticas, acabam se inserindo na legitimidade do direito também outras coisas: a *legitimidade* se apoia sobre um espectro muito mais amplo de aspectos da validade do que o caráter deontológico das normas de ação morais.

Aliás, a validade do direito é composta de dois componentes: ao componente racional da pretensão à legitimidade se junta o componente empírico da imposição do direito. A validade do direito tem de poder fundamentar pelo lado dos destinatários duas coisas ao mesmo tempo: a expectativa cognitiva de que a observância universal das normas jurídicas individuais será obrigatória se assim for o caso (pois é *suficiente* ao direito a legitimidade do comportamento, isto é, o comportamento conforme às normas); ao mesmo tempo, a validade do direito fundamenta a expectativa normativa de que o sistema jurídico em seu todo merece reconhecimento com base em boas razões (pois o direito é mais do que mera legalidade, já que tem de *tornar possível* a todo momento que a obediência se siga de um discernimento inscrito na legitimidade da própria ordem jurídica).

Nielsen: Passemos para o tema de sua fundamentação pragmático-linguística da ética do discurso, em particular o desenvolvimento posterior que o senhor fez da análise de Toulmin em *The Uses of Argument* [Os usos do argumento], dos "jogos de linguagem" de Wittgenstein e da "gramática universal" de Chomsky para a elaboração de uma pragmática formal. Nesse âmbito metodológico, eu gostaria de confrontar o senhor com um argumento que é uma variação da antiga objeção contra o eurocentrismo de sua defesa do Esclarecimento e de seu conceito de evolução.

A revolução recuperadora

Como se sabe, é possível perguntar se o conceito da pragmática formal foi obtido a partir de uma generalização ruim de exemplos compostos pelas famílias de línguas indo-europeias. B. Lee Whorf comparou o *Standard Average European* [padrão europeu médio] com as línguas não europeias e descobriu que coisas consideradas centrais como, primeiro, a função dos verbos, segundo, a estrutura temporal e, terceiro, a relação gramatical de sujeito e predicado são fundamentalmente diversas das características que o senhor toma por universais. Não posso recapitular isso aqui em detalhes. Mas parece haver uma quantidade de dados linguísticos que questionam ou refutam a abordagem de uma pragmática universal. Talvez o senhor possa retrucar ao dizer que as línguas não europeias são menos desenvolvidas; mas então o senhor ficaria com o ônus de mostrar como é possível em geral um desenvolvimento das estruturas gramaticais profundas.

Habermas: A hipótese Sapir-Whorf foi exaustivamente discutida nos anos 1950, com resultados negativos em seu conjunto. As estruturas superficiais das linguagens individuais podem divergir abertamente sem que sejam afetadas as convergências na estrutura semântica básica de proposições assertóricas simples ou na estrutura pragmática básica da situação de fala (por exemplo, pronomes pessoais, expressões indexicais de tempo e espaço). O que Whorf intuiu são antes aquelas diferenças entre imagens linguísticas de mundo, pelas quais Humboldt já havia se interessado sem tirar daí consequências em favor de um relativismo linguístico. Para que isso seja evitado, não é necessário encontrar refúgio nas representações de uma evolução dos sistemas linguísticos. Considerando as linguagens naturais, o recurso ao evolucionismo é totalmente inadequado. É claro que a complexidade gramatical das línguas se modifica ao longo do tempo.

Hoje, as intuições de Whorf foram retomadas em outro âmbito, a saber, no debate acerca da racionalidade suscitado pelos antropólogos, o qual nesse meio-tempo se ramificou. Penso que o ponto decisivo *dessa* controvérsia reside na questão de saber se temos de considerar uma assimetria que surge entre as capacidades interpretativas de diferentes culturas, já que algumas introduziram os chamados *second-orders concepts* [conceitos de segunda ordem], e outras não. Esses conceitos de segunda ordem preenchem condições cognitivas necessárias para o vir-a-ser reflexivo de uma cultura, ou seja, para que seus membros possam adotar uma atitude hipotética diante de suas próprias tradições e, com base nisso, efetuar uma autorrelativização cultural. As sociedades modernas são caracterizadas por uma tal compreensão decentralizada do mundo. A disputa consiste em saber se tais estruturas cognitivas significam um limiar que exige, de *toda* cultura que ultrapassa esse limiar, processos de aprendizagem e de adaptação *semelhantes*.

Os contextualistas afirmam que a passagem para um conceito pós-metafísico de natureza, para concepções pós-tradicionais do direito e da moral, caracteriza somente uma tradição entre outras – de modo algum o vir-a-ser reflexivo de tradições em geral. Não vejo como essa tese pode ser defendida a sério. Penso que Max Weber estava certo, mais precisamente no que diz respeito à interpretação universalista cautelosa que Schluchter ofereceu da tese do significado universal da cultura no racionalismo ocidental.[4]

---

4 Schluchter, *Die Entwicklung des okzidentalen Rationalismus*, p.15 ss.

Nielsen: Sua teoria moral tem a forma de uma investigação de argumentação moral. E o senhor propõe como princípio único um princípio de universalização que na argumentação moral deve desempenhar o mesmo papel que o princípio de indução em questões empírico-teóricas. De acordo com esse princípio, é válida uma norma somente se pudesse ser aceita em argumentações reais por todos os potencialmente concernidos; isso significa que tal norma precisa poder satisfazer os interesses de cada um dos participantes. Por que os participantes deveriam entrar em acordo acerca das consequências de uma obediência universal às normas? Geralmente, eles só chegam a uma constatação consensual sobre seus dissensos. Essa seria uma certa analogia com o procedimento de formação política da vontade, que exprime o consenso acerca do fato de que determinados temas e controvérsias são deixados a *outras* formas de confronto.

Habermas: A argumentação não é um procedimento de decisão que resulta em *resoluções* concretas, mas sim um procedimento para solução de problemas que pode conduzir a algum grau de *convencimento*. Naturalmente, conflitos argumentativos sobre a pretensão de verdade de enunciados assertóricos ou sobre a pretensão de correção de enunciados normativos muitas vezes podem terminar sem que se chegue a um acordo; então, *for the time being* [por enquanto], essa questão permanece em aberto, mas sempre com a consciência de que apenas um lado pode estar certo. Contudo, em discursos práticos, pode acontecer que o conflito em questão não seja de natureza moral. É possível se tratar de uma questão ético-existencial que concerne à autocompreensão de determinadas pessoas ou de um determinado coletivo; nesse caso, mesmo a resposta mais racional só poderá ser válida em relação ao fim posto a cada vez por minha – ou nossa – vida boa ou bem-sucedida, e ela não pode pretender possuir uma obrigatoriedade universal. Mas talvez também se trate da questão pragmática da ponderação entre interesses opostos, não passíveis de universalização; nesse caso, os participantes podem chegar a um compromisso equitativo ou bom. Portanto, o malogro das tentativas de argumentação no domínio da práxis também pode ter o sentido de tornar claro não estarem em jogo discursos morais, mas discursos de autocompreensão e negociações.

Mesmo na formação parlamentar da vontade se inscreve um núcleo racional; pois questões políticas também são passíveis de tratamento discursivo, dependendo tanto de pontos de vista empíricos e pragmáticos quanto de pontos de vista morais e éticos. No entanto, esses processos de formação da opinião juridicamente institucionalizados foram programados para produzir decisões em tempos limitados. A produção de leis ordinárias combina a formação da opinião orientada à verdade com uma formação majoritária da vontade. Da perspectiva de uma teoria do discurso, cujos procedimentos formam seu teor normativo, a regra da maioria mantém uma relação interna com a busca cooperativa da verdade. Segundo sua ideia, uma decisão majoritária só pode ser gerada sob condições discursivas tais que seu resultado possa ter em seu favor a suposição de racionalidade. O conteúdo de uma decisão alcançada de maneira procedimental deve poder valer como o resultado racionalmente motivado, embora falível, de uma discussão interrompida provisoriamente por pressão da decisão. Por isso, não se pode confundir o discurso enquanto procedimento de formação do juízo moral ou ético com os procedimentos juridicamente institucionalizados de uma formação política da *vontade* (por mais que seja mediada por discursos).

Nielsen: O cognitivismo na teoria moral que o senhor defende se apoia na afirmação de uma analogia entre pretensões de verdade e pretensões de validade normativas. Mas essa analogia só pode se manter quando as normas, que se encontram submetidas ao princípio de universalização, são assimiladas a alguma validade normativa em geral. Como e por que a teoria moral precisa desconsiderar aquelas outras normas que possuem vigência *de facto*, sem que sejam válidas em sentido estrito? E essa exclusão é possível sem que se corte a relação dialética entre moral abstrata e ética social?

Habermas: Considerada a atitude performativa de seus destinatários, as normas aparecem com uma pretensão de validade análoga à verdade. "Análoga" significa, contudo, que a validade deontológica das normas não pode ser assimilada à pretensão de verdade das proposições. As diferenças se mostram não apenas nas regras de argumentação e no tipo de argumento apresentado a cada vez; elas já começam com o fato de que pretensões de validade normativas têm seu lugar em normas, isto é, em construtos de nível superior (diante de ações morais e atos de fala regulatórios), ao passo que os valores de verdade só podem ser atribuídos a proposições assertóricas individuais, não a teorias. Nesse caso, a validez dos construtos de nível superior, ou seja, das teorias, é tributária do conjunto de proposições verdadeiras que podem ser derivadas delas, ao passo que, de outro lado, mandamentos ou proibições particulares emprestam sua validez das normas subjacentes.

Portanto, uma diferença interessante consiste em que o tomar-por-verdadeiro das proposições não afeta absolutamente aquela dimensão que é essencial para a verdade das proposições, a saber, a existência de estados de coisas. Em contraste, o tomar-por-correto das normas afeta imediatamente aquela dimensão essencial da regulação das ações. Logo que uma norma de ação é suficientemente reconhecida no círculo de seus destinatários e passa a ser obedecida, constitui-se uma práxis correspondente – não importando se a norma pode ser justificada e *merece* reconhecimento ou se é observada apenas de maneira *factual*, por exemplo, ao ser reconhecida com base em razões erradas ou obedecida por mero hábito. Por isso, torna-se importante a diferença entre validez [*Gültigkeit*] e validade social [*soziale Geltung*], ou seja, o tomar-por válida em geral de uma norma. Nesse sentido, estou de acordo com o senhor.

Contudo, tenho dúvidas se compreendi o sentido de sua pergunta. É evidente que o *teórico moral* opta por um modo de consideração que é normativo; ele partilha da atitude de um destinatário das normas que participa de discursos de fundamentação e de aplicação. Dessa perspectiva, precisamos de início nos abstrair das tradições existentes, das práticas habituais e dos motivos dados, em suma: da eticidade estabelecida em uma sociedade. Por outro lado, essa eticidade deve interessar em primeira linha ao *sociólogo*. Este adota a atitude objetivadora de um observador participante. Não podemos adotar a atitude de segunda pessoa de um destinatário de normas e a atitude de terceira pessoa de um observador sociológico ao mesmo tempo. O senhor provavelmente está pensando no caso complicado em que alguém interpreta em uma atitude os conhecimentos que foram obtidos na outra atitude. Este é o caso de um sociólogo que confunde a crença na legitimidade apreendida de forma descritiva com as boas razões que poderiam ser apresentadas da perspectiva de *possíveis* destinatários para a legitimidade da ordem observada (e socialmente validada) por eles. De maneira correspondente, também o participante da argumentação (ou o teórico moral como seu Alter Ego filosófico) inverte seu papel na medida em que, com os olhos de um legislador, inclui em sua reflexão os aspectos empíricos das matérias carentes de regulação e a presunção de razoabilidade ou de aceitação das regras. É preciso manter separados esses diferentes modos de consideração e os diferentes objetos. Porém, dessas diferenças não se pode deduzir argumento algum para uma sociologização contraproducente da teoria moral.

O senhor fala então de normas empiricamente válidas sem validez (normativa). Essa formulação é apropriada, em sentido estrito, somente para convenções como, por exemplo, maneiras de se comportar à mesa, ou seja, para regras que são habituais e contam com uma obediência média, sem a necessidade nem a capacidade de se submeter a uma fundamentação racional.

Nielsen: Vistas em termos ontogenéticos, as condições para uma ética do discurso são satisfeitas somente no estágio pós--convencional, o último estágio de L. Kohlberg. Porém, apenas uma minoria da população adulta alcança esse estágio (se pudermos nos apoiar em investigações de longo prazo). Mas chegamos assim necessariamente a um paradoxo, já que temos instituições sociais pós-convencionais, enquanto a maioria da população está presa em estágios pré-convencionais ou convencionais de consciência moral. Como isso é possível? E como isso pode ser compatível com a afirmação do senhor segundo a qual estruturas normativas são como precursores da evolução social? Se a resposta consistir no fato de que a moral pós--convencional está inscrita nas estruturas do direito, então o senhor precisa tornar plausível de que modo uma tal situação pode ser estabilizada em geral.

Habermas: Inovações sociais frequentemente são impulsionadas por minorias marginais, mesmo que depois venha a ser socialmente generalizada em domínios institucionais. Isso pode ser uma explicação do por que em sociedades modernas o direito positivo é concebido como incorporação de estruturas pós-convencionais de consciência, embora em grande número de seus membros possamos verificar apenas um estágio convencional de consciência moral. A compreensão convencional de um sistema jurídico pós-convencional também não deve levar a instabilidades; ela impede muitas vezes interpretações radicais, que conduzem, por exemplo, à desobediência civil.

Além disso, os achados sobre a consciência moral da população são bastante problemáticos; há muita discussão sobre se o método de investigação de Kohlberg conduz a resultados artificiais. Por exemplo, as crianças dominam performativamente os juízos morais de um estágio muito antes de estarem em condições de explicitar esse saber intuitivo enquanto tal nas respostas que dão aos conhecidos dilemas.

Nielsen: A questão sobre o sentido da analogia que a validade normativa guarda com a verdade é uma variação da pergunta que originalmente foi endereçada ao senhor em uma entrevista da *New Left Review*, mas que ficou sem resposta: "Qual é, na visão do senhor, a relação entre pretensões de verdade filosóficas e científicas? Pretensões de verdade filosóficas são pretensões cognitivas, e um consenso racional garantiria, em última instância, a verdade da própria teoria da verdade como consenso? (*Die Neue Unübersichtlichkeit* [A nova intransparência], p.229.)

Habermas: Penso que a filosofia hoje desempenha dois papéis simultâneos: um papel de intérprete, em que faz a mediação entre o mundo da vida e a cultura de especialistas, e um papel particular no interior do sistema científico, onde ela coopera principalmente com diferentes ciências reconstrutivas. Com isso, ela produz enunciados que, como em outros enunciados científicos, erguem uma pretensão de verdade. Também uma teoria discursiva da verdade contém pretensões que podem ser defendidas contra teorias da verdade concorrentes no quadro de um correspondente universo discursivo.

Mas sua questão exprime outra dúvida. O senhor parece sugerir que o caráter autorreferencial dos enunciados filosóficos (neste caso, ligados à teoria da verdade) deve levar a teoria discursiva da verdade *ad absurdum*. Eu não vejo desse modo. É evidente que minha reconstrução para nossa compreensão intuitiva da verdade, a qual proponho com a ajuda de uma teoria do discurso, pode se provar falsa, ou ao menos insuficiente. Mas a práxis, que no cotidiano ou na ciência depende do uso correto desse saber intuitivo, permanece inabalada por essas tentativas de reconstrução ou de revisão. O próprio saber prático não pode ser refutado, mas apenas suas descrições falsas.

Nielsen: Para sua fundamentação moral, é decisivo o conceito de contradição performativa que o senhor resgata de Karl-Otto Apel (sem suas conotações filosófico-transcendentais). O argumento pressuposto no uso que o senhor faz da autocontradição performativa parece convincente em um certo sentido, uma vez que ninguém que age comunicativamente pode contestar de forma sistemática suas pressuposições necessárias sem questionar sua própria racionalidade ou imputabilidade.

Mas como se justifica por essa via que a abordagem de uma teoria moral seja melhor do que outra?

Habermas: A demonstração da autocontradição performativa desempenha um papel caso a caso na refutação de contra-argumentos céticos. Ela também pode se converter em método e servir, como em Strawson, na identificação de pressuposições inevitáveis de uma práxis para a qual não há equivalente funcional em nossa forma de vida. K.-O. Apel e eu empregamos esse método com o intuito de descobrir pressuposições pragmáticas universais da práxis argumentativa, analisando-a em seus conteúdos normativos. Foi então por essa via que eu procurei fundamentar um princípio de universalização como princípio moral. Com isso, é preciso de início apenas mostrar que questões prático-morais em geral podem ser decididas racionalmente, ou seja, com base em razões. Esses pressupostos universais da argumentação ocupam na ética do discurso o mesmo lugar que a construção da posição original na teoria da justiça de Rawls. Qual versão de uma ética kantiana é a melhor, é algo a ser mostrado na discussão entre tais abordagens teóricas. Esse confronto profissional é levado a cabo sob muitos aspectos, e decerto não pode ser decidido com um recurso direto às autocontradições performativas.

Nielsen: Qual é o status da "situação ideal de fala"? Ela é parcialmente contrafactual? Ou é parte de uma sociedade imaginada como mundo da vida? Ou se trata de uma hipostasia? Ou, se for o caso, como essas três teses são compatíveis entre si? O senhor assumiu explicitamente a primeira tese em *Consciência moral e ação comunicativa* (p.102). A segunda tese é obtida quando se considera a ética do discurso como um desenvolvimento daquelas três ficções mencionadas em *Teoria da ação comunicativa*, que são necessárias se quisermos conceber a sociedade em seu todo como mundo da vida – refiro-me à suposição de um entendimento comunicativo plenamente transparente (v.II, p.224). A terceira tese, por fim, é atribuída ao senhor por Wolfgang Schluchter. Ele afirma que, em sua lógica de argumentação, a situação ideal de fala se transforma de uma pressuposição necessária da comunicação em um ideal da realidade e, com isso, acaba por se hipostasiar.

Habermas: Podemos deixar de lado a segunda posição, porque na passagem mencionada se trata de um conceito de mundo da vida que eu mesmo rejeitei como idealista. A primeira posição afirma somente que a comunidade de comunicação ilimitada (no espaço social e no tempo histórico) é uma ideia da qual podemos aproximar as situações concretas de nossa argumentação. Nós nos orientamos a qualquer momento por essa ideia quando nos esforçamos para que (a) todas as vozes relevantes sejam ouvidas, (b) todos os melhores argumentos disponíveis nas condições atuais de nosso saber sejam considerados e (c) apenas a coerção não coercitiva do melhor argumento determine as tomadas de posição com sim e não dos participantes. Infelizmente, certa vez batizei a condição em que essas pressuposições idealizadoras seriam satisfeitas de "situação ideal de fala". Porém, essa formulação é equivocada, porque excessivamente concreta. Ela pode induzir ao tipo de hipostasia que Schluchter atribuiu a mim, embora com reservas.[5] Para tanto, Schluchter e outros se apoiam na fórmula "prefiguração [*Vorschein*] de uma forma de vida" que utilizei há dez

---

5 Schluchter, *Religion und Lebensführung*, Bd. I, p.322-33.

anos.[6] Todavia, nunca "hipostasiei a comunidade ilimitada de comunicação ao transformar uma suposição necessária em um ideal da realidade", como Schluchter afirmou fazendo referência a Wellmer.

De fato, hesito em chamar essa comunidade de comunicação de uma ideia reguladora no sentido de Kant, pois o sentido de uma "pressuposição idealizadora inevitável de tipo pragmático" não dispõe da clássica oposição entre "regulativo" e "constitutivo".

Da perspectiva dos participantes, é regulativa a ideia da verdade de enunciados que afirmamos aqui e agora de maneira falível. Por um lado, todas as razões disponíveis *hic et nunc* nos são justificáveis para que "p" seja pretensamente verdadeiro; por outro lado, não podemos estar certos de que "p" poderia vir a resistir a todas as objeções futuras – não podemos saber se ele estará entre os enunciados válidos que *sempre e infinitamente* encontrariam assentimento em uma comunidade de comunicação ilimitada. Mas de modo algum são apenas regulativos os pressupostos pragmáticos universais da argumentação em geral, porque essas condições precisam ser satisfeitas *hic et nunc* de maneira suficientemente aproximada caso queiramos simplesmente argumentar. Consideramos "suficiente" aquele grau de satisfação que qualifique nossa práxis argumentativa cotidiana como componente localizável no espaço e no tempo do discurso universal da comunidade de comunicação ilimitada. Mas, com isso, esse discurso não se transforma em um ideal que passará a constituir a realidade. A conceituação so-

---

6 Habermas, Vorlesungen zu einer sprachtheoretischen Grundlegung der Soziologie, p.111, n.94.

bre a constituição de um mundo não encontra aqui aplicação alguma. Ocorre antes que, embora possuam um teor ideal e que só pode ser realizado de maneira aproximativa, temos de tornar *factuais* os pressupostos da argumentação sempre que quisermos entrar em uma argumentação.

Com as pretensões de validade erguidas na ação comunicativa, uma tensão ideal se inscreve nos fatos sociais, tensão da qual os participantes tomam consciência como uma força impregnada nos contextos, mas que transcende todos os critérios meramente provincianos. Em uma expressão paradoxal: a ideia reguladora da validez dos proferimentos é constitutiva para os fatos sociais produzidos pela ação comunicativa. Em todo caso, como nota Schluchter, vou além das figuras de pensamento kantianas: mas assim o faço sem que, para tanto, eu compre as figuras de pensamento hegelianas. Já em Peirce, a ideia de uma comunidade ilimitada de comunicação serve para substituir o momento eterno ou o caráter supratemporal da incondicionalidade da verdade pela representação de um processo de interpretação e de entendimento que transcende a restrição do espaço social e do tempo histórico a partir de dentro, por assim dizer, *a partir do próprio mundo. No* tempo, os processos de aprendizagem da comunidade ilimitada de comunicação devem formar um arco que cobre todas as distâncias temporais; *no* mundo, tais processos devem realizar as condições que precisam ser consideradas satisfeitas para a pretensão incondicional de pretensões de validade transcendentes.

Esse conceito introduzido pela teoria da verdade configura também um conceito de sociedade que é desenvolvido a partir da ação comunicativa; pois essas interações se locomovem apenas sobre os trilhos das pretensões de validade intersubjetivamente reconhecidas. Com essas pretensões de validade incondicionais, a transcendência se inscreve no mundo da vida, impregnando suas estruturas simbólicas. Por isso, mesmo as suposições contrafactuais dos sujeitos que agem comunicativamente contam com a contrapartida da realidade social: toda pretensão de validade erguida factualmente, que transcende a cada vez o contexto de nosso mundo da vida, cria um novo fato com as tomadas de posição sim ou não dos destinatários. Através dessa infraestrutura social formada pelo caráter cognitivo da linguagem, sedimentam-se os resultados da interação entre processos de aprendizagem intramundanos e inovações abridoras de mundo. Esse é o elemento hegeliano do qual Schluchter suspeita, no qual ele, em virtude de sua perspectiva kantiana (equivocada, em meu entender), só consegue reconhecer a objetivação inadmissível de uma ideia reguladora.

Nielsen: O senhor compreende os discursos como uma espécie de ação tornada comunicativa, que, por sua vez, se situa no mundo da vida. Por outro lado, tudo o que é normativo desaparece dos domínios dos subsistemas sociais controlados pelo dinheiro e pelo poder. Ora, o senhor mesmo já explicou em outro lugar como a expressão "sociabilidade isenta de normas" pode levar a mal-entendidos. Mesmo depois do desacoplamento entre sistema e mundo da vida gerado na modernidade, a integração sistêmica permanece vinculada de maneira indireta ao mundo da vida, a saber, mediante a institucionalização jurídica dos meios de controle. O senhor quer dizer então que *em última instância* a integração dos subsistemas não depende das operações de integração social realizadas pela ação comunicativa. O senhor afirma: "Não são os efeitos vinculantes ilocucionários, mas os meios de controle que mantêm os sistemas de ação econômico e administrativo". Essa resposta torna sua concepção mais flexível, porém o senhor continua afirmando que o *medium* do dinheiro e o do poder exige dos agentes uma atitude estratégica. Nisso reside minha dúvida.

A imagem que o senhor oferece do ator econômico partilha traços importantes com os modelos neoclássicos. Por que o senhor ignora os argumentos desenvolvidos pela teoria econômica institucionalista, que esclarece que o modelo da ação puramente estratégica e utilitária morreu, no mais tardar, com a "mão invisível" de Adam Smith? O último livro de A. Etzionis contém numerosos argumentos e evidências para mostrar "que a base mais importante das decisões (também no comportamento do mercado) está no domínio efetivo e normativo. Ou seja, os homens se decidem com base em reflexões não racionais ou pré-racionais, sobretudo porque constroem suas decisões sobre uma base afetivo-normativa, e isso apenas em segunda linha, pois possuem uma capacidade intelectual escassa e limitada" (*The Moral Dimension* [A dimensão moral], 1988, p.90).

Habermas: Eu penso que isso é um mal-entendido. Utilizo "sistema" e "mundo da vida" como conceitos para ordens sociais que se diferenciam segundo os mecanismos de integração social, isto é, a rede de interações. Nos domínios de ação "integrados socialmente", esse encadeamento ou formação sequencial é obtido de maneira consciente pelos próprios atores ou pela compreensão de fundo, presente de maneira intuitiva, que eles têm a respeito do mundo da vida; nos domínios de ação "integrados sistemicamente", a ordem social é produzida de forma objetiva, como que "sobre as cabeças dos concernidos", mais especificamente pela via de uma combinação funcional e uma estabilização recíproca de consequências da ação. O conceito de mundo da vida tem de ser introduzido nos termos de uma teoria da ação. Mas apenas se o conceito de sistema fosse introduzido do mesmo modo seria possível produzir uma relação reversivelmente unívoca entre domínios de ação integrados sistemicamente e tipos de ação racional com respeito a fins, relação que o senhor atribui a mim.

De fato, eu introduzi o conceito de domínios de ação sistemicamente diferenciados e autorregulados, ou seja, recursivamente fechados, mediante mecanismos de integração funcional, mais precisamente os *media* de controle – dinheiro e poder. Estes certamente possuem seu correlato no plano das ações sociais, a saber, as interações controladas por tais *media*. Contudo, com isso a racionalidade das escolhas dos participantes da interação de modo algum é prejudicada. O *medium* determina o critério de acordo com o qual os conflitos serão decididos em última instância. Nessa medida, as limitações estruturais, às quais as interações controladas pelos *media* estão sujeitas, oferecem uma *oportunidade* para um planejamento mais ou menos racional da ação; mas elas nem tornam as orientações racionais da ação algo necessário, nem podem *obrigar* os atores nessa direção. Por isso, as evidências empíricas que o senhor menciona são compatíveis com a descrição da ação econômica e da ação administrativa nos termos da teoria dos *media*.

Nielsen: O senhor adotou de T. Parsons o conceito sistêmico de Estado e o conceito de poder como *medium*. Ambos levam a uma separação entre política e administração. Isso foi criticado por T. McCarthy porque essa separação contradiria tanto evidências empíricas quanto o próprio conceito de democracia que o senhor formula: se autodeterminação, igualdade política e participação dos cidadãos nos processos decisórios fossem característicos de uma democracia, então um governo democrático não poderia ser um *sistema* político no sentido em que o senhor o concebe. O senhor mesmo reforça que o Estado democrático não pode ser reduzido ao direito positivo. No caso da desobediência civil, a legalidade deve estar ao encargo daqueles que precisam cuidar da legitimidade da dominação, isto é, dos cidadãos. Como podemos interpretar a desobediência civil desse modo sem abandonar aquela separação entre política e administração que está por trás do conceito sistêmico de Estado e do conceito de poder como *medium*?

Habermas: Eu não atribuo o processo de legitimação *per se* ao sistema administrativo controlado pelo poder, pois ele ocorre antes na esfera pública política. Aqui se encontram e se cruzam duas tendências opostas: o poder produzido comunicativamente, que é gerado pelos processos de formação democrática da opinião e da vontade (H. Arendt), choca-se com a legitimação criada pelo (e para) o sistema administrativo. É uma questão empírica saber como ambos os processos – a formação mais ou menos espontânea da opinião e da vontade nos círculos de comunicação pública, de um lado, e a criação organizada de lealdade das massas, de outro lado – impactam um ao outro e quem vence quem. Uma interferência semelhante pode ser notada nas formas institucionalizadas da formação política da vontade, por exemplo, nas corporações parlamentares. Apenas com a completa estatização dos partidos políticos essa formação institucionalizada da vontade seria *inteiramente* absorvida em um sistema administrativo, que programa a si mesmo (dentro dos limites do direito válido).

Para voltar à sua pergunta: os limites entre a formação política da opinião e da vontade controlada pela comunicação, de um lado, e a administração controlada pelo poder, de outro, só poderiam ser apagados sob condições modernas de vida pelo preço de uma desdiferenciação da administração pública. A produção do poder comunicativo e o emprego do poder administrativo obedecem a lógicas diferentes.

Ao contrário, a desobediência civil – no sentido de uma infração não violenta à regra enquanto apelo simbólico a uma maioria que pensa de maneira diferente – é apenas um caso extremo em que se pode estudar a correlação da comunicação pública não institucionalizada com a formação democraticamente constituída da vontade. Uma pode influenciar a outra porque a formação institucionalizada da vontade consiste na ideia que eu mencionei há pouco: nos Parlamentos, a formação da opinião orientada à verdade deve preceder como uma espécie de filtro das decisões majoritárias, de tal modo que estas possam reclamar para si a presunção de racionalidade.

Nielsen: De que maneira é possível fazer uma analogia entre poder, mesmo se o compreendermos como um *medium* de controle e dinheiro? Na *Teoria da ação comunicativa*, o senhor (novamente seguindo Parsons) assinala de fato as diferenças em termos de mensuração, circulação e armazenamento que existem entre os dois *media*, afirmando porém que ambas as formas de coordenar a ação seriam igualmente independentes dos recursos do mundo da vida. Mas o tipo de institucionalização do poder e do dinheiro no mundo da vida guarda uma grande diferença. Pois a obediência é a atitude adequada diante de uma administração, enquanto o mercado exige a orientação ao autointeresse esclarecido. As duas atitudes teriam de contar, por exemplo, com estágios distintos de consciência moral. Como é possível explicar tais diferenças se ambos os *media* de controle ocupam na arquitetônica de sua teoria uma mesma posição ou uma posição paralela?

Habermas: A contradição que o senhor está construindo pode ser resolvida do seguinte modo. Os dois *media*, dinheiro e poder, trabalham de forma simétrica na medida em que asseguram a coesão de diferenciados sistemas de ação autorregulados independentemente do custo *intencional*, isto é, das *operações* de coordenação dos atores. Eles se comportam de forma assimétrica quando se considera o tipo de dependência em relação ao mundo da vida, embora ambos sejam juridicamente institucionalizados e, com isso, estejam ancorados no mundo da vida. Porém, enquanto a economia capitalista ainda subsome o processo de produção às operações de trabalho (a título de substrato do qual os valores de troca se alimentam), o aparelho do Estado democrático continua dependendo do suprimento de legitimação que de modo algum pode colocar sob controle *em seu todo* pela intervenção do poder administrativo. Ao contrário da produção controlada pelos mercados ao se afastar dos contextos que o mundo da vida representa para o trabalho vivo, o poder produzido comunicativamente forma o substrato que não se deixa apartar das raízes dos processos discursivos – e não controlados administrativamente – de formação pública da opinião e da vontade.

Por outro lado, essa assimetria não deveria permitir que o sistema administrativo se dissolva nas categorias do mundo da vida. Ela forma certamente uma condição necessária para que possamos fazer exigências ao sistema administrativo em nome dos imperativos do mundo da vida; e tais exigências não precisam – como no caso das decisões dos consumidores – ser formuladas na linguagem do *medium* de controle correspondente, ou seja, benefícios e disposições, para que o sistema continue "inteligível". Isso deve esclarecer como política e administração se comportam diferentemente diante do direito – em atitude normativa ou instrumental.[7]

O sistema administrativo opera com o direito principalmente de maneira instrumental; da perspectiva do uso do poder administrativo, não se considera a razão prática de fundamentação ou aplicação de normas, mas a eficácia da implementação de um programa em parte pré-fixado e em parte autogerido. Aquelas razões normativas, que na linguagem da política têm de justificar as normas estabelecidas, na linguagem da administração são consideradas restrições e racionalizações adicionais para decisões induzidas em outro lugar. Ao mesmo tempo, porém, as razões normativas ainda são a única moeda em que o poder comunicativo se faz valer. Este pode atuar sobre o sistema administrativo de modo a gerir o conjunto de razões do qual as decisões administrativas, que estão limitadas pelo Estado de direito, têm de se alimentar. Nem tudo o que seria exequível para o sistema administrativo é "possível" se a comunicação e a formação política da vontade, que o precedem, desvalorizaram discursivamente as razões requeridas.

Nielsen: Por trás das últimas três questões estava o argumento de que sua análise das patologias da modernidade carece de uma complementação por parte da perspectiva inversa. O senhor diz que os sistemas colonizam o mundo da vida. Mas existem tendências opostas. Expectativas normativas e processos de formação democrática da vontade podem atuar sobre os dois subsistemas na medida em que estes não podem mais ser

---

[7] Habermas, Volkssouveränität als Verfahren, p.28 ss.

mantidos coesos unicamente por seus próprios mecanismos sistêmicos. Por isso, suas análises dos processos de juridificação, por exemplo, poderiam ser complementadas pela análise dos movimentos sociais, que visam a uma democratização da economia, uma cogestão dos consumidores etc. Por que o senhor descarta isso? Os resultados de tais investigações implodiriam a arquitetônica da teoria?

Habermas: Naquele momento, o que me interessava era desenvolver um instrumento teórico com o qual apreender fenômenos de "reificação" (G. Lukács). Mas essa visão voltada às perturbações sistemicamente induzidas de mundos da vida comunicativamente racionalizados estava orientada de forma unilateral. Ela não esgotou o potencial analítico que a teoria da ação comunicativa oferece. É preciso tratar a questão sobre quais imperativos erguem limitações de quais lados e em qual medida como uma questão empírica, não sendo possível decidi-la previamente no plano analítico em favor dos sistemas. Em reação a objeções semelhantes feitas por Johannes Berger, já reforcei no prefácio à terceira edição do livro que a colonização do mundo da vida e a contenção democrática da dinâmica dos sistemas, que permanecem insensíveis às "externalidades" que eles mesmos geram, apresentam perspectivas analíticas igualmente justificáveis. O aspecto unilateral do diagnóstico de tempo de modo algum está atrelado à arquitetônica da teoria.

Nielsen: Em uma série de artigos (publicados depois de *Consciência moral e ação comunicativa*), o senhor tratou do conceito hegeliano de "eticidade", ou digamos, de uma "ética pragmática", com o intuito de tecer mediações entre a ética do discurso e a realidade social. O senhor mede a racionalidade de uma forma de vida na medida em que esta capacita e estimula seus membros a formar uma consciência moral guiada por princípios e transpô-la para a prática. Mas é possível equiparar racionalidade e moralidade? A eticidade ou a ética pragmática parecem se reduzir a contextos normativos a cada vez existentes de uma sociedade. Daí a questão de saber se as normas sociais também são válidas, ou se ao menos exigem tais normas válidas. O senhor parece querer manter a validade ou o puro dever somente no quadro de uma moralidade individual no sentido kantiano, enquanto os esforços de Hegel de unir ser e dever-ser permanecem abandonados.

Habermas: O conceito de racionalidade comunicativa abrange outros aspectos da validade, não só o aspecto moral da validade deôntica [*Sollgeltung*] de mandamentos e ações. Por essa razão, a racionalidade de uma forma de vida também não se mede apenas pelos contextos normativos ou pelos potenciais motivadores que são "favoráveis" à conversão de juízos morais pós-convencionais em práxis. Ao mesmo tempo, para mim, o grau de liberalidade de uma sociedade parece ser essencialmente a extensão com que os padrões de socialização e as instituições, a cultura política, em geral as tradições que asseguram as identidades e as práticas cotidianas, expõem uma forma não coercitiva e não autoritária de eticidade, em que uma moral autônoma pode ser incorporada e inclusive assumir uma forma concreta. De maneira intuitiva, reconhecemos rapidamente – como se fôssemos etnólogos inseridos em uma sociedade estranha – o quão emancipado, sensível e igualitário um ambiente de fato é, como minorias, grupos sociais marginais, deficientes, crianças e idosos são tratados, o que doença, solidão e morte significam em termos sociais, o quão é normal tolerar o excêntrico e o desviante, o inovador e o perigoso etc.

Contudo, em sua questão, duas coisas parecem se misturar. Se na atitude performativa de um teórico moral (ou também de um participante da argumentação) faço uma distinção entre moralidade e eticidade, tenho em vista um estado de coisas diferente de quando, no papel de sociólogo, comparo as representações morais dos indivíduos observados ou o conteúdo moral de seus princípios jurídicos com as práticas estabelecidas nessa sociedade, as formas de manifestação da eticidade concreta. Mas mesmo dessa perspectiva sociológica não ocorre que, por assim dizer, toda substância normativa fique confinada nas cabeças daqueles que julgam moralmente (ou na letra dos textos jurídicos) e fosse consumida pela moral universalista. Naturalmente, também uma ética que se tornou factualmente habitual, por mais que se desvie da moral vigente, também é parte dessa substância normativa.

Nielsen: Na *Howison Lecture*, ministrada em Berkeley no ano de 1988, o senhor empreende uma nova tentativa de mediação entre ética do discurso e sociedade. Na aula, o senhor afirma que a aplicação de normas exige um discurso adicional em seu próprio direito. A imparcialidade de um juízo moral não podia de novo, em questões de aplicação, ser assegurada por um princípio de universalização. Mas como é possível evitar então um novo relativismo se o chamado princípio de adequação passa a servir como substituto em toda aplicação de normas sensível ao contexto?

Habermas: A lógica dos discursos de aplicação pode ser investigada tanto na atitude normativa do filósofo quanto do teórico do direito. R. Dworkin dá exemplos disso e oferece uma teoria; Klaus Günther dá a essa abordagem uma interpretação convincente apoiado na teoria do discurso.⁸ Ele mostra que o princípio de adequação, não menos do que o princípio de universalização, considera a imparcialidade da avaliação de questões práticas, possibilitando assim um acordo racionalmente motivado. Mesmo em discursos de aplicação, nós nos apoiamos em razões que podem valer não apenas para mim ou para você, mas em princípio para todas as pessoas. É preciso evitar conclusões apressadas: um procedimento analítico que exige sensibilidade ao contexto não tem de depender necessariamente dos contextos e sempre levar a resultados que continuam presos a seus contextos de origem.

Nielsen: Mas o senhor deixa claro na *Howison Lecture* que, diferentemente das questões morais, as questões éticas não exigem uma ruptura completa com a perspectiva egocêntrica, pois elas permanecem vinculadas a cada vez à minha ou à nossa vida boa. O senhor também introduz máximas de ação como uma espécie de ponte entre moral e ética, já que elas poderiam ser avaliadas tanto sob pontos de vista morais quanto éticos. Como essas máximas se relacionam com pretensões de validade normativas? Máximas pretendem, de alguma forma, possuir ao mesmo tempo validade empírica e normativa?

Habermas: Sim, questões éticas, questões de autocompreensão, orientam-se sempre pela minha ou pela nossa vida boa, melhor dizendo: por uma vida não falsa [*nicht-verfehlte Leben*]. Nós olhamos para nossa história de vida ou para nossas tradições e nos perguntamos, com aquela ambiguidade que é característica de preferências fortes, quem nós somos e gostaríamos de

---

8 Günther, Ein normativer Begriff der Kohärenz, *Rechtstheorie*, 20, p.163-90.

ser. Por essa razão, as respostas precisam estar relacionadas ao contexto de uma perspectiva de vida particular, considerada vinculante para determinadas pessoas ou coletividades. Tais respostas não podem pretender descrever uma forma de vida exemplar que seja vinculante para todas as outras formas de vida – tal como Aristóteles descreveu a *polis*. Porém, em relação a certos contextos, questões éticas podem ser respondidas de maneira racional, isto é, de uma maneira convincente para todas as pessoas, e não apenas aos imediatamente afetados a partir dos quais a questão foi posta.

O senhor também toca em outro ponto: o que são máximas? Por esse termo nós entendemos com Kant regras de ação ou costumes que constituem práticas ou mesmo um modo de conduzir a vida como um todo, na medida em que aliviam os atores do fardo das decisões cotidianas. Kant tinha em mente sobretudo as máximas da sociedade pré-burguesa estratificada de acordo com estamentos de ofício. Ora, na minha aula eu disse que máximas se deixam avaliar tanto sob pontos de vista *éticos* quanto *morais*. O que para mim pode ser bom, no modo como me vejo e gostaria de ser visto, não tem de ser igualmente bom para todos. Mas do fato de que máximas possam ser avaliadas de uma dupla perspectiva não se segue que elas mesmas possuam um duplo caráter.

Mais uma vez, temos de distinguir entre uma discussão normativa, como esta que estamos tendo, e uma discussão sociológica. Do ângulo de visão de um observador sociológico, máximas podem parecer uma boa classe de fenômenos para se estudar a eticidade concreta de um grupo. Máximas desfrutam de validade social; com isso, e por não se tratar de meras convenções, elas também são normativamente vinculantes para os próprios atores. Por isso, podemos mudar a perspectiva e passar da observação para a avaliação, ou seja, ponderar se as razões pelas quais *eles* escolheram suas máximas também são boas razões *para nós*.

Nielsen: O senhor defende o cognitivismo ético contra os céticos, mas deixa de lado os sentimentos morais. Todavia, estes voltam ao jogo posteriormente na aplicação das normas. Qual posição ocupam os sentimentos morais? Os sentimentos e as "inclinações do coração" não têm valor intrínseco? Ou eles têm apenas uma função catalisadora para o desenvolvimento da consciência moral, já que se tornam supérfluos quando uma determinada competência moral é formada?

Habermas: Sentimentos morais são ao mesmo tempo um grande tema e um campo vasto. Vou tecer somente algumas considerações a respeito disso.

Em primeiro lugar, os sentimentos morais desempenham um papel importante na *constituição* de fenômenos morais. Nós não perceberíamos que determinados conflitos de ação são moralmente relevantes se não *sentíssemos* que a integridade de uma pessoa foi ameaçada ou violada. Os sentimentos formam a base de nossa *percepção* de algo como algo moral. Quem é cego diante de fenômenos morais é cego em relação aos sentimentos. Falta nele o *sensorium*, como se diz, para o sofrimento de uma criatura vulnerável, que tem a pretensão de que sua integridade será protegida, tanto sua integridade pessoal quanto sua integridade física. E esse *sensorium* está obviamente conectado com simpatia e compaixão.

Em segundo lugar, e acima de tudo, os sentimentos morais, como o senhor corretamente menciona, nos oferecem uma orientação para a *avaliação do caso individual moralmente relevante*. Sentimentos formam a base de experiência para nossos primeiros juízos intuitivos: sentimentos de vergonha e de culpa são a base para a autorreprovação, dor e sentimento de injúria para a reprovação diante de uma segunda pessoa que me lesa, indignação e raiva para condenar uma terceira pessoa que lesou uma outra. Sentimentos morais reagem a perturbações nas relações de reconhecimento intersubjetivo ou interpessoais, em que os atores se veem na atitude de uma primeira, segunda ou terceira pessoa. Por isso, os sentimentos morais se estruturam de tal modo que se reflete neles o sistema de pronomes pessoais.

No entanto, em terceiro lugar, os sentimentos morais não desempenham um papel importante apenas na aplicação de normas, mas também em sua *fundamentação*. Ao menos a empatia, ou seja, a capacidade de, para além das distâncias culturais, se colocar nas situações de vida estranhas e *prima facie* ininteligíveis e compreender suas reações e perspectivas de interpretação, é um pressuposto emocional para uma assunção ideal de papéis, ao exigir de cada um que assuma a perspectiva de todos os outros. Considerar algo do ponto de vista moral significa evidentemente que não podemos fazer da compreensão que temos de nós mesmos e do mundo o critério de universalização de um modo de ação, mas antes testar sua universalidade da perspectiva de todas as outras pessoas. Essa operação cognitiva pretenciosa, a qual dificilmente seria possível sem aquela compaixão generalizada, que se sublima na capacidade de empatia e vai além do vínculo sentimental com uma pessoa de referência próxima, abre nossos olhos para a "diferença", ou seja, para a individualidade e a importância do outro que permanece em sua alteridade.

Contudo, os sentimentos morais, por mais que satisfaçam uma função cognitiva indispensável, não podem monopolizar a verdade. Ao final, são os juízos morais que transpõem as dificuldades que não se deixam mais satisfazer emocionalmente. Em último caso, temos de nos apoiar em *discernimentos* morais se todos com semblante humano devem poder apelar à proteção moral. Que todos os seres humanos sejam irmãos e irmãs é uma ideia contrafactual bem difícil de entender; o horizonte vasto da humanidade seria ainda mais frágil se essa ideia tivesse de ser satisfeita com sentimentos espontâneos. Por isso, sua pergunta não é de modo algum simples de ser respondida. Certamente, sentimentos nos sensibilizam para fenômenos morais. Além disso, em questões de fundamentação de normas e sua aplicação, eles têm uma função heurística inestimável. Porém, para a avaliação dos fenômenos que eles descortinam, não podem ser a *última* instância.

Nielsen: O senhor ressalta com frequência que um conceito moral exige uma autoavaliação modesta da teoria moral. De acordo com sua concepção, o filósofo deve esclarecer o *moral point of view* [ponto de vista moral] e justificar da forma mais ampla possível sua pretensão de universalidade. Todo o resto o senhor pretende outorgar às argumentações morais dos próprios participantes. Contudo, parece-me que, em seus escritos mais recentes, essa modéstia e essa separação de papéis foram substituídas por uma nova tríade, em que a moralidade kantiana (a ética do discurso) seria mediada, segundo um conceito ampliado de razão prática ou a "escolha radical" de Kierkegaard, com uma forma reduzida de eticidade hegeliana (uma ética pragmática). Como o senhor vê isso?

Habermas: Considero que a tarefa da filosofia consiste em esclarecer as condições sob as quais tanto questões morais quanto éticas podem ser racionalmente respondidas pelos próprios participantes. Ao ponto de vista moral, que nos permite perceber em comum os interesses passíveis de universalização, corresponde uma decisão ética em favor de uma condução consciente da vida, a qual confere primeiramente a uma pessoa ou grupo a atitude correta para se apropriar criticamente de sua própria história de vida ou das tradições protetoras das identidades à luz de um projeto de vida autêntico. Mas a filosofia não pode retirar dos participantes a resposta às questões substantivas da justiça ou de uma vida autêntica, não falsa. Ela pode ajudar a evitar confusões; ela pode insistir, por exemplo, que questões morais e éticas não sejam confundidas entre si e respondidas de uma perspectiva inadequada. Mas quando oferece contribuições materiais para uma teoria da justiça – como Rawls em parte de seu livro – ou elabora projetos normativos para uma sociedade emancipada – como Ernst Bloch ou Agnes Heller – , então o filósofo recua ao papel de especialista que submete suas recomendações à perspectiva dos cidadãos participantes.

Quem vai além das questões procedimentais de uma teoria do discurso da moral ou da ética, incorporando sua atitude normativa *diretamente* em uma teoria da sociedade bem-ordenada ou mesmo emancipada, vai se deparar rapidamente com os limites de seu próprio ponto de partida histórico. Por essa razão, eu argumento em favor de uma compreensão ascética da teoria moral e inclusive da ética, em geral da filosofia, para assim dar espaço a uma teoria crítica da sociedade. Esta pode servir de uma maneira totalmente diferente na mediação científica e na objetivação dos processos de autocompreensão; pois ela não deveria nem recair em um idealismo hermenêutico nem se espremer entre o normativismo filosófico e o empirismo sociológico. Isso é mais ou menos a arquitetônica que tenho negativamente em vista, ou seja, do ponto de vista de uma estratégia de evitação.

5
Patriotismo constitucional –
no geral e no particular

O significado do patriotismo constitucional para a questão da identidade nacional dos alemães desempenhou um papel na chamada querela dos historiadores e, devido aos recentes acontecimentos na RDA, alcançou uma atualidade inesperada. Na conversa com Jean-Marc Ferry para o jornal parisiense *Globe*, no final de 1988, essa questão foi tratada em abstrato. A questão se colocou de maneira muito mais concreta em novembro de 1989. Duas semanas depois da abertura do muro, anotei algumas reflexões que até agora não haviam sido publicadas, apenas enviadas para uns poucos amigos. De um modo completamente distinto, o parecer da Comissão de Violência, criada pelo governo federal, sustenta a inserção de princípios constitucionais na consciência jurídica de cidadãos democráticos. O ensejo para minha tomada de posição foi uma conferência de imprensa organizada no dia 1º de fevereiro de 1990 por iniciativa de colegas de Bielefeld.

Limites do neo-historicismo

Ferry: Nos últimos tempos, tornou-se mais claro que a "querela dos historiadores" não é uma controvérsia escolástica, mas antes um debate sobre a autocompreensão da República Federal da Alemanha. Em sua opinião, em que sentido, depois de Auschwitz, as condições para a continuidade de contextos de vida históricos se alterou a ponto de hoje ser impossível simplesmente aceitar aquele modo de considerar a história que o neo-historicismo pretende renovar?

Habermas: Talvez devamos rapidamente nos entender acerca da expressão "neo-historicismo". Na República Federal, começou a se formar desde a década de 1970 uma reação contra a intromissão de métodos e modos de consideração das ciências sociais nas ciências do espírito. Essa reação também é compreendida como retorno à importante tradição das ciências do espírito alemãs. A rubrica mais importante é a reabilitação da narrativa, ou seja, da exposição narrativa dos eventos diante das pretensões teóricas de explicação. O *Frankfurter Allgemeine Zeitung* introduziu uma nova seção sob o título "ciências do espírito" com o intuito de sublinhar em termos jornalísticos essa nova virada.

Jürgen Habermas

Durante a querela dos historiadores, foi sobretudo Saul Friedländer que chamou a atenção para os limites e perigos do neo-historicismo considerando a exposição histórica da catástrofe de Auschwitz. Nessa controvérsia, ninguém se voltou contra uma "historicização", isto é, uma apreensão cientificamente distanciada do período nazista. O preocupante foi antes o procedimento hermeneuticamente isento de reflexão. Quando procuramos simplesmente nos colocar na situação dos participantes para compreender os atores e suas ações em seus próprios contextos, corremos o risco de perder de vista a situação plenamente nefasta da época em seu todo. No caleidoscópio das normalidades pequenas, confusas e indefinidas, decompõe-se a única perspectiva a partir da qual a ambiguidade daquela *aparente* normalidade poderia ser reconhecida. Não se pode considerar os detalhes somente para se aproximar de uma compreensão enfática – o que, por exemplo, não fez Martin Broszat, que conduziu com Friedländer uma interessante controvérsia. Dolf Sternberger insistiu ainda mais no fato de "que uma doutrina venerável da compreensão se choca com um muro maciço [...]. O crime insano, que foi descrito com o nome de Auschwitz, na verdade não se deixa compreender".

Ferry: O senhor poderia tornar ainda mais precisa essa ideia?

Habermas: O neo-historicismo se apoia sobre uma suposição que, aliás, hoje é defendida na filosofia prática também pelos neoaristotélicos. Uma práxis só pode ser compreendida e avaliada a partir dos contextos de vida e tradições em que ela está imersa. Isso só é plausível se pudermos confiar que as práticas, ao passar de geração para geração e assim adquirir existência, *demonstram seu valor* em virtude da solidez dessa tradição. Nessa convicção se expressa uma espécie de confiança antropológica originária.

O historicismo vive dessa confiança. E isso não é totalmente incompreensível. De certo modo, e apesar de todas as bestialidades espontâneas e naturalizadas da história universal, nós sem dúvida nos abandonamos a uma profunda camada de solidariedade na interação *face to face* dos homens entre si. A continuidade frágil de nossas tradições também se alimenta dessa confiança. Como se sabe, "tradição" significa que nós damos continuidade de maneira não problematizada a algo que outros já iniciaram e fizeram antes de nós. Normalmente supomos que esse "antecessor", caso nos encontrássemos face a face, não poderia nos enganar totalmente, não poderia desempenhar o papel de um *deus malignus* [deus maligno]. Pois bem, quero dizer que é exatamente essa base de confiança que foi destruída pelas câmaras de gás.

A preparação complexa e a organização ramificada de um assassinato em massa friamente calculado, em que centenas de milhares, indiretamente todo um povo, foram envolvidos, realizaram-se, como se sabe, com a aparência de normalidade, já que dependeram diretamente da normalidade de um intercâmbio social altamente civilizado. A monstruosidade aconteceu sem interromper a respiração tranquila do cotidiano. Desde então, uma vida *consciente* não é mais possível sem que desconfiemos das continuidades que se afirmam sem questionamento e que também pretendem ancorar sua validade em seu carácter inquestionado.

Ferry: Eu gostaria de entrar na questão sobre a formação atual de uma identidade coletiva para os membros da República Federal da Alemanha e talvez também para os alemães em geral.

No plano político de uma identidade e soberania nacionais, a "Alemanha" parece ser no mínimo uma entidade problemática, que não corresponde a nenhuma organização estatal. A forma da identidade nacional depende da consciência histórica em cujo *medium* se forma a autoconsciência de uma nação. Contrariamente, o senhor se refere ao chamado "patriotismo constitucional", que encontra seus limites nos postulados da universalização da democracia e dos direitos humanos.

O senhor poderia, por favor, explicar essa opção universalista? O senhor renuncia por exemplo àquele tipo de formação histórico-nacional da identidade em favor de uma formação puramente prático-formal, que em princípio não precisa mais se referir a uma tradição específica?

Habermas: Não, a identidade de uma pessoa, de um grupo, de uma nação ou de uma região sempre é algo concreto, algo particular (contudo, ela também deve satisfazer critérios morais). Pois sempre falamos de nossa identidade quando dizemos quem somos ou gostaríamos de ser. Nesse caso, elementos descritivos se misturam com elementos valorativos. O modo como formamos nossa história de vida, a história de nosso meio, de nosso povo, não se separa na descrição da identidade da imagem com a qual nos apresentamos aos outros e do modo como queremos ser avaliados, tratados e reconhecidos pelos outros.

O que dizer então sobre a identidade dos alemães depois da Segunda Guerra Mundial? Como se sabe, para nós não é inédito que a unidade do contexto de vida formado pela cultura, pela língua e pela história não coincide com a forma de organização de um Estado. Nunca fomos um dos clássicos Estados-nação. Ante o pano de fundo de uma história milenar, os 75 anos do Império de Bismarck formam um curto período; e mesmo o

A revolução recuperadora

Império Alemão existiu até 1938 *junto* com a Áustria, prescindindo totalmente dos alemães suíços ou das minorias alemãs em outros Estados. Nessa situação, e na qualidade de cidadão da República Federal, considero o patriotismo constitucional a única forma possível de patriotismo. Mas isso de modo algum significa a renúncia a uma identidade, a qual sem dúvida não pode existir a partir de características e orientações universais, morais, que fossem partilhadas por todos, por assim dizer.

Para nós na República Federal, o patriotismo constitucional significa, entre outras coisas, o orgulho quanto ao êxito de termos superado há muito tempo o fascismo, estabelecido uma ordem constitucional e ancorado o Estado de direito em uma cultura política relativamente liberal. Nosso patriotismo não pode negar o fato de que somente depois de Auschwitz – e de certo modo apenas depois do choque diante dessa catástrofe moral – a democracia pôde fincar raízes nos corações e mentes dos cidadãos, pelos menos naqueles da nova geração. E esse enraizamento de princípios universais sempre carece de uma identidade *determinada*.

Ferry: Penso que essa formação pós-convencional e pós-nacional da identidade, que o senhor defende, apresenta-se também com a pretensão de ser a forma de vida em princípio válida para os países da Europa Ocidental, e que, em um futuro mais ou menos próximo, poderia substituir em geral a forma da identidade nacional; e isso embora o nacionalismo ainda seja uma forma especificamente moderna de identidade coletiva. Estou vendo de modo correto?

Habermas: Temos de separar duas coisas. O nacionalismo assumiu entre nós contornos extremados de darwinismo social, culminando em um delírio racial que serviu de justificação à aniquilação em massa dos judeus. Por isso, entre nós, o nacionalismo foi drasticamente desvalorizado como fundamento de uma identidade coletiva. E também por isso a superação do fascismo forma a perspectiva histórica singular a partir da qual se compreende uma identidade pós-nacional, formada pelos princípios universalistas do Estado de direito e da democracia. Mas não foi apenas a República Federal da Alemanha, todos os países europeus depois da Segunda Guerra Mundial se desenvolveram de um modo que a dimensão da integração do Estado nacional perdeu peso e importância.

Também esses países estão no caminho para sociedades pós-nacionais. Limito-me aqui a recordar a integração europeia, as alianças militares supranacionais, as interdependências da economia global, as correntes migratórias motivadas por pressão econômica, a variedade étnica crescente da população, mas também o adensamento das redes de comunicação, que intensificaram *mundialmente* a percepção e a sensibilidade diante das violações dos direitos humanos, da exploração, da fome, da miséria, das exigências dos movimentos de libertação nacional etc. Isso leva, por um lado, a reações de medo e de defesa. Mas, ao mesmo tempo, também amplia a consciência de que não há mais alternativa às orientações de valor universalistas.

O que significa então universalismo? Que nossa própria forma de existência é relativizada pelas pretensões legítimas de outras formas de vida, que os estranhos e os outros, com todas as suas idiossincrasias e ininteligibilidades, possuem iguais direitos, que não se pode insistir na universalização de sua própria identidade, que não se condena quem desvia dela, que os domínios da tolerância precisam ser infinitamente maiores do que são hoje – tudo isso significa universalismo.

A revolução recuperadora

A ideia do Estado nacional, que surgiu da Revolução Francesa, tinha de início um sentido totalmente cosmopolita. Pense no entusiasmo que no início do século XIX a luta por libertação dos gregos provocou em toda a Europa. Esse elemento cosmopolita hoje precisa ser ressuscitado e desenvolvido em um sentido multicultural.

Ferry: Essa mudança de forma da identidade coletiva sugere uma mudança estrutural flexível das formas de vida modernas, a qual é capaz de se realizar nos clássicos Estados-nação. Porém, não vejo como, sob as pressuposições de um contexto de vida radicalmente descentralizado, é possível ainda dar conta da necessidade real de autoafirmação e autoconfirmação. Trata-se da questão da força de identificação e de motivação de pretensões de validade puramente universais e formais em geral: como a opção ou a sugestão radicalmente universalista do "patriotismo constitucional" pode oferecer força suficiente para formar identidades, a qual não dispõe somente de legitimidade moral, mas também de plausibilidade histórica?

Habermas: Ora, a vinculação aos princípios do Estado de direito e da democracia, como mencionado, só pode se tornar realidade em diferentes nações (que se encontram no caminho para sociedades pós-nacionais) se esses princípios de alguma maneira fincarem raízes em cada uma das diferentes culturas políticas. Nos países da Revolução Francesa, esse patriotismo constitucional deveria assumir uma forma diferente do que em um país que nunca gerou uma democracia por suas próprias forças. O mesmo conteúdo universalista precisa ser apropriado a cada vez pelo próprio contexto de vida histórico e encontrar ancoramento nas próprias formas de vida culturais. Toda identidade coletiva, inclusive a pós-nacional, é mais concreta do que o conjunto de princípios morais, jurídicos e políticos no qual ela se cristaliza.

Ferry: Na medida em que o senhor apela para um uso público da tradição, com o qual é possível decidir "qual tradição nossa queremos levar adiante e qual não", surge a imagem daquela relação radicalmente crítica com a tradição, que caracterizou a atitude racionalista do Esclarecimento. Eu gostaria de distinguir aqui duas críticas ao Esclarecimento: na linha de Gadamer, surge a objeção de que em princípio não podemos transcender a tradição, sobretudo com a intenção (supostamente) ilusória de prosseguir seletivamente determinados aspectos ou excluí-los por completo. Em relação à crítica hegeliana, gostaria de relembrar apenas uma ideia extraída da *Filosofia do direito*: "O homem vale porque é homem, não porque é judeu, católico, protestante, alemão, italiano etc.". Essa consciência é de infinita importância, e só estaria equivocada se, por exemplo, opusesse fixamente cosmopolitismo à vida concreta do Estado. Como se coloca diante disso o aprofundamento ou a renovação teórico-discursiva do universalismo kantiano, que supostamente subjaz ao quadro pragmático-formal do "patriotismo constitucional"?

Habermas: Hegel conferiu um significado pejorativo à palavra "homem" porque tomou "a humanidade" por uma má abstração. Para ele, como atores da história universal contam o espírito do povo ou os grandes indivíduos, sobretudo os Estados. Pelo contrário. A totalidade de todos os sujeitos capazes de fala e ação não forma uma unidade capaz de agir em termos políticos. Por essa razão, Hegel pôs a moralidade, que se refere à vulnerabilidade de todos aqueles que possuem traços humanos, *abaixo* da política. Trata-se de uma perspectiva muito condicionada pela época.

Por isso, hoje já não podemos contrapor o cosmopolitismo às formas estatais concretas como em 1817, porque a soberania dos Estados individuais não consiste mais na disposição sobre a guerra e a paz. Nem mesmo as superpotências podem mais dispor livremente dessa condição. Hoje, para assegurar sua autoconservação, todos os Estados se submetem ao imperativo de abolir a guerra como meio de solução dos conflitos. Para Hegel, o *dulce et decorum est pro patria mori* [é doce e adequado morrer pela própria pátria] era o dever ético supremo na Terra. Hoje, o dever de "servir às armas" se tornou em grande medida questionável. Mesmo o comércio internacional de armas, como é praticado hoje, inclusive na França, há muito perdeu sua inocência moral. A abolição do estado de natureza entre os Estados está pela primeira vez na ordem do dia. Com isso, modificam-se as condições de autoafirmação dos povos. Nem mesmo a hierarquia entre o dever político dos cidadãos e o dever moral "dos homens" permaneceu intocada. São as próprias relações que obrigam a uma moralização da política.

Algo semelhante vale para a atitude crítica diante das próprias tradições. Hegel já havia admitido em sua filosofia aquela transformação da consciência do tempo que ocorreu na Europa por volta de 1800 – a experiência da aceleração peculiar da própria história, a perspectiva unificadora da história universal, o peso e a atualidade do próprio presente no horizonte de um futuro a ser responsavelmente assumido. As catástrofes de nosso século modificaram mais uma vez essa consciência do tempo.

Pois bem, nossa responsabilidade também se dirige ao passado. Não podemos aceitá-lo simplesmente como algo factual e acabado. Walter Benjamin definiu da maneira mais precisa a pretensão que os mortos erguem à força anamnésica da geração viva. Certamente, não podemos reparar o sofrimento passado e a injustiça ocorrida; mas nós ainda possuímos a débil força de uma rememoração redentora. Apenas a sensibilidade diante daqueles inocentemente torturados, de cuja herança vivemos, também produz uma distância reflexiva das próprias tradições, uma sensibilidade diante das insondáveis ambivalências das tradições que formaram nossa própria identidade. Porém, nossa identidade não é só algo preexistente, mas também e simultaneamente nosso próprio projeto. Não podemos simplesmente escolher nossas próprias tradições, mas podemos saber que está em nossas mãos *como* queremos continuá-las. Gadamer pensa a esse respeito em termos muito conservadores. Toda continuidade de tradições é, portanto, seletiva, e precisamente essa seletividade tem de passar hoje pelo filtro da crítica, de uma apropriação deliberada da história, ou, se o senhor quiser: da consciência dos pecados.

A hora do sentimento nacional: convicção republicana ou consciência nacional?

Quando, na noite de 9 para 10 de novembro, o muro de Berlim cedeu à pressão das massas rumo ao Oeste, ninguém podia conter seus sentimentos. Todos os que observavam na tela da televisão a transformação da habitual imagem marcial em uma cena pop, que viam mais do que uma mera intervenção cosmética na fisionomia de toda uma época, estavam comovidos. No Parlamento, Willy Brandt tinha lágrimas nos olhos – o poder mudo dos sentimentos. Mas ainda não haviam encontrado a fórmula que no dia seguinte seria pronunciada pelo prefeito diante de Schönenberg: "Hoje nós somos o povo mais feliz do mundo" – feliz por quê? Sentimentos nos afligem quando não sabemos o que *dizem*. Enquanto isso, o conflito acerca da interpretação dos sentimentos está em pleno vapor.

I

Eram indiscutíveis a compaixão e a simpatia com o reencontro espontâneo de berlinenses, parentes, amigos, moradores da mesma cidade que durante tanto tempo estiveram separados.

O coração pulava de alegria diante do espetáculo da liberdade reconquistada, diante da livre circulação convertida em ansiosas corridas. Logo essa euforia foi interrompida: de um só golpe, desmascarava-se o caráter monstruoso, absurdo, surreal de tudo aquilo que o muro encarnava. Certamente, ele já havia sido vivido como brutal quando foi erguido em 1961. Mas logo esse sentimento foi confiscado pelo anticomunismo e se tornou desgastado em termos retóricos. O resto ficou a cargo do costume. Somente agora, quando se rompeu o invólucro do habitual, ressurge o não natural como algo há muito tempo esquecido. A libertação do não natural reforçou sentimentos de pertencimento, uma solidariedade com os concidadãos que depois de 1945 tiveram menos sorte.

Mas já no dia seguinte se fazia notar a opacidade dos sentimentos, nossa incerteza sobre o que realmente diziam. Uns entoavam o hino nacional em praça pública, outros se deixavam levar pelo desinteresse ou mesmo por assobios contrariados. O que revelavam os sentimentos patrióticos? Saudades de uma pátria unida ou uma comoção de outro tipo? Talvez apenas o reencontro com as particularidades regionais, as colorações linguísticas e os dialetos que não se escutavam há muito tempo, a risada de nossa própria ingenuidade quando "descobrimos" que os berlinenses do Leste certamente também falavam alemão?

A economia de sentimentos de uma nação se espraia sobre um amplo espectro. A esse entusiasmo, que nesse meio-tempo foi atenuado, misturam-se novos temores. O assentimento à comunhão nacional varia sem mais segundo origem, idade, biografia, também de acordo com a maneira como recordamos *outras* épocas, o 9 de novembro de 1918, 1923, 1938 ou 1939.

Lembro-me dos anos de guerra, quando os "jovens" costumavam se reunir no dia 9 de novembro para, diante dos monumentos aos guerreiros, encenar o ritual do culto de morte nazista ateando fogo em páteras. Com tais recordações, nunca mais a terceira estrofe do hino, fundido à canção de Horst-Wessel, veio à boca.

Portanto, são opacos os sentimentos provocados em nós pelo movimento na RDA. E a interpretação pública desses sentimentos, não menos do que prudência, interesse e cálculo de poder, determina o rumo que a República Federal vai tomar na questão alemã.

Uma interpretação, que foi acolhida pela CSU e pelo *Frankfurter Allgemeine Zeitung*, indica que o entusiasmo escancarado dos refugiados da RDA em direção à República Federal e a euforia do 9 de novembro expressavam nitidamente a vontade nacional pela "reunificação". Walter Momper e os Verdes afirmaram, por sua vez, que nossa simpatia pelo protesto em massa nas ruas da RDA traz à tona o orgulho diante da primeira revolução com expectativa de êxito no solo alemão. Uns parecem escutar as pulsações patrióticas da nação, os outros identificam no entusiasmo pela liberdade o desejo por democracia radical.

A Revolução Francesa se nutriu de ambos os motivos por igual. Contudo, na Alemanha, a consciência nacional e a convicção republicana se complementaram de forma similar pela última vez no movimento revolucionário de 1848 do mesmo modo como nos Estados-nação clássicos do Ocidente até os dias de hoje. Desde então, aqui entre nós, o nacionalismo – inclusive por suas consequências racistas – tem sido mitigado com custos para o republicanismo, e esse jogo de soma zero dos afetos políticos já havia impregnado os 75 anos do Império

Alemão. Nas cabeças dos alemães, a unidade e a força nacionais ficaram associadas com a exclusão de inimigos internos. Primeiro foram os inimigos do Império, ou seja, social-democratas, católicos, minorias nacionais, depois foram os judeus e os democratas radicais, a esquerda e intelectuais, ciganos, homossexuais, deficientes e grupos sociais marginais, em suma, elementos "alheios ao povo" e "inferiores", finalmente os simpatizantes do terror, que foram retoricamente inflados para se converter em inimigos internos. Até o outono alemão de 1977, essa polarização de sentimentos, que em nações mais afortunadas encontrou um equilíbrio mais adequado, deixou seus vestígios nas reações da população alemã. Interpretações, que em outros lugares se complementam, aqui formam alternativas ricas em consequências. No apelo ao amor pela pátria e pela língua materna, à coesão pré-política do povo, ressoa a mensagem de que o universalismo das iguais liberdades para todos e o respeito igual por cada um não passaria de uma abstração exangue. Essas conotações ainda repercutem na distinção entre imigrantes e emigrantes, por um lado, e exilados, por outro.

2

O chanceler assegura ao corpo diplomático que o temor perante o nacionalismo alemão é infundado. E as pesquisas de opinião mais recentes lhe dão razão; depois da primeira ebulição dos sentimentos, ficou fácil reconhecer a dissipação da embriaguez. Porém, o solo das emoções públicas foi estilhaçado. O terreno da política interna parece um monte de cascalho no qual os políticos cambaleiam de maneira insegura. Mentalidades bem engrenadas se rompem, outras frentes se põem em movimento. Ninguém arrisca fazer prognósticos sobre "o estado de ânimo no país"; as posições momentâneas sondadas em pesquisas de opinião não dizem muito. Mas ao menos alguns questionamentos e alternativas se deixam esclarecer.

Na política alemã é preciso pôr as cartas na mesa. Quem teria prioridade: a autodeterminação democrática dos cidadãos da RDA ou a unificação de todos os alemães em um Estado nacional? Esses objetivos não precisam ser excluídos em longo prazo. Mas, de acordo com a prioridade, serão diversos os próximos passos e as políticas adotadas. As alternativas não são "dois Estados" ou "anexação", e sim uma orientação sem reservas rumo à meta de uma democratização radical, que também outorga a decisão àqueles afetados pelas consequências, ou a instrumentalização da retórica da autodeterminação em favorecimento de uma política de anexação impulsionada com os meios de uma política externa voltada para a economia. Tenho receio de que nossa cultura política sofra danos se o governo, em meio ao nevoeiro de prioridades intencionalmente mantidas sem decisão, pratique uma política de falsas promessas e suaves chantagens, que, além do mais, especula reconquistar o eleitorado da direita.

No debate parlamentar a respeito da situação da nação, há unanimidade quanto ao fato de que os próprios cidadãos da RDA, quando fosse o caso, decidiriam se querem fazer parte de um futuro Estado unificado. O *Frankfurter Allgemeine Zeitung* já comentava preocupado que, com isso, "o direito de autodeterminação do povo alemão na questão central acerca da unidade alemã se converteu em um direito de autodeterminação dos alemães na RDA" (*FAZ*, 17 de novembro de 1989). Só se chega a tal conclusão se, de antemão, pressupormos o voto afirmativo da população da República Federal, que certamente teria o mesmo direito a dizer não. Ao menos há um consenso hoje de que uma parte não pode concordar forçosamente com a outra. A população da RDA não pode ser "tutelada". A demanda enérgica por eleições livres afastando o papel de liderança da SED outorgado pela constituição não apenas é compatível com uma tal política de não ingerência, mas antes consequência dela. Pois com ela exige-se simplesmente um procedimento democrático sem o qual a autodeterminação dos cidadãos da RDA não seria possível. Se esclarecermos isso, vê-se também que são incompatíveis com o princípio de autodeterminação todas as exigências que apontam para além da questão procedimental de uma reconfiguração do sistema político.

Aqui se desenha um conflito cuja saída é decidida pelos próximos passos. Uns querem uma efetiva ajuda econômica mesmo se (ou precisamente se) pudesse servir à reconfiguração de uma sociedade socialista. Outros aceitam ajuda apenas em vista a uma progressiva reconfiguração da economia da RDA; as condições que eles impõem apontam não apenas para a diferenciação entre economia e administração pública, para uma descentralização casual das estruturas decisórias, mas para uma transformação das formas de propriedade. Com essa estratégia, a "anexação" da RDA à República Federal seria pré-programada; pois uma RDA, que, como Kohl e outros exigem, seria rapidamente convertida em uma "economia social de mercado", perderia a *raison d'être* de seu caráter estatal intrínseco. E não apenas o sr. Reinhold sabe disso.

O consenso provisório acerca da produção de relações constitucionais e democráticas na RDA deixa espaço então para diferentes prioridades. Ou a República Federal dá oportunidade a *qualquer* caminho que os cidadãos da RDA queiram tomar de acordo com sua livre autodeterminação; ou usam sua superioridade econômica em prol de uma política de recompensas e punições, ditando as condições gerais financeiramente favoráveis para a orientação ao lucro que é própria do capital. Uma reconfiguração capitalista da economia seria um caminho frio adotado para erodir as particularidades políticas da RDA.

Talvez a situação na RDA proceda de tal modo que uma lenta assimilação ao modelo ocidental vigente acabe ocorrendo de uma maneira ou de outra. Evidentemente, isso não seria o pior. Mas a repercussão sobre nossa própria cultura política não seria a mesma, pois isso dependeria de seu resultado ser entendido como *efeito colateral* sobre uma política voltada unicamente à autodeterminação dos cidadãos da RDA ou como êxito *intencional* de uma política que pretendia reduzir o desenvolvimento do pós-guerra nos dois Estados a um mero episódio na duradoura vaga do Império Alemão.

3

Uma política decididamente dirigida à "reunificação", para a qual hoje parecem se abrir novas perspectivas, deixaria – esse é meu temor – lastros na situação interna da República Federal. Ela poderia acentuar na vida cotidiana aquela polarização histórica de sentimentos e provocar uma tensão das identificações, da qual até agora a República Federal tinha sido poupada.

Em nosso país, onde as instituições políticas da liberdade foram introduzidas somente depois das piores derrotas, não houve uma aliança natural entre formas de vida ocidentais e identificações nacionais. Porém, os sentimentos nacionais foram completamente exauridos depois da bancarrota do regime nazista; desde então, nunca mais encontraram formas legítimas de expressão pública. Nessa situação, poderia se impor uma orientação ao Ocidente que já se apresentava, em todo caso, por razões de oportunidade. Por isso, em amplas camadas da população, as formas políticas em que hoje nossa vida se realiza não são sentidas como resultado de um processo de apropriação, não como expressão de uma decisão política em proveito das tradições republicanas do Ocidente ou daquelas fontes soterradas da liberdade em nossa própria história, em nome das quais o presidente Heinemann se esforçou inutilmente. No texto da Constituição, gravam-se mais as consoantes que estão em consonância com o rearmamento e o milagre econômico do que aquelas vogais que fariam ressoar um patriotismo constitucional em uma cultura política polifônica.

Contudo, depois de quarenta anos, as instituições liberais encontraram amplo assentimento. Também não nos *habituamos* com a tradição da liberdade sem as raízes de uma convicção republicana. Esse republicanismo adquirido por força do hábito (e que não deve ser menosprezado) também não corre perigo? A razão dependerá de como descrevemos a situação interna da República Federal, sobre a qual estão sendo destruídos os pedaços de um muro esburacado.

Tenho a impressão de que as fraquezas de nossa Constituição são o reverso de suas forças. A própria onda inesperada de liberalização das últimas décadas e a aclamada história de êxito da República Federal provocaram essas novas vulnerabilidades. Sob a proteção simbólica de um presidente como Weiszäcker, a cultura política de nosso país, se vejo de modo correto, se liberalizou tanto que mesmo a esquerda não pode se identificar somente com princípios, mas com as instituições de nossa ordem constitucional. Durante décadas, fez parte da normalidade desse país que grupos à esquerda do Partido Social-Democrata Alemão (SPD), frequentemente à esquerda do centro do SPD, fossem excluídos do sistema político. Quem hoje defende uma compreensão mais ofensiva da Constituição não precisa mais ser denunciado imediatamente como inimigo da Constituição.

Esse deslocamento à esquerda do espectro, contudo, fez surgir uma nova linha de ruptura no sistema político. O que Adenauer havia cimentado começou a apresentar rachaduras. E essas reações ao distanciamento entre as partes liberais e nacional-conservadoras da CDU/CSU,* que ficou simbolizado na expulsão de Geißler, não prometem nada de bom. Entre os da esquerda, o sentimento de marginalidade acompanha toda a sua vida; mas os políticos estabelecidos ficam furiosos quando são colocados à margem. Aqui, nessa zona periférica, juntam-se os republicanos por hábito, que se mostram dispostos a revisar esse hábito. Nós os denominamos republicanos até novo aviso, republicanos por convocação. Portanto, apresenta-se a questão de saber se a situação em que esses novos tipos de republicanos se meteram (seja dentro ou fora dos partidos estabelecidos) terá um efeito centrípeto, em particular se o governo quisesse alimentar expectativas nacionalistas.

A propósito do efeito centrípeto: Brigitte Seebacher-Brandt entoa de novo a velha elegia sobre a insensibilidade nacional da esquerda. Seu herói é um social-democrata atípico, o líder do

---

* União Democrata-Cristã (CDU) e União Social-Cristã da Baviera (CSU). No Parlamento, a coligação CDU/CSU é conhecida como União. (N. T.)

partido de Baden, Ludwig Frank, que na eclosão da guerra em 1914 "desde o *Reichstag* (se alistou) na frente de batalha. Ele quis mostrar que seu Sim aos créditos (de guerra) não estava condicionado em termos táticos, mas que os social-democratas levavam muito a sério o dever de defender a pátria" (*FAZ*, 21 de novembro de 1989). Esperamos que o que era atípico em 1914 continue sendo atípico em 1989.

4

Três tendências vêm ao encontro desse efeito centrípeto da síndrome nacional.

Em outra parte da Alemanha, um passado distinto se converte em tema. Lá, entre vários signos políticos, a superação do passado não ameaça mais nosso narcisismo. O que isso significa para republicanos por convocação, os quais acham que somente questões falsas foram levantadas na querela entre os historiadores? Sem tutela alguma, eles podem dar as mãos aos opositores da RDA e já pré-formular o próximo questionário: "[...] como foi possível durante décadas enganar os homens com meios propagandísticos, reprimi-los politicamente, matá-los de fome economicamente, desmoralizá-los, tudo em nome do humanismo socialista. Quem foram os executores, os ajudantes, os cúmplices?" (*FAZ*, 18 de novembro de 1989).

Um Gorbachev favorável ao desarmamento tira da população o sentimento de ameaça. A indesejada política de rearmamento se torna intangível, a imagem de inimigo da Otan é cada dia mais irreal. O que isso significa para republicanos por convocação, que sempre soletraram o vínculo da República Federal com o Ocidente no vocabulário das alianças militares e cobriram tudo com a doce cobertura de uma "comunidade atlântica de valores"? O caminho para uma "Europa central" parece agora estar aberto. Essa não foi, de Friedrich Naumann até Giselher Wirsing, a rubrica para o sonho de hegemonia do Império Alemão em aliança com a monarquia de Danúbio?

O decadente socialismo burocrático abastece nossas telas de televisão todas as noites com imagens que nem mesmo o candidato Franz Joseph podia ter pintado de forma mais sugestiva. Elas ilustram as alternativas sempre reafirmadas entre liberdade ou socialismo. Elas também esquecem o fato de que *esse* socialismo tinha sido duramente criticado justamente pela esquerda – não por último em razão do temor de que o socialismo fosse equiparado à realidade desoladora do marxismo soviético. O que isso significa para republicanos por convocação, que compreenderam o Estado democrático de direito somente como o invólucro político de um sistema econômico efetivo? A partir dessa perspectiva formada pela relação entre base e superestrutura, a exigência por autodeterminação e por pluralismo político facilmente se tornou sinônimo de uma reconfiguração capitalista da economia e da anexação da RDA à República Federal.

Pois bem, pensemos em uma política que tenha principalmente em vista a transformação das formas de propriedade e que, pela via da influência econômica, prepararia a RDA para a anexação política, ainda que – em atenção aos parceiros da aliança – possa parecer resultado natural o que antes deveria ser politicamente construído. Tal política poderia converter os juízos e pré-juízos de nossos novos republicanos em opinião dominante e deles retirar sua legitimação. Assim, três coisas continuariam deixadas de lado.

De início, o autorrespeito e a autoconsciência que a população da RDA poderia formar pela primeira vez ao se apresentar na qualidade de ator e fazer que os outros assumam o papel de espectadores. Curiosamente, a RDA parece ter formado uma identidade própria no instante em que muitos espectadores já davam por certo o fim da RDA.

Em seguida, um entroncamento capitalista interromperia de vez o caminho para o experimentalismo de um "novo socialismo", pelo qual uma maioria da população podia ter se decidido, em todo caso. As chances de uma reforma democrática radical da sociedade, como se sabe, não são grandes; e a esquerda socialista tem hoje mais razões do que nunca para fazer uma limpeza em seus reservatórios ideológicos. Mas quase ninguém excluiria de antemão que nosso padrão de uma divisão de poderes entre mercado, poder administrativo e comunicação pública podia ser diferente, mais racional. Sociedades de bem-estar social lançam uma grande sombra não apenas sobre os grupos marginalizados em nosso país, mas inclusive sobre Lima, Cairo e Calcutá.

No entanto, para mim, trata-se, sobretudo, do futuro de uma mentalidade que entre nós tem um passado. Pelo caminho estaria mais uma vez o sentido radical de um republicanismo que nas nações mais desenvolvidas parece assumir neste momento formas mais sólidas. O governo federal não pode se limitar a um mero compromisso cuja fórmula é união, direito e liberdade. As alternativas na política alemã precisam ser apresentadas de maneira inequívoca e discutidas em público. Queremos apoiar incondicionalmente os cidadãos da RDA em seu caminho rumo à democracia, ou queremos uma anexação retoricamente velada e implementada friamente?

A revolução recuperadora

Precisamos deixar espaço para a possibilidade de uma alternativa que, considerada em si mesma, não teria de ser a mais atrativa para, de qualquer maneira, servir de estímulo aos nossos próprios esforços. Se não mantivermos convicção na questão normativa da autodeterminação, continuaremos não só disputando com os outros a fantasia e a capacidade de encontrar novas soluções, mas inclusive a própria convicção poderá se voltar contra nós.

Pois a outra opção se encontra tacitamente sob aquelas premissas que em agosto o *Washington Post* já havia explicado com o título de "pós-história": que a história chegava ao seu fim sem alternativas porque o *status quo* do mundo ocidental se revelara como o *non plus ultra* [ponto mais alto]. Porém, a peculiaridade do espírito europeu, do racionalismo ocidental, como afirmou Max Weber, consiste em produzir constantemente suas próprias alternativas. Apenas pela autocrítica e pela autossuperação ele permanece idêntico a si mesmo. No olhar autocomplacente de uma sociedade exemplar, que não pode mais ser superada, esse espírito perderia sua identidade.

Frankfurt am Main, 23 de novembro de 1989

Monopólio do poder, consciência jurídica e processo democrático: primeiras impressões da leitura do "parecer final" da Comissão de Violência

1. O relatório da Comissão de Violência remete a um acordo de coalizão entre os partidos do governo firmado em março de 1987. Atividades politicamente motivadas de violência e revoltas espontâneas de massa deram oportunidade para demonstrar a necessidade de ação e a disponibilidade de intervenção por parte do Estado. Na fundamentação do estabelecimento dessa comissão governamental, diferentes fenômenos foram nomeados de um só fôlego: explosões apolíticas de violência (vandalismo e tumultos de massa) foram combinadas com violações simbólicas de regras (protestos sentados e bloqueios do trânsito), de um lado, e com manifestações não pacíficas e atos de violência politicamente motivados (ocupações de edifícios e casas, ataques e atentados), de outro lado. Esse foco no tema da violência nos lembra um conhecido esquema alemão. O comitente político suspeita abertamente das relações entre crítica radical, distúrbios da esfera pública política, manifestações de massa, protestos que violam regras, tumultos sem objetivo determinado e violência politicamente motivada. Dessa perspectiva, uma crítica difusa e dificilmente apreensível,

que confronta a legitimidade do Estado e desestabiliza a consciência jurídica geral, forma o primeiro elo de uma corrente de produção cumulativa de violência.

É digno de consideração que a comissão não tenha confirmado completamente essa visão da *Law and Order* [lei e ordem]. No entanto, a definição das tarefas advém desse ponto de partida, segundo a qual "o conceito de violência deve ser definido da perspectiva do monopólio estatal da violência" (p.12). Com isso, a investigação científica dos fenômenos de violência deveria ser determinada imediatamente da perspectiva da guerra civil em que o Estado age como se estivesse envolto em um confronto com um inimigo interno. Uma vez que o terrorismo foi explicitamente descartado, pergunta-se então qual inimigo interno estaria sendo sugerido. Pergunta-se também se a República Federal da Alemanha em geral pode ser idêntica ao país para o qual foi instaurada uma comissão científica com tal incumbência.

2. O relatório forma uma compilação variada de resultados, pontos de vista e propostas. Fica evidente que ambos os grupos de trabalho interdisciplinares puxam de lados diferentes da corda. Os policiais, os penalistas e os teóricos do direito conseguem se apropriar da perspectiva e da problematização do comitente político porque já estão acostumados a tratar a violência como objeto de controle social. Eles só se preocupam com os produtos individualmente imputáveis de um longo processo de produção da violência, enquanto cientistas sociais, psicólogos e médicos se atêm à descrição e à explicação desse processo de surgimento. Por esse outro caminho, vêm à baila fatos que não combinam tão bem com o cenário de uma guerra civil, colocando

em questão o empreendimento em seu todo. Desse confronto surgem notáveis inconsistências.

De um lado, reivindica-se dramaticamente a necessidade de ação estatal, de outro lado, o relatório demonstra que o comitente político avalia de maneira manifestamente errada a magnitude dos problemas tratados. A utilização das estatísticas criminais da polícia não permite fazer enunciado algum a respeito do aumento dos crimes violentos na República Federal. À luz de comparações internacionais, a "situação objetiva da segurança" preocupa ainda menos (p.30 ss.). Isso vale não só para os atos politicamente motivados de violência, que são quantitativamente classificados como "fenômenos marginais" (p.53). Além disso, a rejeição à violência entre a população alemã se expressa com particular intensidade (94,7 % rejeitam a violência de pessoas, 95,4 % rejeitam a violência contra coisas); somente Irlanda, Dinamarca e Luxemburgo superaram esses números (p.37). Se o sentimento subjetivo de ameaça se encontra relativamente difundido entre a população alemã, indicando, portanto, haver uma diferença entre a criminalidade violenta objetiva e a percebida, o comportamento do comitente político ainda assim seria contraproducente. É claro que mesmo a Comissão de Violência pode ser entendida como componente de uma política simbólica que atiça o medo em relação à crescente insegurança interna.

3. O comitente não está interessado apenas em demonstrar a necessidade de ação, ele também quer sinalizar a disposição para agir, exigindo assim informações sobre possibilidades de intervenção. A comissão satisfaz esse desejo com 158 propostas operacionais. Disso resulta, certamente, uma irônica desproporção entre o ativismo de um catálogo abrangente de

medidas e a expectativa de que a cadeia de produção da violência poderia ser interrompida pela intervenção estatal direta.

Se, de acordo com o parecerista, diferenciamos violência politicamente motivada, violência nas ruas e praças, violência nos estádios, na escola e na família, então essa última categoria, considerando maus-tratos causados contra crianças (até 500 mil casos no ano) e contra mulheres (até 4 milhões de casos no ano), representa o tipo mais difundido de crimes violentos. No que diz respeito às escolas, não é possível provar um vandalismo crescente ou o aumento de violência contra pessoas. Ainda é vago o aumento de distúrbios nos estádios. O vandalismo contra instituições públicas parece fazer sentido, mas o crescimento da violência politicamente motivada não apresenta uma tendência clara (p.82 ss., p.73, p.77 ss., p.55 ss.). Porém, não é só em termos quantitativos que a violência na família ganhou um peso considerável. Na cadeia de suas causas, a família forma o lugar onde as sobrecargas sedimentadas em contextos socioeconômicos de vida, em condições socioespaciais e em padrões de comportamento específicos de sociedades estratificadas influenciam processos de socialização e se convertem em disposições para a violência.

Contudo, o parecer contém apenas 29 propostas sobre esse tema – contra 66 propostas para impedir e combater a violência politicamente motivada. Essa desproporção se torna mais aguda uma vez que (até chegar a introdução proposta de uma matéria penal denominada "violência no casamento") a influência nas interações familiares se limita a formas brandas de aconselhamento e de informação, ao passo que o Estado, nos casos de violência politicamente motivada, deve reagir com um arsenal de medidas detalhadas – sobretudo com táticas policiais, técnicas de obtenção de prova e regulações penais e legislativas.

4. A desproporção entre as causas sociais da violência e o tratamento administrativo de seus sintomas seria salientada de maneira ainda mais drástica se não se limitasse artificialmente o espectro das causas da violência: *dentro* desse espectro tudo apareceria então como matéria controlada administrativamente.

Os pareceristas demonstram uma clara preferência por abordagens da teoria da aprendizagem e da sociologia de grupos, que estão talhadas pelo comportamento individual; mas as causas estruturais da violência são consideradas condições marginais da família, da escola e da subcultura dos jovens. Os pareceristas mencionam ao menos os encargos socioeconômicos e o empobrecimento socioespacial de meios familiares violentos (p.101 ss.). Eles mencionam danos na socialização e perturbações do desenvolvimento da identidade, que ameaçam o desempenho escolar, promovem a desintegração social e dificultam a integração no sistema de ocupações (p.107 ss.). No longo prazo, essas causas na maioria das vezes se somam a uma marginalização que parece deixar aberto o caminho para grupos de jovens caracterizados por sua agressividade. Esse tipo de análise cobre desde a agressividade sem objetivo determinado das "arruaças públicas" até os "campos de mobilização" da violência politicamente motivada: "Desde meados da década de 1970, vêm desembocando no movimento de protesto cada vez mais jovens que rejeitaram a concorrência aguda por postos nas escolas, ascensão escolar, postos de trabalho e moradias" (p.51).

Se desconsiderássemos uma vez a virada efetuada na última frase em direção a uma imputabilidade individual, daríamos espaço no massivo pano de fundo das causas sociais da violência para uma análise aprofundada de outro tipo. Teriam ganhado atenção aquelas novas formas de segmentação que permitem a uma ampla maioria manter isolados seus diferentes meios de bem-estar em relação às privações cada vez mais visíveis de grupos marginais crescentes. Estes formam uma subclasse heterogênea e majoritária, que é simultaneamente mantida e observada pela administração social do Estado e não dispõe de nenhum poder de veto a não ser o da autodestruição. Os moinhos da marginalização moem discretamente e roubam dos grupos marginalizados uma oportunidade atrás da outra de, por força própria, conquistar reconhecimento social e autorrespeito. Dessas linhas de conflito, desenha-se em nossas grandes cidades um novo padrão de subprivilégio, o qual já conhecemos a partir da relação entre Primeiro e Terceiro Mundo. Se isso se chama violência estrutural ou não, o que importa é que somente a partir dessas condições de reprodução de nosso sistema social como um todo é possível explicar esses contextos de vida modificados, que sempre engendram novos conflitos. O parecer ofusca esses fenômenos.

Em vez disso, a violência na família, na escola e na esfera pública aparece na forma cômoda de um objeto administrativamente manipulável. As 158 propostas se condensam no conceito de uma rede completa de controles sociais. Como se fosse um livro de imagens foucaultianas, as intervenções do Estado se misturam formando um sistema: ajudar, vigiar e punir criam uma conexão química. Sob as rubricas da diversão, do nivelamento entre autor e vítima e do treinamento social, tudo é desformalizado e reacoplado entre si: o aconselhamento com a polícia, com o ministério público, com a Justiça, com o promotor, com a mídia, com a vizinhança, com a terapia. Os espaços deixados em aberto são preenchidos com valores rígidos. Em vez de se preocupar com a mediação dos saberes, a escola deve finalmente educar, os professores devem reforçar a consciência jurídica de seus alunos. Sob os olhos de um aparato de vigilância de tal modo aperfeiçoado, mesmo o diálogo mais inocente se transforma em um meio de controle social.

5. Em especial, o vaivém das "recomendações gerais" deixa reconhecer que as concepções divergentes das subcomissões e grupos de trabalho dificilmente podem compor um quadro razoavelmente consistente de opiniões. Porém, apenas em um lugar o dissenso se manifesta: o grupo de criminalistas nega que os bloqueios do trânsito e os protestos sentados envolvam violência física. Para o restante da exposição, essa contradição permanece sem consequência. Indiferentemente de sua forma, todo ato de desobediência civil é subsumido à categoria de violência politicamente motivada. É assim que os pareceristas (p.243) acentuam o fosso profundo que existe entre as formas legais de participação como manifestações e iniciativas civis, de um lado, e atividades ilegais como interrupções do trânsito, de outro lado. A isso corresponde a avaliação penal dos bloqueios como coação violenta. Os juristas propõem limitar o conceito de violência no § 240, Inciso 1 do Código Penal, à violência física; ao mesmo tempo, eles querem preencher as lacunas existentes do direito penal de modo que "junto às infrações de violência física seja acrescentada a alternativa de uma 'coerção física de gravidade comparável'" (p.292). De acordo com a jurisprudência, as violações das regras motivadas economicamente e politicamente são equiparáveis aos e tratadas como delitos de coação considerados normais. Com isso, o parecer

se fecha diante da autocompreensão moralmente motivada da desobediência civil a título de violação simbólica de regras (de modo algum isenta de penalização) com a qual, baseada no reconhecimento da legitimidade da ordem jurídica em seu todo e apelando aos princípios constitucionais vigentes, uma minoria procura induzir a maioria a reconsiderar uma determinada decisão, tendo em vista as graves consequências que tem sobre a própria minoria.

Essa autocompreensão encontra amplo apoio na concepção cotidiana e coloquial de violência. Como se depreende de uma pesquisa de opinião bastante representativa, compreende-se em geral por violência "o ataque ativo e o dano físico a pessoas ou coisas". No entanto, protestos sentados são considerados atos de violência somente por 24% da população, e isso dependendo do grau de simpatia despertado pelos objetivos políticos almejados a cada vez (p.35). Os pareceristas, por seu turno, avaliam esse dado semântico sobre a compreensão das violações simbólicas de regras como "uma espécie de normalização da justificação da violência"; como medidas preventivas, eles sugerem impor outras "regulações políticas e sociais sobre a linguagem" (p.36 ss.).

Esse disparate carece de explicação. É evidente que a desobediência civil só pode formar o elo ausente da cadeia entre atividades ilegais e protesto pacífico se lhe for atribuída a imagem da violência politicamente motivada. Essa hipótese de fundo pode ser acessada a partir do contexto. Se os temas incorporados ao movimento de protesto expõem "pontos de partida para atos violentos" (p.51), e se as partes mais conscientes de um movimento de protesto (como é o caso do movimento pela paz) se inclinam à desobediência civil, então "a obediência seletiva ao direito" dessas vanguardas autodeclaradas já ameaça a "paz interna" (p.41 ss.). Daqui se seguem vestígios que nos levam àquela parte dos professores de escolas superiores e universidades, os quais minam a consciência jurídica dos alunos e estudantes que lhes estão confiados (p.274). A consciência jurídica supostamente abalada desses alunos e estudantes deve formar então a charneira entre os processos de produção da violência *observados* pelas ciências sociais e uma oposição individualmente *imputável* em relação ao monopólio estatal da violência.

6. O monopólio dos meios do emprego da violência legítima nas mãos do Estado é uma conquista civilizatória. Mas a retórica jurídica, que festeja o monopólio estatal da violência como fim em si mesmo e base substancial da autoridade estatal, não é senão o reverso de uma retórica de revolta, que confunde a distinção entre violência arbitrária e violência legítima. Uma é tão sem sentido quanto a outra. Apesar de uma certa auratização do monopólio estatal da violência (declarado como o "essencial em todo Estado", p.40), os pareceristas certamente tem clareza quanto aos perigos de uma compreensão hobbesiana do Estado: a paz jurídica garantida de maneira estatal não conduz *per se* à liberdade e à justiça. Eles falam de um imbricamento necessário do monopólio da violência com o Estado de direito e a democracia.

Lamentavelmente, essa constatação é só da boca para fora. Pois, no que se segue, não se fala mais do feito *verdadeiramente* civilizatório: a domesticação democrática da violência das burocracias públicas, que deve ser disciplinada pelo Estado de direito. Evidentemente, não vivemos mais nos séculos XIV ou XV ou na era das guerras religiosas, quando a garantia da paz e a imposição do poder central pelo Estado representava um grande problema, que só foi resolvido no decorrer do século XVII com o surgimento do sistema de Estados europeu. Nós somos antes contemporâneos de um totalitarismo que se manifestou de muitas formas, que liberou o potencial de violência inscrito nas próprias burocracias estatais. Sob nossos olhos, por exemplo, está acontecendo na RDA a dissolução do poderoso aparelho de segurança do Estado; isso nos relembra as energias criminosas de um terrorismo de Estado que em solo alemão chegou inclusive ao extermínio em massa, calculado com frieza, de inimigos internos definidos arbitrariamente. Ante esse pano de fundo histórico, é particularmente irritante uma ótica que só considera violência o que a pupila de um aparelho estatal vigilante e protetor pode apreender como desafio ao seu monopólio da violência. Portanto, aquela violência concentrada no próprio Estado, que há muito tempo é objeto da crítica liberal do direito, reduz-se a uma mancha cega.

Da perspectiva da ameaça vinda de cima resulta a imagem de um sistema político que precisa se afirmar diante de um entorno virtualmente belicoso: "A imposição de normas jurídicas contra aquele que viola as leis é, por conseguinte, o pressuposto imprescindível para um estado social em que obediência voluntária às normas é a regra" (p.41). Este é realmente o pressuposto? A primeira condição que tem de ser satisfeita para a obediência voluntária ao direito é antes aquele processo democrático aberto e inclusivo, no qual os cidadãos podem se convencer da legitimidade tanto da ordem jurídica quanto do exercício do poder estatal. Unicamente nas formas espontâneas de uma legitimação vinda de baixo a consciência jurídica dos cidadãos pode e deve ser reproduzida.

A revolução recuperadora

A formação democrática da opinião e da vontade certamente precisa da segurança dos direitos fundamentais. Mas ela depende, sobretudo, de uma comunicação pública descentralizada, não forçada e vital, que encontre inserção em uma cultura política cuja população se habituou a mediar discursivamente os conflitos e a interagir de forma civilizada. Uma tal cultura democrática do conflito cobra o preço de um alto grau de tolerância mesmo diante do comportamento suscetível, que se move na penumbra entre anomia e inovação. Além disso, uma cultura democrática do conflito se regenera unicamente das tradições da liberdade mais ou menos bem-sucedidas. Ela não se deixa *organizar*. Diante dessa cultura política, o Estado se depara com os limites de suas possibilidades de intervenção administrativa.

Não há dúvida de que os pareceristas conhecem o significado de estruturas de comunicação pública e de participação democrática ampla. Eles inclusive propõem como os "déficits participativos" seriam superados. A população devia "poder se convencer de que tem reais possibilidades de influenciar processos políticos de decisão [...]. O cidadão tem de poder supor de maneira fundamentada que será respeitado e representado mesmo sem ações espetaculares" (p.242 ss.). Porém, o Estado preocupado em manter intacto seu monopólio da violência deve então organizar com meios burocráticos a desconfiança "democrática" contra seus próprios cidadãos? Infelizmente, os pareceristas se limitam a atestar o monopolista da violência no papel de tutor para aquele processo da opinião e da vontade, de cuja legitimação ele continuaria dependendo, em vez de colocá-lo sob controle; por isso, seus próprios conselhos racionais ainda são *paternalistas*. A consciência jurídica de cidadãos democráticos não é pretexto para uma administração tramar medidas socioterapêuticas de prevenção contra insubordinações.

6
A revolução recuperadora

Muito raramente o júbilo de uma revolução se emudece de forma tão rápida quanto na Alemanha depois do dia 9 de novembro de 1989. Isso também exige interpretações. Mas toda interpretação, quatro meses depois do ocorrido e diante do resultado incerto das eleições gerais, corre o risco de ser superada pelos acontecimentos do dia seguinte. As palavras amarelam na boca. No próximo ensaio, volto-me contra a equiparação apressada do socialismo burocrático com aquilo pelo qual luta uma esquerda socialista na Europa Ocidental e na República Federal da Alemanha. A contribuição final se confronta com alternativas da política alemã que poderiam ter consequências de longo prazo para a autocompreensão de uma nação de cidadãos.

Revolução recuperadora e necessidade de revisão da esquerda: o que significa socialismo hoje?

> *Por que os melhores correligionários de 1945 simplesmente não tiveram a ideia de procurar um fascismo de semblante humano?*
> Johannes Gross, *Notizbuch* [*Caderno de notas*]
> Nova Série, quarto fragmento

Nos periódicos, fala-se do desencantamento do socialismo, do fracasso de uma ideia, inclusive da atrasada superação do passado por parte de intelectuais da Europa Ocidental e da Alemanha. Nas questões retóricas, repete-se sempre o mesmo refrão: que as utopias e as filosofias da história têm de acabar em sujeição. Ora, a crítica à filosofia da história é coisa do passado. O livro de K. Löwith *Weltgeschichte und Heilsgeschehen* [História universal e evento da salvação] foi traduzido para o alemão em 1953.[1] Quais são as cartas hoje? Como devemos avaliar o significado histórico das transformações revolucio-

---

1 Para a relação entre ética, utopia e crítica da utopia, cf. a contribuição esclarecedora de K.-O. Apel em Voßkamp, W. (org.) *Utopieforschung*. Frankfurt am Main: Suhrkamp, 1982. p.325-55.

nárias no Leste e no Centro da Europa? O que significa a bancarrota do socialismo de Estado para as ideias e movimentos políticos enraizados no século XIX, para a herança teórica da esquerda na Europa Ocidental?

I

As transformações revolucionárias no domínio da União Soviética mostram muitas facetas. No país da revolução bolchevique, efetuou-se um processo de reforma de cima para baixo, a partir da cúpula do Partido Comunista da União Soviética. Seus resultados, e mais ainda as consequências não pretendidas dessa reforma, perpetuam-se na forma de um *desenvolvimento* revolucionário como se alterassem não só as orientações políticas fundamentais, mas elementos essenciais do próprio sistema de dominação (principalmente o modo de legitimação com o surgimento de uma esfera pública política, as tendências em prol de um pluralismo político e a paulatina recusa do monopólio do poder do partido estatal). Esse processo, ainda difícil de ser controlado, é ameaçado pelos conflitos nacionais e econômicos dele decorrentes. Todos os lados reconheceram o que está em jogo no decorrer desse processo fatídico. Ele criou as premissas para as transformações no leste da Europa Central (incluindo os Estados bálticos que aspiram à independência) e na República Democrática da Alemanha (RDA).

Na Polônia, as transformações revolucionárias foram resultado da resistência constante do movimento Solidariedade apoiado pela Igreja Católica; na Hungria, foram consequência de uma luta de poder entre as elites políticas; na RDA e na República Tcheca, essas transformações ocorreram como uma derrubada levada a cabo por uma massa de cidadãos que se manifestavam pacificamente; na Romênia, resultaram de uma revolução sangrenta; e na Bulgária se desenrolaram de maneira vagarosa. Apesar da variedade de formas de manifestação, a revolução nesses países pode ser lida nos *eventos*: a revolução produz seus dados. Ela se dá a conhecer como uma revolução, de certo modo, retrospectiva [*rückspulend*], que deixa o caminho livre para *recuperar* [*nachholen*] desenvolvimentos perdidos. Contrariamente, as transformações no país de origem da revolução bolchevique retêm um caráter opaco para o qual ainda nos faltam conceitos. Na União Soviética, falta (até agora) à revolução o caráter inequívoco de uma revogação. Mesmo um retorno simbólico a fevereiro de 1917 ou inclusive ao St. Petersburgo czarista não teria sentido algum.

Na Polônia e Hungria, na Tchecoslováquia, Romênia e Bulgária, ou seja, nos países em que o sistema social e o sistema socialista de dominação estatal não foram conquistados em virtude de revoluções autóctones, mas sim herdados como consequência da guerra com a entrada do Exército Vermelho, a abolição da democracia popular ocorreu sob o signo de um regresso aos antigos símbolos nacionais e, onde foi possível, como um resgate de tradições políticas e estruturas partidárias do período entre guerras. Aqui, onde as transformações revolucionárias se cristalizaram em eventos revolucionários, articula-se também da forma mais clara o desejo de encontrar um vínculo político-constitucional com a herança das revoluções burguesas e um vínculo político-social com formas de intercâmbio e formas de vida do capitalismo desenvolvido, principalmente aquelas associadas à Comunidade Europeia. No caso da RDA, esse "vínculo" adquire um sentido literal; pois, para a RDA, a República Federal oferece ambas as coisas ao mesmo tempo: uma sociedade ocidental de bem-estar social constituída democraticamente. Nesse caso, com certeza o eleitorado não ratificará em 18 de março o que os opositores tinham em mente, que com o lema "Nós somos o povo" derrubaram o domínio estabelecido pela Stasi; porém, o voto dos eleitores será responsável por interpretar essa derrubada do ponto de vista de sua eficácia histórica, a saber, como uma revolução recuperadora. Trata-se de recuperar o que foi separado na Alemanha entre o lado ocidental e o oriental há quarenta anos: o desenvolvimento politicamente mais exitoso e economicamente mais próspero.

Uma vez que a revolução recuperadora deve possibilitar o retorno ao Estado democrático de direito e o vínculo com o Ocidente capitalista desenvolvido, ela se orienta por modelos que, segundo o enfoque de leitura ortodoxo, já haviam sido superados pela Revolução de 1917. Isso pode explicar um traço peculiar dessa revolução: a ausência quase completa de ideias inovadoras, voltadas para o futuro. Essa observação também foi feita por Joachin Fest: "Esses acontecimentos obtiveram seu caráter verdadeiramente desconcertante e central [...] em razão do fato de não enfatizarem uma revolução social, ênfase que dominou praticamente todas as revoluções históricas desde a Idade Moderna" (*FAZ*, 30 de dezembro de 1989). Esse caráter de uma revolução recuperadora é desconcertante porque rememora o linguajar antigo, supostamente já ultrapassado, da Revolução Francesa – o sentido reformista de um retorno de formas de dominação política, que se seguem umas às outras e se substituem entre si como na rotação dos astros.[2]

---

2 GRIEWANK, K. *Der neuzeitliche Revolutionsbegriff*. Frankfurt am Main: Suhrkamp, 1973.

A revolução recuperadora

Logo, não é estranho que as transformações revolucionárias tenham encontrado interpretações tão diversas e excludentes entre si. Eu gostaria de apresentar seis modelos interpretativos que se destacaram na discussão. Os três primeiros se comportam de maneira afirmativa em relação à ideia de socialismo; os outros três, de modo crítico. Ambos os grupos se deixam ordenar de forma simétrica na seguinte sequência: uma interpretação stalinista, uma leninista e uma reformista, de um lado, e uma interpretação pós-modernista, uma anticomunista e uma liberal, de outro lado.

Os *defensores stalinistas* do *status quo ante* perderam nesse ínterim seus porta-vozes. Eles negaram o caráter revolucionário das transformações, concebendo-as como contrarrevolucionárias. Eles submetem os aspectos bastante incomuns de uma revolução retrospectiva e recuperadora a um esquema marxista que não vigora mais. Nos países do Leste e do Centro da Europa e na República Democrática da Alemanha ficou evidente que – de acordo com uma conhecida formulação – os de baixo não estavam mais dispostos e os de cima não eram mais capazes. Foi a fúria das massas (e de maneira alguma um punhado de provocadores infiltrados) que se voltou contra os aparatos de segurança do Estado da mesma maneira que outrora se voltou contra a Bastilha. E a destruição do monopólio de poder do partido estatal poderia lembrar a execução pela guilhotina de Luís XVI. Os fatos falam de maneira clara demais para que mesmo os *leninistas* mais ferrenhos pudessem fechar os olhos diante deles. Ao menos é assim que o historiador Jürgen Kuszynski usa a expressão "revolução conservadora" para conceder às transformações o valor posicional de uma reforma autopurificadora no interior de um processo revolucionário de longo prazo (*Die Zeit*, 29 de dezembro de

1989). No entanto, essa interpretação ainda se apoia sobre uma história ortodoxa da luta de classes, cujo *telos* parece fixado. Até por razões metodológicas uma tal filosofia da história possui um status duvidoso; mas, independentemente disso, ela ainda assim é incapaz de explicar aqueles movimentos e conflitos sociais que emergem das condições dos sistemas socioestatais de dominação ou são por estes provocados (como as reações nacionalistas e fundamentalistas). Ademais, os desenvolvimentos políticos que nesse meio tempo ocorreram nos países do Leste e do Centro da Europa, bem como na RDA, vão além do diagnóstico da mera autocorreção do socialismo de Estado.

Esse fato também forma uma objeção decisiva contra a terceira posição, a qual, na Praça Winzel de Praga, foi incorporada de maneira impressionante por Dubček ao voltar de seu exílio interno. Mesmo uma grande parcela dos oposicionistas, que conduziram de início o movimento revolucionário na RDA, deixou-se guiar pelo objetivo do socialismo democrático – a chamada "Terceira Via" entre o capitalismo controlado pelo Estado social e o socialismo de Estado. Enquanto os stalinistas acreditam ter de corrigir os desenvolvimentos anômalos do stalinismo, os *comunistas reformistas* recuam ainda mais. Em consonância com muitas correntes teóricas do marxismo ocidental, eles partem do princípio de que a autocompreensão leninista da revolução bolchevique deturpou o socialismo, promoveu a estatização em vez da socialização democrática dos meios de produção e, com isso, abriu caminho para a autonomização burocrática do aparelho totalitário de dominação. Existem outras versões da teoria da Terceira Via dependendo da interpretação que se faz da Revolução de Outubro. De acordo com um enfoque de leitura otimista (que foi partilhado pelos expoentes da Primavera de Praga), uma nova ordem social *sobreposta* às democracias de massa de bem-estar do Ocidente poderia ser desenvolvida pela via de uma democratização radical do socialismo de Estado. Segundo outra versão, uma Terceira Via entre ambos os tipos de sociedade "realmente existentes" seria, no melhor dos casos, uma reforma democrática-radical do socialismo de Estado, que com a diferenciação de um sistema econômico adaptado à regulação descentralizada representa ao menos um equivalente para o compromisso socioestatal encontrado em sociedades capitalistas desenvolvidas depois da Segunda Guerra Mundial. Esse passo equivalente de aprendizagem conduziria a uma sociedade não totalitária, constituída, portanto, nas formas do Estado democrático de direito, a qual, considerando tanto vantagens especificamente sistêmicas (seguridade social e crescimento qualitativo) quanto desvantagens (desenvolvimento das forças produtivas e inovação), não busca imitar, mas *complementar* as sociedades de tipo ocidental. Essa interpretação mais fraca também conta com a capacidade de funcionamento de uma "economia de mercado capitalista", como se diz hoje. Argumentos *a priori* entram em campo contra essa possibilidade, enquanto os outros argumentos se referem à necessidade de deixar o passo de desenvolvimento a cargo do processo de tentativa e erro. Mesmo uma liberal combativa como Marion Gräfin Dönhoff acredita "que o desejo existente de unificar o socialismo com a economia de mercado é plenamente satisfeito com um pouco de fantasia e de pragmatismo – um lado corrige o outro" (*Die Zeit*, 29 de dezembro de 1989). Essa perspectiva tem em consideração um comunismo reformista falibilista que, à diferença da interpretação leninista, abdicou de todas as certezas históricas.

Jürgen Habermas

Hoje podemos renunciar à questão acerca da capacidade de reforma e do potencial democrático de desenvolvimento de um socialismo de Estado que se revoluciona por dentro. Eu suspeito que mesmo na União Soviética essa questão não pode mais ser levantada em vista da herança stalinista, que foi devastadora em todos os aspectos (e da desintegração iminente do Estado multinacional). Se for interpretada a partir de premissas corretas, a questão de saber se a revolução na RDA poderia ter trilhado uma Terceira Via deverá permanecer sem resposta; pois a única possibilidade de reconsideração dessa questão residiria na tentativa legitimada pela vontade popular e empreendida "com um pouco de fantasia e de pragmatismo". Entretanto, a massa da população decidiu-se de maneira inequívoca contra isso. É possível compreender as razões depois de quarenta anos desastrosos. Essa decisão merece respeito, sobretudo por parte daqueles que não seriam pessoalmente atingidos pelas consequências de um resultado eventualmente negativo. Por isso, voltemo-nos aos três modelos interpretativos que tecem críticas ao socialismo.

Mesmo por parte desses modelos a posição mais extrema não é tão convincente. Da perspectiva da *crítica pós-moderna da razão*, as convulsões sociais, que ocorreram em grande medida sem derramamento de sangue, apresentam-se como a revolução que pôs fim à era das revoluções – a contraparte da Revolução Francesa que, sem os horrores que a acompanharam, supera na raiz o terror nascido da razão. Acabaram-se os sonhos agitados, de onde há duzentos anos têm se erguido os demônios. A razão não desperta – ela mesma é o pesadelo que se desfaz no despertar. Contudo, aqui também os fatos não se encaixam direito no esquema histórico, inspirado dessa vez de maneira idealista,

A revolução recuperadora

de Nietzsche e Heidegger, de acordo com o qual a época moderna se encontra exclusivamente sob a sombra de uma subjetividade que empodera a si mesma. Com efeito, a revolução recuperadora tomou emprestado seus meios e critérios do conhecido repertório das revoluções modernas. Surpreendentemente, foi a presença de massas reunidas nas praças e mobilizadas nas ruas que desempossou um regime armado até os dentes. Trata-se aí daquele tipo de ação espontânea das massas que havia servido de modelo para muitos teóricos da revolução, mas o qual se acreditava já estar morto. Contudo, pela primeira vez isso ocorreu no espaço não clássico de uma arena mundial de observadores participantes produzida pelos meios eletrônicos sempre presentes. E as exigências revolucionárias recebem novamente sua força das legitimações da soberania popular e dos direitos humanos, as quais são conformes ao direito racional. Portanto, a história acelerada desmente a imagem de uma pós-história paralisada; ela também destrói o panorama pintado com traços pós-modernos de uma burocracia desobrigada de todas as legitimações, que se alastra universalmente e se cristaliza. O que se anuncia no colapso revolucionário do socialismo burocrático é antes o alcance da modernidade – o espírito do Ocidente alcança o Oriente não só com a civilização tecnológica, mas também com a tradição democrática.

Da perspectiva *anticomunista*, as transformações revolucionárias no Leste significam o término vitorioso da guerra civil mundial declarada pelos bolcheviques em 1917: uma revolução voltada mais uma vez contra sua própria origem. A expressão "guerra civil mundial" traduz a expressão "luta de classes internacional" da linguagem da teoria social para a linguagem da teoria hobbesiana do poder. Carl Schmitt proveu essa figura de pensamento com o pano de fundo da filosofia da história: a ideia de uma filosofia da história que se tornou dominante com a própria Revolução Francesa, com sua utópica carga explosiva de uma moral universalista, deve formar a força propulsora para uma guerra civil incitada por intelectuais que, desdobrando-se finalmente ao exterior, se projeta no cenário internacional. Na época do conflito eclodido entre Ocidente e Oriente essa abordagem foi ampliada para uma teoria da guerra civil mundial.[3] Projetada com o propósito de desmascarar o leninismo, ela permaneceu presa ao modelo original como a imagem refletida no espelho. Mas mesmo nas mãos de um historiador instruído como Ernst Nolte, que anunciou a tese do fim da guerra civil mundial (*FAZ*, 17 de fevereiro de 1990), o material histórico se fecha contra a captura ideológica. Pois a estilização dos partidos da guerra civil mundial tornou necessário que políticos tão heterogêneos quanto Mussolini e Hitler, Churchill e Roosevelt, Kennedy e Reagan fossem acomodados sob o mesmo molde anticomunista. A figura de pensamento de uma guerra civil mundial só reforça uma interpretação da situação – tomada de empréstimo da fase mais quente da Guerra Fria – sobre uma descrição estrutural que foi assim polemicamente impregnada e encobriu toda uma época.

Resta a *interpretação liberal*, que de início se limitou a registrar que com o socialismo de Estado começam a desaparecer as últimas formas de dominação totalitária na Europa. Chega ao fim uma época que começou com o fascismo. As ideias liberais sobre a ordem social se impõem com o Estado democrático

---

[3] Kesting, *Geschichtsphilosophie und Weltbürgerkrieg*.

de direito, a economia de mercado e o pluralismo social. Com isso, a previsão prematura a respeito do fim das ideologias parece finalmente se cumprir (Daniel Bell e Ralf Dahrendorf, *Die Zeit*, 29 de dezembro de 1989). Não é preciso aderir a uma teoria do totalitarismo, sendo plenamente possível prover as diferenciações histórico-estruturais entre dominação autoritária, fascista, nacional-socialista, stalinista e pós-stalinista com acentos mais definidos, que permitam, contudo, reconhecer no espelho da democracia de massas ocidental o caráter comum das formas totalitárias de dominação. Se essa síndrome, depois de Portugal e Espanha, também se dissolver nos países europeus do socialismo burocrático, e se simultaneamente instituir a diferenciação entre economia de mercado e sistema político, então se evidencia a tese de uma outra onda modernizadora que avança agora para o Leste e para o Centro da Europa. A interpretação liberal não está errada. Porém, ela não enxerga a venda em seus próprios olhos.

Existem versões triunfalistas dessa interpretação que poderiam ser retiradas do primeiro parágrafo do *Manifesto comunista*, em que Marx e Engels celebram, em forma de hino, o papel revolucionário da burguesia:

> A burguesia, pelo rápido aperfeiçoamento de todos os instrumentos de produção, pelas comunicações infinitamente facilitadas, arrastou todas as culturas, mesmo as mais bárbaras, para a civilização. Os preços barateados de suas mercadorias são a artilharia pesada com que põem abaixo todas as muralhas da China, obrigando à capitulação os xenófobos mais obstinados dos bárbaros. Ela obriga todas as nações a adotarem o modo de produção da burguesia caso não queiram ser destruídas; ela obriga

todas as nações a introduzir por si mesmas a chamada civilização, isto é, tornarem-se burguesas. Em uma palavra, ela cria para si um mundo à sua imagem [...]. E assim como na produção material, também na produção intelectual. Os produtos intelectuais de uma nação individual se tornam bem comum. O caráter único e delimitado de uma nação se torna cada vez mais impossível, e de muitas literaturas nacionais e locais se forma uma literatura mundial.[4]

O estado de ânimo, que se manifesta nas respostas dos capitalistas mais ávidos por investimento à última pesquisa feita pela Câmara Alemã de Indústria e Comércio, bem como nos respectivos comentários de economia, não poderia ser mais bem caracterizado. Apenas no adjetivo restrito da "chamada" civilização se revela uma reserva. Em Marx, decerto não se trata de uma reserva alemã em prol de uma cultura pretensamente superior à civilização, mas de uma dúvida profunda sobre se uma civilização *como um todo* pode em princípio se embrenhar no turbilhão das forças propulsoras de um de seus subsistemas, a saber, na esteira de um sistema econômico dinâmico e, como hoje se diz, recursivamente fechado, cuja capacidade de funcionamento e estabilização depende de que tal sistema assimile e elabore todas as informações relevantes unicamente na linguagem do valor econômico. Marx pensa que toda civilização que se submete aos imperativos de autovalorização do capital porta em si o germe da destruição, porque assim se torna cega diante de tudo o que é relevante, tudo o que não se deixa expressar em termos de preço.

---

4 Marx; Engels, *Werke*, p.466.

A revolução recuperadora

O portador da expansão, que naquele tempo foi tão enfaticamente sinalizado por Marx, hoje com certeza não é mais a burguesia de 1848, não é mais uma classe social dominante em um contexto nacional, mas um sistema econômico que se descolou de estruturas de classe claramente identificáveis, tornou-se anônimo e opera de modo global. E nossas sociedades, que alcançaram o "auge econômico" nesse sistema, não se assemelham mais à Inglaterra de Manchester, cuja miséria Engels uma vez descreveu de modo tão drástico. Pois, nesse ínterim, com o compromisso do Estado de bem-estar social, essas sociedades encontraram uma resposta para as fortes palavras do *Manifesto comunista* e para as duras lutas do movimento operário europeu. No entanto, a circunstância irônica, segundo a qual Marx sempre nos fornece as melhores citações para a situação quando o capital orientado ao lucro ataca agressivamente os mercados esgotados do socialismo de Estado, dá tanto o que pensar quanto o fato de que a dúvida de Marx foi, por assim dizer, incorporada às estruturas das próprias sociedades capitalistas desenvolvidas.

Isso significa que o "marxismo como crítica"[5] se exauriu tanto quanto o "socialismo realmente existente"? Da perspectiva anticomunista, desde o início a tradição socialista só trouxe desgraça, seja na teoria ou na prática. Do ponto de vista liberal, tudo o que era útil no socialismo foi realizado na era social-democrata. Porém, com a liquidação do socialismo de Estado no Leste da Europa, secaram as fontes a partir das quais

---

5 Esse é o título de um trabalho em que pela primeira vez eu me ocupei do marxismo de maneira sistemática. Cf. Habermas, *Theorie und Praxis*, p.228 ss.

a esquerda da Europa Ocidental extraiu seus estímulos teóricos e orientações normativas? O desiludido Biermann, cujo talento para a utopia converteu-se hoje em melancolia, oferece uma resposta dialética: "Dê-me aqui a pá. Vamos finalmente enterrar de vez o pequenino cadáver do gigante. Mesmo Cristo teve primeiro de passar três dias debaixo da terra antes de realizar seu feito: coitada da ressureição!" (*Die Zeit*, 3 de março de 1990). Tentemos fazer isso com um pouco menos de dialética.

II

A esquerda não comunista na República Federal da Alemanha não tem motivo algum para juntar suas próprias cinzas, mas também não pode agir como se nada tivesse acontecido. Ela não precisa ser culpada, em virtude de sua proximidade, pela bancarrota de um socialismo de Estado que ela sempre criticou. Porém, ela tem de se perguntar por quanto tempo uma ideia resiste à realidade.

Como se sabe, no discurso sobre o socialismo "realmente existente" insere-se, por parte daqueles que criaram esse frio pleonasmo, a obstinação do político realista: melhor um pássaro na mão. É suficiente então insistir que a pomba em cima do telhado pertence a uma outra espécie – e que um dia virá até nós? Também os ideais, retruca a outra parte, precisam de uma referência empírica, caso contrário perderiam sua força para orientar a ação. O que há de equivocado nesse diálogo, em que apenas o idealista perde, é a premissa de que o socialismo seria uma ideia abstratamente oposta à realidade, evidenciando assim a impotência do dever (quando não as consequências desumanas de toda tentativa pensável de sua realização).

Certamente, com esse conceito vincula-se a intuição de uma convivência não violenta, que possibilita autorrealização individual e autonomia não às custas da solidariedade e da justiça, mas juntamente com estas. Porém, na tradição socialista essa intuição não deve ser explicada com recurso direto a uma teoria normativa e erigida como ideal diante de uma realidade inapreensível; pelo contrário, ela deveria estabelecer uma perspectiva a partir da qual a realidade é criticamente considerada e analisada. A intuição normativa deve ser tanto desenvolvida quanto corrigida no decorrer da análise e, por esta via, também poder ser comprovada ao menos indiretamente pela força com que revela a realidade e pelo conteúdo empírico da descrição teórica.

Em razão desse critério, desde os anos 1920 efetuou-se no marxismo ocidental[6] uma autocrítica impiedosa, que não deixou muito da forma original da teoria. Enquanto a práxis declarava seu veredito, também a teoria realçava a realidade (e a monstruosidade do século XX) com argumentos. Eu gostaria de relembrar somente alguns aspectos com os quais se pode mostrar o quanto Marx e seus seguidores imediatos permaneceram presos ao contexto de surgimento e ao formato reduzido do primeiro industrialismo, apesar de toda crítica direcionada ao socialismo nascente.

A análise permaneceu fixada aos fenômenos que se tornam acessíveis do interior do horizonte da sociedade do trabalho. Com a escolha desse paradigma, tem precedência um conceito estreito de práxis, tanto que *a priori* coube ao trabalho industrial e ao desenvolvimento das forças produtivas um inequí-

---

6 Martin Jay apresenta um panorama em *Marxism and Totality*.

voco papel emancipatório. As formas de organização, que se constituem pela concentração das forças de trabalho nas fábricas, devem criar ao mesmo tempo a infraestrutura para a união solidária, a formação da consciência e a atividade revolucionária dos produtores. Porém, com essa abordagem produtivista, o olhar se desvia tanto das ambivalências da dominação progressiva da natureza quanto das forças de integração social aquém e além da esfera do trabalho social.

Além disso, a análise está comprometida com uma compreensão holista da sociedade: uma totalidade ética é mutilada e fragmentada em sua origem pela separação de classes e, na modernidade, pelo poder reificador do processo econômico capitalista. A utopia da sociedade do trabalho, que foi soletrada nos conceitos fundamentais de Hegel, inspira a compreensão de fundo de uma crítica da Economia Política conduzida de maneira científica. Por essa razão, o processo de autovalorização do capital em seu todo pode se apresentar como uma magia que, ao ser uma vez quebrada, pode se desfazer em seu substrato objetivo e acessível assim à administração racional. Desse modo, a teoria se torna cega para a lógica sistêmica de uma economia de mercado diferenciada, cujas funções de controle não podem ser substituídas pelo planejamento administrativo sem colocar em jogo os níveis de diferenciação alcançados na modernidade.

A análise também permanece presa a uma compreensão concretista dos conflitos e dos atores sociais na medida em que conta com classes sociais ou macrossujeitos históricos como portadores do processo de produção e reprodução da sociedade. Estão subtraídas dessa apreensão sociedades complexas em que não há conexão linear alguma entre estruturas sociais superficiais, subculturais e regionais, de um lado, e as estruturas abstratas profundas de uma economia diferenciada sistemicamente (e que se entrelaça de maneira complementar com uma administração estatal intervencionista), de outro lado. Do mesmo erro surge uma teoria do Estado que já não pode ser salva com tantas hipóteses auxiliares.

Com mais consequências práticas do que os déficits mencionados foi a compreensão funcionalista limitada do Estado democrático de direito, que Marx viu efetivado na Terceira República e rejeitou com desdém a título de "democracia vulgar". Porque concebeu a república democrática como a última forma de Estado da sociedade burguesa, em cujo solo "a luta de classes será decidida definitivamente", Marx manteve com suas instituições uma relação puramente instrumental. Da *Crítica do programa de Gota* resulta certamente que Marx compreende a sociedade comunista enquanto única realização possível da democracia. Como já havia ocorrido em sua *Crítica da filosofia do direito de Hegel*, aqui também a liberdade consiste unicamente em "transformar o Estado de um órgão superposto em um órgão subordinado à sociedade". Mas nenhuma palavra foi dita por ele sobre a institucionalização da liberdade; sua fantasia institucional não vai além da ditadura do proletariado prevista para o "período de transição". A ilusão saint-simonista de uma "administração das coisas" diminui a tal ponto a necessidade esperada de uma resolução democraticamente regulada dos conflitos que aparentemente tal resolução poderia ser deixada à auto-organização espontânea de um povo rousseauniano.

Por fim, a análise continua trilhando aquela estratégia teórica hegeliana, que deveria unir a pretensão não falibilista do conhecimento da tradição filosófica com o novo pensamento histórico. Porém, a historicização do conhecimento das essências

[*Wesenserkenntnis*] só amplia a teleologia do ser para a história. O normativismo secreto das hipóteses da filosofia da história também se mantém na forma naturalista das concepções evolucionistas de progresso. E isso tem consequências desagradáveis não apenas para os fundamentos normativos não explicitados da teoria. De um lado, uma tal teoria (independentemente de seus conteúdos específicos) oculta a margem de contingência na qual uma práxis condutora da teoria inevitavelmente se movimenta. Na medida em que ela absorve a consciência do risco daqueles que devem arcar com as consequências da ação, ela estimula além disso um vanguardismo questionável. De outro lado, esse tipo de conhecimento da totalidade emite enunciados clínicos sobre a qualidade não alienada ou não fracassada das formas de vida em seu todo. Daí se explica a tendência de conceber o socialismo como uma forma historicamente privilegiada de eticidade concreta, embora uma teoria possa, *no melhor dos casos*, indicar as condições necessárias para formas de vida emancipadas sobre cuja configuração concreta os próprios participantes teriam primeiro de se entender.

Quando temos diante dos olhos esses déficits e erros, que marcaram de maneira mais ou menos evidente a tradição teórica de Marx e Engels até Kautsky, compreende-se melhor como o marxismo pôde, na figura codificada de Stálin, se degenerar em ideologia legitimadora de uma práxis desumana – um "experimento animal em larga escala feito com seres humanos" (Biermann). Certamente, o passo em direção ao *marxismo soviético*, que Lênin efetuou na teoria e conduziu na práxis, não se justifica a partir da teoria de Marx;[7] mas as fra-

---

7 Marcuse, *Die Gesellschaftslehre des sowjetischen Marxismus Schriften*.

quezas que discutimos de (a) até (e) pertencem às condições (que certamente não são nem necessárias nem suficientes) para o uso indevido ou até mesmo para a completa inversão de sua intenção original.

Em contrapartida, o *reformismo social-democrata*, que também recebeu estímulos importantes de austromarxistas como Karl Renner e Otto Bauer, livrou-se relativamente cedo de uma compreensão holista da sociedade, do embaraço da lógica sistêmica do mercado, de uma concepção dogmática da estrutura e da luta de classes, de uma atitude equivocada diante do teor normativo do Estado democrático de direito e dos pressupostos evolucionistas. No entanto, até recentemente a autocompreensão da política cotidiana esteve marcada pelo paradigma produtivista da sociedade do trabalho. Depois da Segunda Guerra Mundial, os partidos reformistas, que se tornaram pragmáticos e se desacoplaram das teorias, alcançaram um êxito inequívoco com a implementação do compromisso do Estado de bem-estar social, o qual penetrou nas estruturas da sociedade. A profundidade dessa intervenção foi sempre subestimada pela esquerda radical.

Contudo, a social-democracia foi surpreendida pela lógica sistêmica do poder estatal do qual ela acreditou poder se servir como um instrumento neutro para implementar a universalização dos direitos civis com a ajuda do Estado social. Não foi o Estado social que se revelou uma ilusão, mas a expectativa de conseguir alcançar formas de vida emancipadas com meios administrativos. Aliás, ao tentarem obter a pacificação social mediante intervenções estatais, os partidos foram cada vez mais absorvidos pelo aparelho do Estado em expansão. Porém, com essa estatização dos partidos, a formação democrática da vontade se deslocou para um sistema político que em grande medida programa a si mesmo – algo que os cidadãos da RDA, libertos da Stasi e da dominação do partido único, perceberam com surpresa neste momento durante a recente disputa eleitoral levada a cabo pelos *managers* eleitorais do Ocidente. A democracia de massas de recorte ocidental está marcada pelos traços de um processo controlado de legitimação.

Assim, a social-democracia paga duas vezes o preço por seu êxito. Ela renuncia à democracia radical e aprende a conviver com as consequências normativamente indesejadas do crescimento capitalista – também com os riscos especificamente sistêmicos do mercado de trabalho, que são "suavizados" pelas políticas sociais, mas não eliminados. Na Europa Ocidental, esse preço fez que uma *esquerda não comunista* sobrevivesse à esquerda da social-democracia. Ela se apresenta em muitas variantes, mantendo viva a lembrança de que algum dia o socialismo significou mais do que política social estatal. Porém, como mostra o programa preservado do socialismo da autoadministração, dificilmente essa esquerda se distancia do conceito holista de sociedade e desiste da ideia de um processo de produção adaptado do mercado para a democracia. Nesse sentido, a conexão clássica de teoria e práxis permaneceu a mais intacta possível. E tanto mais a teoria se moveu em águas ortodoxas e a práxis se tornou sectária.

Assim como a práxis política, também a *tradição teórica* foi há muito tempo afetada pela diferenciação institucional. Ao lado de outras tradições de pesquisa, o marxismo, mesmo de forma mais ou menos marginal, tornou-se parte do ofício acadêmico. Essa academização levou a revisões inevitáveis e ao cruzamento com outras abordagens teóricas. A constelação frutífera de

Marx e Max Weber foi determinante para a discussão sociológica já durante o período de Weimar. Desde então, a autocrítica do marxismo ocidental foi efetuada cada vez mais no interior das universidades, alimentando um pluralismo filtrado pela argumentação científica. Abordagens interessantes e contrárias de investigação, como as de P. Bourdieu, C. Castoriadis ou A. Touraine, de J. Elster ou A. Giddens, C. Offe ou U. Preuß, revelam algo da virulência do potencial sugestivo ainda representado pela tradição que remete a Marx. Ela foi beneficiada com um olhar estereoscópico que não permanece preso apenas à superfície dos processos de modernização nem se orienta unicamente ao reverso do reflexo da razão instrumental, mas é sensível às ambivalências dos processos de racionalização que sulcam a sociedade. Sulcos destroem as camadas naturais e, ao mesmo tempo, amolecem o solo. Muitos aprenderam com Marx, e cada um a seu modo, como a dialética do Esclarecimento de Hegel pode ser traduzida em um programa de pesquisa. Desse modo, aquelas reservas críticas, que eu enumerei de (a) até (e), constituem o terreno a partir do qual ainda é possível colher os estímulos da tradição marxista.

Se isso descreve em poucas linhas a situação em que a esquerda não comunista podia perceber a si mesma quando Gorbachev anunciou o início do fim do socialismo realmente existente, de que maneira os acontecimentos dramáticos do último outono modificaram esse cenário? As esquerdas precisam se recolher ao ponto de vista moral e tratar o socialismo apenas como uma ideia? Ernst Nolte admite nelas esse "socialismo ideal" como "conceito-limite corretivo e norteador", até mesmo "irrenunciável", mas não sem imediatamente acrescentar: "Quem quiser realizar esse conceito-limite corre o risco de recair ou mergulhar nas más lembranças do 'socialismo real', mesmo que parta para a guerra contra o stalinismo com palavras nobres" (*FAZ*, 19 de fevereiro de 1990). Se quiséssemos seguir esse amigável conselho, o socialismo se desativaria em uma ideia reguladora compreendida em termos privados, destinando à moral um lugar para além da práxis política. É mais consequente renunciar ao conceito de socialismo do que manipulá-lo dessa forma. Temos de afirmar, com Biermann, que "o socialismo não é mais uma meta"?

Com certeza, caso o compreendamos de maneira romântico-especulativa no sentido dos "Manuscritos de Paris", em que a superação da propriedade privada nos meios de produção significa "o enigma decifrado da história", a saber, o estabelecimento de relações de vida solidárias nas quais o ser humano não é mais *alienado* do produto de seu trabalho, de seus semelhantes e de si mesmo. Para o socialismo romântico, a superação da propriedade privada significa a emancipação completa de todos os sentidos e qualidades humanos — a verdadeira ressureição da natureza e do naturalismo realizado dos seres humanos, a resolução do conflito entre liberdade e necessidade, entre indivíduo e espécie. Mas não é a mais recente crítica ao pensamento da totalidade da filosofia da reconciliação nem Solschenizyn que deveriam nos ensinar algo melhor. Há muito tempo estão lançadas as raízes que o socialismo romântico fincou no contexto de surgimento do primeiro industrialismo. A ideia de uma associação livre de produtores havia sido desde o início preenchida com imagens nostálgicas de comunidades familiais, vizinhas e corporativas do mundo de camponeses e artesãos, o qual foi então destruído pela violência arrebatadora da sociedade concorrencial e se perdeu no processo de dissolução.

Desde os primórdios, o "socialismo" se ligou à ideia de superação daquelas comunidades solidárias aniquiladas; sob novas condições de trabalho e novas formas de intercâmbio surgidas no industrialismo inicial, era preciso transformar e resgatar as forças de integração social do mundo que desaparecia. A face de Jano do socialismo, sob cujo teor normativo Marx depois nada disse, remete tanto a um passado idealizado quanto a um futuro dominado pelo trabalho industrial.

Nesse *enfoque de leitura concretista*, o socialismo certamente não se constitui mais como uma meta, e nunca foi uma meta realista. Tendo em vista sociedades complexas, temos de submeter as conotações normativas, que essa cunhagem conceitual do século XIX traz consigo, a uma abstração radical. Mesmo se mantivermos a crítica à dominação naturalizada, não legítima, e à violência social velada, entram em cena aquelas condições de comunicação sob as quais é possível estabelecer uma confiança justificada nas instituições da auto-organização racional de uma sociedade de cidadãos livres e iguais. Com certeza, a solidariedade pode ser concretamente experimentada apenas no contexto de formas de vida herdadas ou criticamente apropriadas, desde que autodeterminadas, mas sempre particulares. Porém, no quadro de uma sociedade extensamente integrada em termos políticos, sobretudo no horizonte de uma rede global de comunicação, a própria ideia de um convívio solidário só pode existir de forma *abstrata*, a saber, na forma de uma justificada expectativa intersubjetivamente compartilhada. Todos deveriam poder esperar dos procedimentos institucionalizados de uma formação inclusiva e democrática da opinião e da vontade que esses processos de comunicação pública tenham para si a suposição fundamentada de racionalidade e eficácia. A *su-*

posição de racionalidade se apoia sobre o sentido normativo dos procedimentos democráticos, que devem assegurar que todas as questões socialmente relevantes possam se tornar temas, ser tratadas com argumentos e riquezas de ideias, e elaboradas tendo em vista soluções de problemas que – em igual respeito pela integridade de cada indivíduo e cada forma de vida – sejam do interesse simétrico de todos. A *suposição de eficácia* toca a questão materialista fundamental de saber em qual sentido uma sociedade sistemicamente diferenciada, sem topo nem centro, ainda pode em geral organizar a si mesma, em que o "*self*" [*Selbst*] dessa auto-organização não pode mais ser representado com macrossujeitos, ou seja, incorporado nas classes sociais da teoria de classes ou no povo da soberania popular.

O ponto central de uma concepção abstrata de relações solidárias consiste em descolar aquelas simetrias do reconhecimento recíproco pressupostas na ação comunicativa, as quais possibilitam pela primeira vez a autonomia e a individuação de sujeitos socializados, da eticidade concreta de interações naturalizadas, universalizando-as nas formas reflexivas do entendimento e do compromisso, bem como assegurando-as pela via da institucionalização jurídica. O *self* dessa sociedade que organiza a si mesma desaparece assim naquelas formas de comunicação sem sujeito, as quais devem regular de tal modo o fluxo da formação discursivamente caracterizada da opinião e da vontade que mesmo seus resultados falíveis podem ser considerados supostamente racionais. Tal soberania popular, que se dissolveu intersubjetivamente e se tornou anônima, recolheu-se nos procedimentos democráticos e nos pressupostos comunicativos pretensiosos de sua implementação.[8] Ela

---

8 Habermas, Volkssouveränität als Verfahren, p.7-16.

encontra seu lugar sem local [*ortlosen Ort*] nas interações entre a formação juridicamente institucionalizada da vontade e as esferas públicas culturalmente mobilizadas. Se, contudo, sociedades complexas poderão algum dia ser cobertas pela pele desse tipo de soberania popular procedimentalizada; ou se a rede de mundos da vida partilhados de modo intersubjetivo e estruturados comunicativamente está rompida de maneira definitiva, de modo que a economia sistemicamente autonomizada e uma administração estatal que programa a si mesma não podem mais ser recuperadas no horizonte do próprio mundo da vida, nem mesmo pela via de um controle ainda tão indireto – são questões que não podem ser suficientemente respondidas e, por isso, precisam ser transformadas em uma questão prático-política. Essa foi, aliás, a questão fundamental de um materialismo histórico, que, como se sabe, não compreendeu sua hipótese sobre a relação entre base e superestrutura como um enunciado ontológico a respeito do ser social, mas enquanto vestígio de um lacre que precisa ser rompido caso as formas de interação humana não devam mais ser enfeitiçadas por uma sociabilidade alienada, revertida em violência.

III

Ora, no que diz respeito à *compreensão* dessa intenção, as transformações revolucionárias que ocorreram sob nossos olhos contêm então uma lição inequívoca: sociedades complexas não podem se reproduzir se não deixarem intacta a lógica de autocontrole de uma economia regulada pelos mercados. Sociedades modernas diferenciam um sistema econômico regulado pelo *medium* do dinheiro no mesmo plano que o sistema administrativo, não importando de que maneira suas diferentes funções se relacionam entre si; nenhum deles pode estar subordinado ao outro.[9] Se não acontecer nada muito inesperado na União Soviética, não saberemos mais se as relações de produção do socialismo de Estado teriam podido se adaptar a essa condição pela Terceira Via da democratização. Mas mesmo a reconversão às condições do mercado mundial capitalista não significa naturalmente um retorno àquelas relações de produção, cuja superação foi uma vez levada a cabo pelos movimentos socialistas. Isso seria subestimar a mudança de forma sofrida pelas sociedades capitalistas, sobretudo desde o término da Segunda Guerra Mundial.

Hoje, o compromisso do Estado de bem-estar social, que penetrou nas estruturas da sociedade, forma a base da qual toda política tem de *partir* em nossos domínios. Isso se expressa em um consenso a respeito dos fins sociais da sociedade política, sobre o qual C. Offe comenta de maneira irônica: "Quanto mais triste e sem saída se apresenta a imagem do socialismo realmente existente, mais nós todos nos tornamos 'comunistas', na medida em que a preocupação com assuntos públicos e o horror diante dos desenvolvimentos anômalos e catastróficos da sociedade global não podem nos ser completamente comprados" (*Die Zeit*, 8 de dezembro de 1989). Evidentemente, a queda do muro não chegou a resolver os problemas que são sistemicamente produzidos. A insensibilidade do sistema econômico de mercado diante de seus custos externos, os quais

---

9 Não se trata aqui de uma "concessão ao realismo político", como pensam muitos de meus críticos da esquerda, mas consequência de uma teoria social cuja abordagem supera concepções holísticas.

são constantemente lançados sobre seus entornos sociais e naturais, segue entre nós, agora como antes, o caminho de um crescimento econômico sujeito a crises, com as conhecidas disparidades e marginalizações no plano interno, com os atrasos econômicos, até mesmo retrocessos, ou seja, com as relações bárbaras de vida, expropriações culturais e catástrofes provocadas pela fome no Terceiro Mundo, não por último com os riscos globais de um equilíbrio ecológico sobrecarregado. A *domesticação* social e ecológica da economia de mercado é a fórmula global na qual a meta social-democrata de domesticação social do capitalismo se generalizou de maneira consensual. Mesmo o enfoque de leitura dinâmico da *reconstrução* ecológica e social da sociedade industrial encontra assentimento entre verdes e social-democratas. Hoje, é sob essa base que se irrompe o conflito. Trata-se da operacionalização, do horizonte temporal e dos meios empregados para a realização dessas metas comuns, ainda que reafirmados em termos retóricos. Também existe consenso acerca da política de influência estabelecida indiretamente a partir de fora sobre os mecanismos de autocontrole de um sistema cuja lógica não pode ser quebrada pela intervenção direta. Por essa razão, o conflito sobre as formas de propriedade perdeu seu significado dogmático.

Contudo, quando se desloca do plano das metas sociais para o de sua operacionalização, do plano da escolha das políticas correspondentes para sua implementação, a luta não assume o caráter de um confronto principiológico. Hoje como antes, há um forte conflito entre aqueles que, com base nos imperativos sistêmicos da economia, planejam sanções contra todas as exigências que apontam para além do *status quo*, e aqueles que gostariam de manter o nome do socialismo até que a anomalia congênita do capitalismo – a saber, a transferência dos custos sociais do desequilíbrio sistêmico para o destino privado do desemprego – seja eliminada,[10] a equiparação das mulheres seja alcançada e a dinâmica de destruição do mundo da vida e da natureza seja estancada. Da perspectiva desse reformismo radical, o sistema econômico parece menos um maravilhoso templo do que um campo de testes. O próprio Estado social, que leva em consideração o caráter particular da mercadoria força de trabalho, surgiu da tentativa de testar a *sobrecarga* do sistema econômico, mais especificamente em benefício das necessidades sociais diante das quais a racionalidade das decisões empresariais é insensível.

Nesse ínterim, contudo, o projeto do Estado de bem-estar social se tornou reflexivo; os efeitos colaterais da juridificação e da burocratização roubaram a inocência do meio aparentemente neutro do poder administrativo.[11] Também o Estado intervencionista precisa ser "socialmente domesticado". Aquela combinação de poder e autolimitação inteligente, que marca a política da contenção protetora e do controle indireto do crescimento capitalista, tem de ser reintroduzida por trás das linhas da administração planejada. Só é possível encontrar uma solução para esse problema em uma relação modificada entre esferas públicas autônomas, de um lado, e os domínios de ação regulados pelo dinheiro e pelo poder, de outro lado. O potencial de reflexão exigido se encontra naquela soberania diluída comunicativamente,

---

10 Para os conceitos de seguridade básica não mais centrada no salário, cf. Vobruba, *Strukturwandel der Sozialpolitik*.
11 Habermas, Die Krise des Wohlfahrtstaates und die Erschöpfung utopischer Energien, p.141-66.

a qual se faz ouvir nos temas, razões e propostas para solução de problemas de uma comunicação pública livre e flutuante, mas que precisam assumir uma forma consistente nas resoluções de instituições democraticamente constituídas, porque a responsabilidade pelas decisões com consequências práticas exige uma clara imputabilidade institucional. O poder produzido comunicativamente pode se realizar com base nas premissas dos processos de avaliação e de decisão da administração pública sem interesse de conquista, com a finalidade de, na única linguagem que a fortaleza sitiada entende, obter validade para suas exigências normativas: ele gere o *pool* de razões com os quais o poder administrativo se relaciona de maneira instrumental, embora este não possa ignorar que é constituído nos termos do Estado de direito.

Sociedades modernas satisfazem sua necessidade de operações de regulação a partir de três fontes: dinheiro, poder e solidariedade. Um reformismo radical não se deixa mais conhecer em demandas concretas, mas na intenção procedimentalmente orientada de promover uma nova divisão de poderes: o poder de integração social da solidariedade deve, mediante esferas públicas e instituições estruturadas democraticamente, poder se afirmar diante dos outros dois poderes, dinheiro e poder administrativo. O que há de "socialista" nisso é a expectativa de que as estruturas pretensiosas do reconhecimento recíproco, que conhecemos a partir das relações concretas de vida, transfiram-se para as relações sociais mediadas administrativa e juridicamente por intermédio dos pressupostos comunicativos dos processos de formação democrática da opinião e da vontade. Os domínios do mundo da vida que se especializaram em transmitir valores passados e saberes culturais, integrar grupos e socializar os jovens, dependem sempre da solidariedade. Das mesmas fontes da ação comunicativa também se deve extrair uma formação democrático-radical da opinião e da vontade, que precisa exercer influência sobre a delimitação e a troca entre, de um lado, aqueles domínios do mundo da vida estruturados comunicativamente e, de outro, o Estado e a economia.

No entanto, saber se os conceitos para uma democracia radical[12] ainda têm futuro é algo que também dependerá de como nós percebemos problemas e definimos qual tipo de perspectiva social para problemas se impõe politicamente. Se nas arenas públicas de sociedades desenvolvidas apresentam-se como problemas urgentes somente as perturbações que prejudicam os imperativos sistêmicos de autoestabilização da economia e da administração, se esses âmbitos de problemas têm precedência nas descrições feitas pela teoria dos sistemas, as pretensões do mundo da vida formuladas em linguagem normativa aparecem somente a título de variável dependente. Com isso, questões políticas e jurídicas são privadas de sua substância normativa. Essa luta pela *desmoralização dos conflitos públicos* está em pleno curso. Hoje ela não está mais sob o signo de uma autocompreensão tecnocrática da política e da sociedade; quando a complexidade social aparece como caixa-preta, o comportamento oportunista sistêmico parece simplesmente oferecer uma oportunidade de orientação. Porém, os grandes problemas com que as sociedades complexas se veem confrontadas dificilmente podem ser solucionados sem uma percepção normativamente sensibilizada, ou seja, sem a consideração moral de temas públicos.

---

12 Rödel; Frankenberg; Dubiel, *Die demokratische Frage*.

A revolução recuperadora

O clássico conflito distributivo da sociedade do trabalho estava estruturado de tal maneira diante do pano de fundo da constelação de interesses formada pelo capital e pelo trabalho que ambos os lados dispunham de um potencial ameaçador. Mesmo a greve permaneceu como *ultima ratio* do lado estruturalmente desfavorecido, ou seja, a privação organizada da força de trabalho e, portanto, a interrupção do processo produtivo. Hoje é diferente. Nos conflitos distributivos institucionalizados das sociedades de bem-estar social, uma ampla maioria de proprietários dos postos de trabalho se deparam com uma minoria formada por grupos marginais heterogêneos, que não dispõem do potencial de sanção correspondente. Todavia, os marginalizados e desprivilegiados possuem o voto de protesto para fazer valer seus interesses – caso não se resignem nem elaborarem suas sobrecargas de maneira autodestrutiva com enfermidades, criminalidade ou revoltas cegas. Sem o voto da maioria dos cidadãos, que se perguntam e se deixam perguntar se querem então viver em uma sociedade segmentada, onde têm de fechar os olhos diante de desabrigados e mendigos, guetos e regiões abandonadas, falta a tais problemas a força nem que seja para uma tematização pública de amplo alcance. Uma dinâmica de autocorreção não funciona sem a consideração moral, sem uma universalização de interesses efetuada sob pontos de vista normativos.

O padrão assimétrico não se repete somente nos conflitos que ascendem entre os exilados e as minorias de uma sociedade multicultural. A mesma assimetria determina também a relação das sociedades industriais desenvolvidas com os países desenvolvidos e com o ambiente natural. Contudo, os continentes subdesenvolvidos poderiam ameaçar com as gigantescas ondas migratórias, com o jogo de azar da pressão atômica ou com a destruição do equilíbrio ecológico mundial, enquanto as sanções da natureza só são ouvidas no silencioso tique-taque de bombas-relógio. Esse padrão de impotência favorece a permanência latente da pressão há muito reprimida de problemas e o adiamento de suas soluções, até que possa ser tarde demais. Tais problemas só podem ser realçados pela via de uma consideração moral dos temas, pela universalização efetuada de maneira mais ou menos discursiva de interesses em esferas públicas livres de dominação que encontramos em culturas políticas liberais. Inclusive já estamos prontos a pagar pela desativação da usina atômica obsoleta de Greifswald, uma vez que reconhecemos o perigo que ela significa para todos. O entrelaçamento percebido dos próprios interesses com os interesses dos outros é benéfico. Além disso, a abordagem moral ou ética aguça o olhar para aquelas condições mais abrangentes, ao mesmo tempo mais modestas e mais frágeis, que ligam o destino de cada um com o destino de todos os outros – fazendo do mais estrangeiro um integrante entre nós.

Os grandes problemas de hoje lembram o clássico conflito redistributivo ainda em outro aspecto: eles também exigem o modo peculiar de uma política de contenção, mas que é ao mesmo tempo protetiva. Essa política parece dramatizar a revolução atual, como notou H. M. Enzensberger. Primeiro ocorreu uma mudança de atitude latente na massa da população antes que o solo da legitimação fosse retirado do socialismo de Estado; depois do desabamento, sobraram do sistema apenas as ruínas, que precisam ser demolidas ou reconstruídas. A revolução bem-sucedida deixou de resquício uma política ensimesmada de desarmamento e rearmamento, à procura de auxílio.

A revolução recuperadora

Algo semelhante havia ocorrido na República Federal durante os anos 1980, no contexto em que essa metáfora foi emprestada. Sentido como imposição, o estacionamento de mísseis de médio alcance foi a gota d'água, convencendo a maioria da população a respeito da arriscada insensatez de uma espiral armamentista autodestrutiva. Com a reunião de cúpula de Reykjavik estabeleceu-se então (sem que eu pretenda sugerir uma conexão linear) a virada rumo a uma política do desarmamento. Contudo, entre nós, a mudança deslegitimadora das orientações culturais de valor não se realizaram somente de maneira subcutânea, como nos nichos privados do socialismo de Estado, mas em todas as esferas públicas, até mesmo nos bastidores das maiores demonstrações de massa já vistas na República Federal. Esse exemplo ilustra um processo circular em que uma mudança latente de valores, desencadeada pelas circunstâncias atuais, encadeia-se com processos de comunicação pública, transformações nos parâmetros da formação democraticamente constituída da vontade e impulsos para novas políticas de desarmamento e rearmamento, as quais, por seu turno, reagem sobre as orientações de valores transformadas.

Os desafios do século XXI, segundo o tipo e a ordem de grandeza das sociedades ocidentais, exigirão respostas que dificilmente podem ser encontradas e implementadas sem uma formação radicalmente democrática da opinião e da vontade voltada à universalização dos interesses. Nessa arena, a esquerda socialista encontra seu lugar e seu papel político. Ela pode formar o fermento para comunicações políticas que conservem e drenem o quadro institucional do Estado democrático de direito. A esquerda não comunista não tem razão alguma para depressão. É possível que muitos intelectuais na RDA tenham somente de se adaptar a uma situação em que a esquerda da Europa Ocidental se encontra há décadas: ter de transpor as ideias socialistas para uma autocrítica reformista radical da sociedade capitalista, que desenvolveu tanto suas fraquezas quanto suas forças nas formas de uma democracia de massas constituída nos termos do Estado social e democrático de direito. Depois da bancarrota do socialismo de Estado, essa crítica é o único buraco de agulha pelo qual tudo precisa passar. *Esse* socialismo desaparecerá somente com o objeto de sua crítica – talvez no dia em que a sociedade criticada tenha transformado sua identidade a ponto de tudo o que não se deixar exprimir em preços puder ser percebido e levado a sério por sua relevância. A esperança de que os seres humanos se emancipem de uma minoridade da qual são culpados e de condições de vida degradantes não perdeu sua força, mas foi depurada pela consciência falibilista e pela experiência histórica de que muito já teria sido alcançado se pudesse ser mantido um equilíbrio acerca do que é suportável para os menos favorecidos – e, sobretudo, se esse equilíbrio pudesse ser produzido nos continentes devastados.

Mais uma vez sobre a identidade dos alemães: um povo unido de cidadãos inflamados e orientados pela economia

Três meses depois da revolução democrática do outro lado, dão-se aqui as mãos tanto os políticos, que se mostraram homens de negócios, quanto os intelectuais, por se revelarem cantores da unidade alemã. Nos folhetins, Günter Grass é denunciado, nos *talk shows* basta a menor presença de um economista de esquerda para transformar simpáticas senhoras e senhores da classe média em grosseiras pessoas da ralé. O tema, em parte masoquista e em parte supérfluo, ganha hoje sua justificação: o que acontece com a identidade alemã? Os problemas econômicos conduzem o processo de unificação por vias mais sóbrias? Ou o marco alemão é libidinosamente investido e emocionalmente valorizado de tal modo que uma convicção de tipo econômico-nacionalista solapa a consciência republicana? A questão está em aberto, mas ela se impõe tendo em vista o dano mental que a campanha dos partidos do Oeste já causou no território do Leste.

É difícil não escrever uma sátira sobre os primeiros efeitos de um rechonchudo nacionalismo do marco alemão. O chanceler, que se vangloria de seus atos, mostrou aos franzinos e honestos primeiros-ministros as condições sob as quais ele compraria a RDA: com base em uma política monetária, encoraja os eleitores a apoiar uma "aliança em prol da Alemanha", arrancando deles seu assentimento; utilizando-se da Constituição, preparou o caminho para a anexação pela via do Artigo 23 da GG [Lei Fundamental]; no que concerne à política externa, protestou contra a expressão "potências vencedoras" e levantou a questão das fronteiras ocidentais com a Polônia. Quando finalmente começou a compreender que o sr. Schönhuber poderia preservar as ficções jurídicas há muito caducadas por mais tempo do que ele próprio, então quis ao menos tirar dele um tema que podia ser atrativo aos radicais de direita no país: as "reparações", seja isso o que for. O descaramento de seu nacionalismo sustentado pelas cotações das bolsas acabava compensando ambas as coisas: as indenizações morais historicamente fundamentadas, às quais os poloneses tinham direito em virtude do trabalho forçado, e os direitos dos Estados vizinhos à garantia das fronteiras existentes contra a margem de ação da política financeira e contra a liquidez da terceira potência industrial, que pretendia incorporar as indústrias em desenvolvimento do RWG e mostrar-se preparada para essa transação. Somente *uma* unidade de conta para *todos* os temas. Os interesses alemães foram favorecidos e impostos pelo marco alemão. Certamente, pior do que esse código era a linguagem dos Stukas.* Ainda assim, essa exibição da musculatura alemã com certeza é obscena.

---

* Stuka era o nome popular dado ao Junkers Ju 87, um bombardeiro de mergulho utilizado pela força aérea alemã durante a Segunda Guerra Mundial. (N. T.)

A revolução recuperadora

I

Para compreender como foi possível chegar tão longe, é preciso fazer voltar a situação interna da República Federal até o instante em que ela gelou, como se diz em linguagem juvenil, diante da corrente migratória que cruzava as fronteiras húngaras e em reação à queda do muro. Apesar de toda retórica, quem de fato contava com algo como uma reunificação? E quem a queria, afinal? Em todo o caso, no ano de 1984, Willy Brandt afirmou em um concerto de câmara em München que a questão alemã estava resolvida; e o público ficou satisfeito. Do lado de fora do teatro, pelas ruas do país, o estado de ânimo não era tão diferente.

Em 1960, Karl Jaspers havia dito com palavras bem claras: "A história do Estado nacional alemão terminou. O que podemos oferecer na qualidade de grande nação [...] é o discernimento da situação mundial: que a ideia do Estado nacional é hoje a desgraça da Europa e de todos os continentes".[1] Naquela época, esse credo não era compartilhado somente por intelectuais liberais e de esquerda. Wolgang Mommsen, em um trabalho publicado em 1983, fez uma descrição diferente das "mudanças da identidade nacional dos alemães" na República Federal. Enquanto os políticos da primeira geração, os "pais da Lei Fundamental", ainda acreditavam poder dar continuidade, nos termos do Estado nacional, à tradição da República de Weimar e, com isso, ao Império pequeno-alemão de Bismarck sem uma problematização aprofundada, durante os anos 1960 e 1970 havia se formado entre grande parte da

---

1 Jaspers, *Freiheit und Wiedervereinigung*, p.53.

população uma autocompreensão pragmática que abandonava a questão da identidade nacional. De acordo com Mommsen, essa consciência era marcada por quatro elementos: pelo silenciamento quanto ao passado recente e pela definição antes de tudo anistórica da própria situação; depois, pela delimitação agressiva em relação aos sistemas do Leste da Europa, em especial a RDA, ou seja, pela manutenção da síndrome anticomunista historicamente enraizada; além disso, pela orientação aos valores e formas de intercâmbio da civilização ocidental, em especial da "potência protetora" Estados Unidos; e *last but not least* [por último, mas não menos importante], pelo orgulho de seus próprios feitos econômicos. Mommsen suspeita com razão que este último elemento, a autoconsciência de uma nação economicamente bem-sucedida, forma o núcleo da autocompreensão política da população da República Federal da Alemanha e seja o substituto para o orgulho nacional agora ausente. Daí se explica que a alta aceitação da Constituição e das instituições do Estado democrático de direito na verdade não está enraizada em convicções normativas:

> Entre os cidadãos da República Federal há uma forte inclinação [...] de ver o sistema parlamentar não, em primeira linha, como sustentação democrática para um desenvolvimento continuado das relações sociais, mas em confundir, por assim dizer, o sistema constitucional com a ordem social.[2]

Ainda que Mommsen toque nas discussões iniciadas nos anos 1970 sobre as alternativas entre a consciência nacional

---

2 Mommsen, *Wandlungen der nationalen Identität der Deutschen*, p.62.

da República Federal ou a de toda a Alemanha, ele chega a um resumo surpreendentemente inequívoco:

> Se não estivermos totalmente enganados, então a história da questão alemã retornou hoje à sua situação normal [...], a saber, (à) existência de uma cultural nacional alemã no centro da Europa, que está dividida em outros Estados-nação alemães. Tudo indica que a fase do Estado nacional como um todo, consolidada entre 1871 e 1933, limitou-se a um episódio na história alemã e que nós, certamente em um patamar superior, alcançamos a situação em que a Alemanha se encontrava depois de 1815, a saber, a de uma pluralidade de Estados alemães com a pertença a uma cultura nacional comum.[3]

Essa opinião de 1983 alinha W. Mommsen retrospectivamente àquele partido que luta por um patriotismo constitucional orientado à nação de cidadãos da República Federal da Alemanha. Pois, desde o final dos anos 1960, todos os conhecidos elementos da autocompreensão dos cidadãos da RFA, mesmo a consciência que tinham de si mesmos como uma nação econômica, foram questionados. O movimento de protesto estudantil pôs fim ao esquivamento de um passado nazista sumariamente condenado, mas amplamente colocado entre parênteses. Os tratados com o Leste (com o reconhecimento da RDA) e os êxitos iniciais da política de distensão fizeram ao menos hesitar o anticomunismo típico do país. A Guerra do Vietnã, o fortalecimento da CE [Comunidade Europeia] e

---

3 Ibid, p.76; cf. também Meuschel, Kulturnation oder Staatsnation, p.406-35.

a percepção da divergência de interesses entre Europa e Estados Unidos aumentaram a distância em relação a estes últimos. Desde então, a "identidade nacional" se tornou um tema de discussão pública. O consenso liberal, registrado no lema "dois Estados, uma nação", precisava ser explicitado e defendido contra os nacionalistas de esquerda nas margens do espectro formado pelos verdes e, sobretudo, contra os neoconservadores.

Estes últimos, em um clima de crises econômicas e confrontos sobre as políticas de segurança, remeteram a fraqueza da legitimação do sistema político, por eles suposta, à "perda da história" e à falta de autoconfiança nacional. Os esforços neoconservadores por uma procura de sentido compensatória, contudo, trouxeram diferentes acentos, dependendo de se o propagado "retorno à nação" estava talhado por uma identidade de cidadãos apenas da República Federal ou de toda a Alemanha; a "República Federal como pátria" era uma posição minoritária.

As novas concepções podiam se apoiar unicamente no elemento ainda intacto do orgulho pela reconstrução e pela força econômica da própria república. O "modelo alemão", que os social-democratas puseram ocasionalmente em jogo, teve alguma ressonância, mas sem grande significado além das estratégias nas disputas eleitorais. Porém, a tentativa de renovar um patriotismo tradicional, seja pela esquerda ou pela direita, tinha de encontrar alguma conexão com a identidade de uma nação em seu todo; por essa razão, ela não podia tornar um valor atribuído especificamente à República Federal o fundamento da autocompreensão de um nacionalismo baseado na economia. E os defensores de um patriotismo constitucional tiveram necessariamente de apostar todas as suas fichas

A revolução recuperadora

na identificação do valor próprio de uma nação de cidadãos surgida em 1949, evitando assim a superestima de dados *pré-políticos*, seja o povo como comunidade histórica de destino, a nação enquanto comunidade de linguagem e cultura, ou mesmo o sistema social e econômico como uma comunidade medida por seus feitos.

H. Honolka, com base em uma sondagem feita em 1987, mostrou que a mudança de mentalidade do cidadão da República Federal de fato se moveu nessa direção. O orgulho econômico, para o qual as pesquisas de opinião apontavam uma tendência crescente ao longo dos anos 1970, parece ter sido substituído em pesquisas recentes pela valorização da democracia:

> No conhecido estudo internacional dos politólogos americanos Gabriel A. Almond e Sidney Verba sobre cultura política, elaborado em 1959, o orgulho nacional ainda tinha primazia diante das características do povo e do sistema econômico, enquanto a identidade política de outras nações ocidentais, como Estados Unidos e Grã-Bretanha, era predominantemente baseada nas instituições políticas. Nesse meio-tempo, também os cidadãos da República Federal se aproximaram daquela identidade nacional considerada normal entre as nações do Ocidente. O orgulho das características políticas do sistema foi cada vez mais ganhando a dianteira.[4]

Os dados também não estão em contradição com essa tendência, pois confirmam que o orgulho nacional dos alemães se forma de maneira comparativamente fraca. No decorrer da

---

[4] Honolka, *Die Bundesrepublik auf die Suche nach ihrer Identität*, p.104. Cf. também Conradt, Changing German Political Culture, p.212-72.

década de 1980, reforçaram-se as evidências em favor da concepção que M. R. Lepsius apresentou com clareza no 24º Congresso de Sociologia:

> Uma mudança essencial na cultura política da República Federal está diretamente ligada à aceitação de uma ordem política que, nas formas concretizadas segundo o Estado de direito, determina-se e legitima-se mediante direitos de participação individuais. Em contraposição a isso, enfraqueceu-se a ideia de que uma ordem política se vincule a um valor coletivo intrínseco de uma nação delimitada por características étnicas, históricas e culturais na qualidade de "comunidade de destino". O aspecto peculiar de um "patriotismo constitucional", a anuência a uma ordem política constituída por direitos de autodeterminação e sua delimitação diante da ideia de uma "comunidade de destino" étnica, cultural e coletiva são o resultado central da deslegitimação do nacionalismo alemão.[5]

Essas palavras revelam a satisfação de toda uma geração de intelectuais alemães do pós-guerra. Elas antecipam em apenas um ano a abertura do muro, com a qual de repente se abriu a perspectiva de unificação de dois dos três Estados que sucederam o "Grande Império Alemão". Com isso, a República Federal, em relação à qual Lepsius (e muitos de nós) há pouco tempo pôde afirmar que seria uma "coletividade política pós-nacional", foi lançada de volta ao passado de um Estado nacional que muitos de seus cidadãos achavam ter sido superado?

---

5 Lepsius, Das Erbe des Nationalsozialismus und die politische Kultur der Nachfolgesstaaten des "Großdeutschen Reiches". In: Haller et al. (eds.), *Kultur und Nation*, p.245 ss.

A resposta a essa pergunta depende também de como se entoou o processo de unificação estatal, ou seja, a mobilização dos sentimentos de um lado e do outro. Pois, da perspectiva da Alemanha como um todo, suprime-se aquela barreira que até agora havia impedido que os componentes repelidos do orgulho econômico da República Federal se instalassem na identidade nacional. Considerando a união monetária Alemanha-Alemanha, todos os alemães poderiam finalmente se identificar com a potência de um império ampliado do marco alemão. A "aliança em prol da Alemanha" parece mesmo ter desabrochado esse terreno improdutivo de sentimentos, em que da arrogância de uma supremacia econômica brotam flores nacionalistas.

O imperialismo clássico havia canalizado de outro modo sentimentos semelhantes. Naquele tempo, a conquista territorial e a segurança militar da indústria nacional deviam ser as primeiras a abrir os mercados. No emaranhado sensível de uma economia mundial interdependente, que não conhece fronteiras nacionais, o próprio poder do mercado se torna um despertador nacional. Um novo nacionalismo econômico trocaria suas feições marciais pelo gesto conservador do promotor amigável e condescendente do desenvolvimento. Isso superaria também a ideia de compensação dos neoconservadores. Pois a consciência nacional renovada não poderia sempre *compensar* os encargos de uma modernização capitalista suavizada pelo Estado social; uma consciência nacional, que encontra sua expressão simbólica na força do marco alemão, teria antes de abafar a voz dos interesses esclarecidos e levar os céticos cidadãos orientados pela economia a fazer, *em sua própria linguagem*, esforços e renúncias coletivos.

II

Essas são considerações sobre uma mudança de identidade dos alemães reunificados, a qual se tornou *possível* na constelação atual. Não estou afirmando que alguém *aspire* a um nacionalismo econômico desse tipo. Mas a política da Alemanha, que o chanceler vem perseguindo com determinação desde o início, vem ao encontro dessa mudança de mentalidade. A declaração de dez pontos do chanceler alemão já nos permite perceber certa impaciência para avançar no caminho de uma unidade nacional — menos por seu conteúdo do que pela circunstância de que etapas nesse caminho estão finalmente sendo operacionalizadas. Mas a retórica dessas primeiras semanas depois do 9 de novembro pode deixar ainda em aberto a alternativa entre uma solução verdadeiramente europeia da questão alemã e uma política de iniciativa própria. No fundo, a alternativa ainda não é clara. A reiteração de uma solução europeia oferece uma fórmula vazia que cada um podia preencher como desejasse. Naquelas semanas iniciais, não apenas os vizinhos europeus e as duas superpotências, mas também os porta-vozes da oposição à RDA e uma parte predominante da população da Alemanha Ocidental viram o processo de unificação em uma perspectiva temporal, a partir da qual, de certa maneira, parecia se impor de modo um tanto evidente um primado procedimental da unificação europeia. Contudo, parecia haver a opção de planejar passos operativos para um período em que o caráter estatal da RDA — inclusive segundo uma confederação já efetuada — manter-se-ia conservado, de modo que o difícil processo de alinhamento econômico se realizaria sob um teto europeu.

A revolução recuperadora

Nesse cenário, que reserva à Comunidade Europeia um importante papel, interessa-me, sobretudo, o papel político desonerado que a República Federal da Alemanha havia podido desempenhar como promotora de uma ajuda econômica europeia coordenada *para todos* na transformação que estava prestes a ocorrer nos países do Centro e do Leste da Europa. Ao invés de colocar no mesmo barco, em virtude de um procedimento imprudente, os compatriotas alemães conectados pelo direito constitucional e uma precipitada união monetária Alemanha-Alemanha, a República Federal, na qualidade de maior potência da Comunidade Europeia, tinha de poder apelar à solidariedade de *todos* os europeus e à obrigação histórica da Europa Ocidental em relação a *todos* os vizinhos do Centro e do Leste Europeu. Sem sofrer prejuízos, a República Federal teria podido fazer frente a suas obrigações especiais entre Alemanha-Alemanha pela transferência de capital (até agora evitada) em favor da construção de infraestrutura na RDA. Essa consideração se volta para uma conjuntura histórica e se limita a relembrar uma opção que ainda não havia sido exposta a objeções normativas. Tal política teria privilegiado somente nossos compatriotas em detrimento dos cidadãos dos países vizinhos do Leste que se encontram em situação semelhante, e na medida em que isso se compreende por si mesmo quando se trata da relação entre Estados da mesma nação – e por se tratar de algo que também teria sido compreendido pelos outros. A prudência política já ensina que um mero deslocamento do terreno do bem-estar social de Elba a Oder e Neisse conduz à suspeita nacionalista dos Estados vizinhos atrasados em relação à Alemanha reunificada. Mas a alternativa europeia era recomendável sobretudo porque poderíamos ter levado a sério a retórica da não tutela e da não interferência. Contudo, sem um intervalo e um espaço de manobra em que fosse possível formar uma esfera pública política *própria*, a primeira eleição livre se degeneraria em uma "luta dos partidos da República Federal pela RDA" (H. Rudolph, *SZ* de 8 de março de 1990).

Depois de sua visita a Dresden, o chanceler alemão logo se decidiu por uma dupla estratégia de evidente desestabilização e de rápida anexação da RDA para tornar a República Federal o senhor do procedimento e, ao mesmo tempo, se livrar dos atritos internacionais. Não resta dúvida de que o governo alemão quer poder iniciar as difíceis negociações sobre a redistribuição dos encargos entre os parceiros da Comunidade Europeia, sobre um sistema de segurança modificado e sobre as regulações do acordo de paz assumindo a forte posição em favor de uma efetiva anexação econômica e política. Assim, de um lado, o governo alemão pressionou o tempo; ele dramatizou com eficácia o número de imigrantes, embora ninguém soubesse por quais motivos teriam sido induzidos a migrar. De outro lado, ele só podia alcançar o objetivo da anexação, ou seja, uma unificação sujeita às condições da República Federal, se desgastasse a RDA e conseguisse a maioria necessária para uma adesão pela via do Artigo 23 da Lei Fundamental.

A desestabilização gerada pelos traços macabros dos rumores de Teltschik não se referia de modo algum apenas aos vestígios do antigo regime, mas àquela oposição que havia apoiado o regime e, sobretudo agora, estava interessada em uma transformação das estruturas de dentro para fora, a saber, uma autoestabilização e uma autorreflexão. Somente assim se explicam a deslegitimação constante da Mesa Redonda e a brusquidão em relação ao governo Modrow, que com certeza, como dois juízes constitucionais constataram, obtiveram legitimidade mesmo segundo nossos próprios critérios "quando foram apoiados pela Mesa Redonda e pelos grupos de oposição representados no governo. Mas isso significa que o antigo sistema foi liquidado – substancialmente, apenas a execução dessa liquidação ainda está por vir. Não há mais necessidade, por pressão do tempo, de ocultar seus 'êxitos'" (*Der Spiegel*, 10/1990). Foi exatamente isso que fez o governo da República Federal. Ele se fechou contra o auxílio econômico para a construção de infraestruturas, o qual de qualquer maneira teriam de oferecer para a melhora das condições de valorização do capital privado investido na RDA.

Para conquistar o assentimento dos eleitores da RDA, a aliança CDU/CSU se promoveu com seu charme característico. Caso se tratasse apenas do enfraquecimento do antigo regime, decerto o chanceler não teria se ocupado pessoalmente em forçar um grupo de oposição como o Demokratischer Aufbruch [Despertar Democrático] a fazer uma aliança com o partido desacreditado do bloco para então liderar uma disputa eleitoral em que, contrariando toda a verdade histórica, o refundado SPD misturou tudo junto com os sucessores do SED [Partido Socialista Unificado da Alemanha]. Assim, mobilizou-se as massas (segundo uma reportagem do *SZ* de 7 de março de 1990, p.12) que, na manifestação organizada pela USD [União Social Alemã] diante da Ópera de Leipzig, entraram em confronto com a oposição estudantil sob gritos como "fascistas vermelhos", "terroristas de esquerda", "corja vermelha" e "fora vermelhos". Do resto se ocuparam pessoas como Schnur e Ebeling, ocupou-se a promessa de um milagre econômico certificado pelas reprises de Ludwig Erhard, a qual uma união monetária de aparência prepotente deveria tornar realidade. A população da RDA, durante quarenta anos, teve de votar a favor dos detentores de poder no governo. Kohl deixou bem claro para essa população que é melhor continuar votando no governo detentor do poder.

Um pouco mais louvável foi o papel do SPD que, quando as coisas andavam mal, teve de perguntar em seu Congresso de Berlim se não havia cometido um erro histórico por temer o novo papel de camarada sem pátria. Nada a dizer sobre Willy Brandt; foi o partido que o enviou à praça do mercado da RDA. É bem compreensível que o SPD não quisesse deixar aos jovens fundadores do SDP,* cuja mentalidade lembra o partido pangermânico de Heinemann no início dos anos 1950, seu nome tão rico em tradição sem interferir pelo menos um pouco na identidade do novo partido. Com ainda mais razão se compreende os sentimentos que acometeram os velhos camaradas no triângulo histórico formado por Gota, Erfurt e Leipzig. E é ingenuidade objetar o oportunismo de um partido político que conta em conquistar maioria. Contudo, ainda que justas, essas razões não bastam para que ignoremos outras considerações – ou mesmo para não distinguir ou aclamar tanto Willy Brandt quanto Oskar Lafontaine de uma só vez. Quando o SPD decidiu disputar com o CDU/CSU o lugar de primeiro partido a representar toda a Alemanha, manipulando os sentimentos nacionalistas em interesse próprio, ele não apenas traiu suas melhores tradições, como também ajudou a formar aquela camada de névoa atrás da qual desapareceu a alternativa da República Federal mais adequada para a política alemã. Mesmo o SPD ignorou a recomendação da Mesa Redonda de restringir

---

* SDP era a sigla inicial utilizada pelo Partido Social-Democrata na RDA. Apenas a partir de janeiro de 1990 o Partido Social-Democrata (da Alemanha) passa a utilizar a sigla SPD. (N. T.)

A revolução recuperadora

a disputa eleitoral importada do Oeste. Mais ainda, aconselhou seus camaradas a rejeitar alianças eleitorais, que para os grupos de oposição de esquerda seria a única oportunidade de se estabelecerem por todo o país. Certamente, isso também corresponde às regras da disputa habitual pelo poder entre os partidos políticos. Mas essas regras pressupõem uma situação habitual em que não devem ser impostas de fora e muito menos discriminar aqueles que fizeram a revolução na primeira fila.

A política dos fatos consumados ainda não alcançou sua meta; a mentalidade, sobre a qual ela constrói e promove suas estratégias, ainda não foi imposta; a disputa eleitoral na República Federal ainda não começou.

No que concerne a nós, cidadãos da República Federal, parece ainda haver confiança naquela mescla de egoísmo esclarecido de cidadãos orientados pela economia [*Wirtschafsbürger*] e altruísmo gratuito de cidadãos do Estado [*Staatsbürger*], a qual deu ocasião para ser exultada por R. Dahrendorf:

> Os satisfeitos acham ótimo que agora as coisas vão bem no Leste, mas é melhor que as pessoas fiquem por lá. E se não há mais muro, então é preciso reunificar. Talvez até retornem alguns deles que, sem se incomodar com o estado de seus *trabis*,* receberam as placas da TÜV [Associação de Inspeção Técnica de Veículos] e, além disso, ainda ocupam os albergues juvenis locais durante as férias escolares [...]. Neste contexto, nacionalismo é um termo completamente equivocado. Mas então o que aconteceu com os alemães?[6]

---

* *Trabi*: nome dado ao carro popular da Alemanha oriental. (N. T.)
6 *Merkür*, março de 1990, p.231.

311

Não quero derramar água no vinho ao me referir ao clima que desde então tem se tornado visivelmente mais amargo, sobretudo nos "albergues juvenis locais" e em seus entornos. Mas a premissa dos cidadãos orientados pela economia, segundo a qual o altruísmo dos cidadãos do Estado tem de ser neutro no que concerne aos custos, só vale para períodos tranquilos. Em tempos conturbados, o que será da mentalidade que os cidadãos da República Federal adquiriram de fato ao longo de quarenta anos? Eram os outros que se ocupavam de seus problemas de identidade: os políticos na segunda-feira e os intelectuais também durante a semana. Os cidadãos da República Federal *haviam* desenvolvido uma autocompreensão não nacionalista e um olhar sóbrio acerca do que o processo político proporciona a cada um em *cash*, em valores de uso. O que aconteceu com essa disposição sob a pressão de uma política que, ao dissimular a insegurança com arrogância, contribui diretamente com um Estado nacional para toda a Alemanha?

Essa política já conseguiu uma coisa: que a questão nacional se contraponha de novo à questão da igualdade republicana e da justiça social. Quem não mantém grandezas políticas como a da nacionalidade em estreita consonância com o espírito universalista dos direitos civis gera colisões perigosas. Diante da eleição municipal em Bayern, mesmo a CSU apoiou com mão esquerda direitos sociais para migrantes, enquanto com a mão direita continuou denunciando o insolidário Lafontaine, que há muito tempo tem sido ele próprio responsável por propagar essa imagem, só que por outras razões. Lafontaine demonstrou desde cedo ter olho para confusões normativas quando advertiu sobre o perigo em relação ao entusiasmo alemão e exigiu direitos iguais para exilados e imigrantes. A política da iniciativa própria corre o risco de lançar os cidadãos em um dilema axiológico, que na Alemanha tem uma história triste. Uma vez que a premissa do cidadão orientado pela economia a respeito da neutralidade de custos não pode mais ser mantida, a grande "aliança em prol da Alemanha" poderia representar a falsa saída desse dilema. Ela poderia prosseguir sua disputa eleitoral no solo da República Federal com variações mais amenas, exigindo aqui um esforço maior dos cidadãos em nome de uma identificação nacionalista com a ampliação do "Império do marco alemão", do qual, como se sabe, até hoje viveu muito bem.

III

A alternativa para esse tipo de nacionalismo econômico é a consolidação daquele componente de nossa autocompreensão, com o qual nos anos 1980 "também os cidadãos da República Federal se aproximaram da identidade nacional típica do Ocidente". Uma identificação com os princípios e instituições de nossa Constituição, no entanto, exige uma agenda para o processo de unificação na qual seja priorizado o direito de autodeterminação dos cidadãos exercido no quadro de uma esfera pública política não ocupada pelo poder nem submetida a ele; mais precisamente, um direito político que tem prioridade em relação a uma ardilosa anexação efetuada em última instância somente por meios administrativos, a qual ignora a condição mais essencial para a constituição de uma nação de cidadãos, a saber, o ato público de uma decisão democrática adequadamente ponderada por ambos os lados da Alemanha. Esse ato de fundação só pode ser efetuado com consciência e vontade se desistirmos de levar a cabo a reunificação apenas com base no Artigo 23 da nossa Lei Fundamental (que prevê a mera entrada de "outras partes da Alemanha").

Não menosprezo o peso das razões que falam em favor da conservação de uma Constituição comprovada. Mas as expectativas de estabilidade não podem substituir as reflexões normativas. É curioso observar como precisamente aqueles que se apoiam no Artigo 23 como via para a reunificação durante décadas insistiram no preâmbulo da Lei Fundamental. Daí ser inequívoco o porquê da Lei Fundamental se chamar "Lei Fundamental" e não "Constituição": ela deveria fornecer à vida política dos estados federados "uma nova ordenação por um período de transição", a saber, até o momento em que seja possível "realizar a unidade e a liberdade da Alemanha mediante livre autodeterminação". Mas se a RDA, como em seu tempo ocorreu com o estado de Saar, ingressa de acordo com o Artigo 23 da Lei Fundamental sem alteração alguma, com esse modo escolhido de unificação confirma-se implicitamente o que todos os revanchistas já sabiam: "Essa Lei Fundamental perde sua força no dia em que entrar em vigor uma Constituição que tenha sido escolhida livremente pelo povo alemão". Uma decisão livre de *todo* povo alemão não poderia de fato significar a mesma coisa que um "ingresso" da RDA; pois assim os cidadãos da República Democrática teriam de deixar essa decisão aos deputados da RDA. Quando teria chegado o dia previsto pelo Artigo 146 senão agora? Ainda estamos esperando a Prússia Oriental e a Silésia? Se quisermos evitar esse equívoco, como suponho ter havido na resolução do Parlamento sobre as fronteiras com a Polônia, seria preciso riscar o último Artigo e o Preâmbulo da Lei Fundamental e despi-la de seu caráter provisório. Porém, essas alterações só provam que o "ingresso" da RDA não é suficiente para satisfazer o que se deve – a unificação de duas partes em um *todo*. Um ingresso pelo Artigo 23 "esvaziaria" o Artigo 146; isso contradiz o princípio metódico de interpretar cada prescrição individual sob o aspecto da unidade da Constituição.

Manipulações pela frente ou por trás e uma interpretação problemática do Artigo 23 da Lei Fundamental seriam apenas o preço jurídico a ser pago por uma política da prestidigitação. Mais grave é o preço político, e ele poderia virar uma hipoteca para as próximas gerações. Não teríamos somente perdido a oportunidade de melhorar uma boa Constituição, embora naquela época ainda não tivesse sido legitimada por referendo, perderíamos também o momento histórico para efetivar o processo de unificação estatal claramente conscientes da constituição de uma nação de cidadãos.

Se não nos libertarmos das representações difusas do Estado nacional, se não nos livrarmos das muletas pré-políticas da nacionalidade e da comunidade de destino, não poderemos prosseguir despreocupadamente o caminho a ser longamente seguido de uma sociedade multicultural, o caminho de um Estado alemão regionalmente distribuído com fortes competências federativas, sobretudo o caminho de um Estado composto de várias nacionalidades, que é próprio de uma Europa unificada. Uma identidade nacional, que não se apoia em primeira linha sobre uma autocompreensão republicana talhada por um patriotismo constitucional, colide com as regras universalistas de convivência de formas de vida coexistindo em pé de igualdade; ela colide também com o fato de que a integração estatal se efetua hoje simultaneamente em três âmbitos: no país, na Federação e na Comunidade Europeia. Pela via do Artigo 23, os cidadãos podem somente *sofrer* o processo de unificação. Já a via de um Conselho Constituinte, por outro lado, impediria uma política de fatos consumados, concedendo aos cidadãos da RDA talvez uma pausa para autorreflexão e deixando mais tempo para uma discussão sobre o primado de pontos de vista europeus.

Apenas o referendo sobre uma proposta constitucional, mais precisamente sobre a alternativa entre um Estado alemão único e uma federação que permitisse à República Federal manter a Lei Fundamental, daria a *todos* os cidadãos a chance de dizer não. Pois o referendo torna possível o voto quantificado da minoria; com isso, a decisão da maioria se torna pela primeira vez um ato efetuado de forma consciente que poderia ser cristalizado na autocompreensão republicana de gerações futuras. Apenas em consideração a alternativas diante das quais fosse possível decidir livremente tomaríamos consciência de um sentimento já muito difundido entre os jovens: que a constituição de uma nação de cidadãos nos territórios da República Federal e da RDA não pode ser *prejudicada* por dados pré-políticos da comunidade de linguagem, da cultura ou da história. Por essa razão, os cidadãos querem ao menos ser consultados.

Considero totalmente equivocada a argumentação de meu amigo Ulrich Oevermann ao defender a tese de que "os processos revolucionários na RDA recolocaram a tarefa *inacabada* de constituição de um Estado político de tipo nacional".[7] Tratar-se-ia de uma revolução "recuperadora", mas não considerando uma sociedade e um Estado democrático de direito, e

---

7 Oevermann, Zwei Staaten oder Einheit? *Merkur*, fevereiro de 1990, p.92

sim tendo em vista uma nação tardia, que finalmente se consolidaria no Estado nacional. Precisamente ao recusar de maneira tão decidida a "transposição do político para o plano da cultura e do espírito", como faz Oevermann, torna-se inconsequente borrar a distinção elaborada por M. R. Lepsius entre nação de cidadãos e nação de um povo. Diferente dos clássicos Estados-nação do Ocidente, nos Estados que se seguiram ao antigo Império alemão ou ao pequeno Império de Bismarck, a comunitarização política dos cidadãos nunca coincidiu com os dados pré-políticos de uma "nação unitária em termos histórico-materiais", para a qual Oevermann apela. Como notou Lepsius, aqui havia tensões agudas entre as "referências políticas do povo como portador dos direitos de dominação política" e as "referências [pré-políticas] do povo como unidade étnica, cultural e socioeconômica":

> O reconhecimento dessas relações tensas é a base para uma sociedade civil que se autolegitima de forma democrática. Toda equiparação do *demos* como portador da soberania política com um *ethnos* específico tem por resultado uma repressão ou uma assimilação coercitiva de outras partes étnicas, culturais, religiosas ou socioeconômicas da população no interior de uma associação política. Foi assim que no Império alemão depois de 1871 tentou-se germanizar a Polônia nas províncias alemãs do Leste, teutonizar a Alsácia-Lorena, discriminar os católicos e os social-democratas como nacionalmente duvidosos – ultramontanos e internacionalistas [...]. Dependendo de quais características são empregadas para preencher as categorias nominais dos cidadãos do Estado, seguem-se casos altamente distintos de discriminação, pois o mandato de igualdade entre os cidadãos experimenta uma

refração de acordo com as propriedades adicionadas: a igualdade étnica, a igualdade religiosa, a igualdade cultural ou a igualdade racial. O exemplo mais extremo de refração de normas de igualdade entre cidadãos do Estado, ocorrida pela introdução de outros critérios para garantir a igualdade política, é o da legislação nacional-socialista sobre os judeus, pela qual cidadãos alemães de origem judaica foram privados de seus direitos de igualdade.[8]

Somente nesse contexto o tema Auschwitz ganha relevância para a consciência na qual se realiza o processo de unificação social. É totalmente infundado trazer à tona Auschwitz como uma espécie de dívida metafísica que poderia ser sanada concretamente pela perda da Prússia Oriental e da Silésia, como pensa Karl Heinz Bohrer. Tampouco serve de alavanca para o nacionalismo negativo de uma comunidade de destino, que Oevermann quis converter em base de um sujeito a ser responsabilizado (só agora?) no quadro do Estado nacional. Não importa o território em que estejam instalados, Auschwitz pode e deve lembrar os alemães de outra coisa: que não podem se fiar às continuidades de sua história. Diante daquela monstruosa ruptura de continuidade, os alemães não podem mais fundar sua identidade política em algo outro que não fossem os princípios constitucionais burgueses, em cuja luz as tradições nacionais são avaliadas e podem ser apropriadas de forma crítica e autocrítica. A identidade nacional perde seu caráter substancial e natural; ela *existe* unicamente no modo da disputa pública, dis-

---

8 Lepsius, Ethnos und Demos, *Kölner Zeitschrift für Soziologie und Sozialpsychologie*, p.753; para uma crítica da ideia de nação de cidadãos, cf. Estel, Gesellschaft ohne Nation?, *Sociologia Internationalis*, p.197 ss.

cursiva, em torno da interpretação de um patriotismo constitucional sempre concretizado em nossas condições históricas.[9]

Em seu artigo "Wahnbild Nation" [Nação como delírio], Reinhard Merkel toca no ponto:

> Até hoje a lição do Esclarecimento, da Revolução Francesa ou de Ernest Renan tem sido recusada pelos intelectuais alemães nacionalistas: que em Estados democráticos – se é que isso ainda significa algo – "nação" não pode ser uma delimitação da singularidade do povo em relação aos de fora. Mas antes o símbolo de um "plebiscito diário", que ocorre no interior da sociedade, em prol da participação democrática na auto-organização política. (*Die Zeit*, 9 de março de 1990, p.52)

IV

Contudo, Karl Heinz Bohrer pressente na autocompreensão do patriotismo constitucional um moralismo, do tipo que arranca das grandes obras de arte o que lhe é temível, que nos leva a "reprimir todos os elementos da tradição psíquica e cultural que formam concretamente as identidades, porque tal tradição supostamente preparou a consciência que possibilitou, enfim, o holocausto" (*FAZ*, 13 de janeiro de 1990). Ele parece se referir nessa passagem às fontes de inspirações neofrancesas, como Carl Schmitt, Martin Heidegger ou Ernst Jünger. Mas já o lugar de publicação no qual Bohrer expõe suas reservas desmente sua hesitação. Que o confronto

---

9 Habermas, Geschichtsbewußtsein und posttraditionale Identität, p.159-79.

crítico com nossa herança tivesse de levar a esse tipo de tabu ou mesmo exclusão é algo que, todavia, me escapa. O próprio Bohrer menciona a "herança irracionalista" de Friedrich Schlegel, Novalis e Nietzsche. Eu me pergunto a quem teria ocorrido a brilhante ideia de *não* continuar a tradição do *primeiro romantismo* e a crítica do Esclarecimento de nosso mais incrível *Aufklärer*. Isso é uma luta contra fantasmas. Contudo, ele pode esquecer no passado aquela herança dos intelectuais do contraesclarecimento e teutômanos, que desde Franz Baader e Adam Müller, desde Ernst Moritz Arndt e J. F. Fries adquiriram uma força politicamente marcante para a mentalidade dos alemães. Esse partido, que foi tão satirizado por Hegel e Heine, Engels e Marx,[10] forma, como se sabe desde *Händlern und Helden* [Comerciantes e heróis], de Werner Sombart, uma constante na vida espiritual alemã. Em toda vaga nacionalista – depois de 1813, depois de 1848, depois de 1871 e 1914, para não mencionar muitas outras datas – sempre surgem novas gerações de intelectuais movidos pelo destino. Essa corrente de energia, que se condensou nas "ideias de 1914", não se regeneraria com as mais recentes vagas nacionalistas. Essa é uma questão de higiene espiritual, não de recalque. Bohrer reclama da colonização de nossa consciência, da epidemia de uma notória perda de memória, de provincianismo cultural. Afinal, na República Federal, não recepcionamos nossa herança espiritual pela primeira vez *em toda a sua extensão* sob a influência de Heine e Marx, de Freud e Mach, Bloch e Benjamin, Lukács e Wittgenstein, não fizemos valer essa herança pela primeira vez em seus motivos mais radicais? É preciso recorrer à fagulha espiritual de uma cultura

---

10 Losurdo, *Hegel und das deutsche Erbe*.

judaico-alemã conservada na emigração para ver que a Alemanha "vinculou-se não apenas economicamente, mas também culturalmente ao Ocidente. Com outras palavras, sua força consiste precisamente em que aqui foi possível desenvolver uma cultura internacional, que, não obstante, deu forma aos alemães".[11]

Não deveríamos fazer relações apressadas entre grandezas nacionais e produtividade espiritual. Karl Heinz Bohrer é um ensaísta brilhante e um esplêndido crítico literário. Ele persegue com louvável intransigência, do primeiro romantismo ao surrealismo, os vestígios do caráter insondável da experiência estética. Ele é fascinado pelo grande gesto da amoralidade. Nesse gesto, testemunha-se a autonomia de uma arte que rompeu a comunicação com o bom e o verdadeiro. Porém, Bohrer também sabe que essa transgressão se sustenta "apenas na cabeça". Por que trocaríamos uma arte cerebralizada, que poderia ser estudada em Gottfried Benn, pela barriga da nação? A estetização do político é uma das piores razões para defender "que devemos voltar a ser uma nação". Os intelectuais logo seriam prejudicados se conservássemos o pódio nacionalista a partir do qual poderiam unicamente proferir seus discursos.

Na medida em que os alemães se tornaram culturalmente provincianos, eles deveriam assumir a própria culpa e não esperar que o almejado simbolismo de uma capital do Império ressuscitada os ajude a colocar sua produtividade de pé. A "estética do Estado", que com boas razões deixou de existir desde Louis Philippe, não receberá impulso algum considerando que, além de Kohl e Waigel, só turíngios e saxões poderiam,

---

[11] Mommsen, op. cit, p.83.

sobre as ruínas do Parlamento, hastear a bandeira de um novo nacionalismo econômico.

O medo de tornar tabu o que é próprio de nossa cultura nacional tem em outros lugares um sentido muito distinto. Primeiro, faz-se uma aproximação entre o passado da Stasi e o passado nazi para então entornar ambos na lata de lixo de uma história encoberta pelo silêncio. "Ohne Spruchkammern" [Sem tribunal de desnazificação] é o título de um editorial em que se revela o sentido retroativo subjacente a essa súbita generosidade:

> Dessa vez, não deveríamos falar de "enfrentamento" com o passado. Mesmo a palavra da moda "recalque" [...] deve continuar fora do jogo. Muito menos a reles suposição de uma "incapacidade para o luto" como a causa anímica constitutiva da teimosia e do recalque [...]. A insistência em tal "enfrentamento" logo passou de uma pretensão moral para algo amoral. Cada vez ficou mais claro que esse termo foi usado para produzir uma complacência política que promovesse as pretensões do poder. (*FAZ*, 6 de fevereiro de 1990)

O que isso significa em texto simples, foi explicado oportunamente pelo *Rheinische Merkur* (em sua coluna de convidados de 24 de novembro de 1989). Com a ajuda da bancarrota do socialismo de Estado, conseguiu-se pôr um ponto final: "Perde a paixão antifascista ('Antifa'), esse aprofundar-se no enfrentamento com o passado, seu lugar privilegiado, pressionada pelo peso do presente?". O antifascismo, de cujo espírito unicamente o Estado democrático de direito podia renascer depois de 1945, e as organizações Antifa do socialismo de Estado, que foram escavadas de maneira propagandística, são finalmente coisa do passado.

Não é casual que essa desavença obscena seja reanimada no momento em que Gorbachev retira do anticomunismo todo o seu potencial estimulante. A fachada daquele consenso antitotalitário composto sempre de maneira peculiarmente assimétrica, que pareceu unir durante muito tempo a população da República Federal, foi definitivamente estilhaçada. Nesse contexto, os administradores do anticomunismo fazem um último esforço e oferecem um acordo: a discrição deve reinar de ambos os lados. Como se a esquerda não comunista na República Federal pudesse estar interessada em estender sobre a parte do stalinismo, que no caminho para a RDA também se tornou parte da história alemã, o manto do silêncio comunicativo.

No discurso sobre seu próprio país, Peter Sloterdijk confronta-se com o "silêncio alemão", inclusive com aqueles que mais foram silenciados, os "antigos porta-vozes do Império", os "grandes oradores de outrora que foram exonerados". Em seguida, ele se volta a seus companheiros de geração: "Quem, depois de 1945, nasceu na Alemanha, deveria ter claro que as gerações posteriores, para estarem propriamente no mundo, precisam, olhando para trás, romper em pontos decisivos o silêncio de seus antepassados".[12]

---

12 Sloterdijk, *Versprechen auf Deutsch*, p.52.

Referências bibliográficas

ADORNO, T. W. Vernunft und Offenbarung. In: _____. *Stichworte*. Frankfurt am Main: Suhrkamp, 1969.

ALEXY, R. *Theorie der Grundrechte*. Baden-Baden, 1985.

BENHABIB, S. The Generalized Other and the Concrete Other. In: BENHABIB, S. e CORNELL, D. (org.). *Feminism as Critique*. Minneapolis, 1987.

BRÜCK, W. *Frankfurter Rundschau*, 26 de setembro de 1987.

CONRADT, D. P. Changing German Political Culture. In: ALMOND, A.; VERBA, S. (eds.). *The Civil Culture Revisited*. Boston, 1980.

ESTEL, B. Gesellschaft ohne Nation? *Sociologia Internationalis*, 2, 1988.

FOURIER, Ch. *Theorie der vier Bewegungen*. Frankfurt am Main, 1966.

GRIEWANK, K. *Der neuzeitliche Revolutionsbegriff*. Frankfurt am Main: Suhrkamp, 1973.

GÜNTHER, K. *Der Sinn für Angemessenheit*. Frankfurt am Main, 1988.

_____. *Ein normativer Begriff der Kohärenz für eine Theorie de juristischen Argumentation*. Manuscrito, 1989.

_____. Günther, Ein normativer Begriff der Kohärenz. *Rechtstheorie*, 20, 1989.

HABERMAS, J. *Theorie und Praxis*. Frankfurt am Main: Suhrkamp, 1971. [Ed. bras. *Teoria e práxis*. Trad. Rúrion Melo. São Paulo: Editora Unesp, 2013].

HABERMAS, J. *Vorstudien und Ergänzungen zur Theorie des kommunikativen Handelns*. Frankfurt am Main: Suhrkamp, 1984.

_____. Vorlesungen zu einer sprachtheoretischen Grundlegung der Soziologie. In: _____. *Vorstudien und Ergänzungen zur Theorie des kommunikativen Handelns*. Frankfurt am Main: Suhrkamp, 1984.

_____. Die Krise des Wohlfahrtstaates und die Erschöpfung utopischer Energien. In: _____. *Die Neue Unübersichlichkeit*. Frankfurt am Main: Suhrkamp, 1985. [Ed. bras. A crise do Estado de bem-estar social e o esgotamento das energias utópicas. In: *A nova obscuridade*. Trad. Luiz Repa. São Paulo: Editora Unesp, 2015.]

_____. *Eine Art Schadensabwicklung*. Frankfurt am Main: Suhrkamp, 1987.

_____. Geschichtsbewußtsein und posttraditionale Identität. In: _____. *Eine Art Schadensabwicklung*. Frankfurt am Main: Suhrkamp, 1987.

_____. Volkssouveränität als Verfahren. In: _____. *Die Ideen von 1789*. Frankfurt am Main: Suhrkamp, 1989. [Ed. bras. Soberania popular como procedimento. In: *Facticidade e validade*. Trad. Felipe Gonçalves Silva e Rúrion Melo. São Paulo: Editora Unesp, 2020.]

HÖFFE, O. *Politische Gerechtigkeit*. Frankfurt am Main: Suhrkamp, 1987.

HONOLKA, H. *Die Bundesrepublik auf die Suche nach ihrer Identität*. München, 1987.

JASPERS, K. *Freiheit und Wiedervereinigung*. München, 1960.

JAY, M. *Marxism and Totality*. Berkeley, 1984.

KESTING, H. *Geschichtsphilosophie und Weltbürgerkrieg*.

KLÖNNE, A. Wieder normal werden? Entwicklungslinien politischer Kultur in der Bundesrepublik. In: OTTO, H. U.; SÜNKER, H. (orgs.). *Soziale Arbeit und Faschismus*. Bielefeld, 1986.

LEPSIUS, M. R. Ethnos und Demos. *Kölner Zeitschrift für Soziologie und Sozialpsychologie*, 4, 1986.

_____. Das Erbe des Nationalsozialismus und die politische Kultur der Nachfolgesstaaten des "Großdeutschen Reiches". In: HALLER et al. (eds.). *Kultur und Nation*. Frankfurt am Main, 1989.

LOSURDO, D. *Hegel und das deutsche Erbe*. Köln, 1989.

MARCUSE, H. *Die Gesellschaftslehre des sowjetischen Marxismus. Schriften*, Bd. 6. Frankfurt am Main: Suhrkamp, 1989.
MARX, K.; ENGELS, F. *Werke*. v.4. Berlin, 1959.
MEUSCHEL, S. Kulturnation oder Staatsnation. *Leviathan*, 1988, 3.
MOMMSEN, W. Wandlungen der nationalen Identität der Deutschen. *Nation und Geschichte*. München, 1990.
NAUCKE, H. *Zeitschrift für gesamte Staatswissenschaft*, 1988.
OEVERMANN, U. Zwei Staaten oder Einheit?. *Merkur*, 1990.
PREUß, U. Perspektiven Von Rechtsstaat und Demokratie. *Kritische Justiz*, I, 1989.
RÖDEL, U.; FRANKENBERG, G.; DUBIEL, H. *Die demokratische Frage*. Frankfurt am Main: Suhrkamp, 1989.
SCHLUCHTER, W. *Die Entwicklung des okzidentalen Rationalismus*. Tübingen, 1979.
_____. *Religion und Lebensführung*. Bd. 1. Frankfurt am Main: Suhrkamp, 1988.
SLOTERDJIK, P. *Versprechen auf Deutsch*. Frankfurt am Main, 1990.
UNSELD, S. *Der Marienbader Korb*. Hamburg, 1976.
VOBRUBA, G. (org.). *Strukturwandel der Sozialpolitik*. Frankfurt am Main, 1990.
VOßKAMP, W. (org.) *Utopieforschung*. Frankfurt am Main: Suhrkamp, 1982.
WIETHÖLTER, R. *Rechtswissenschaft*. Basel, 1986.
_____. *Prozeduralizierung der Rechtskategorie*, Manuscrito, 1986.
_____. Zum Fortbildungsrecht der richterlichen Rechtsfortbildung. In: _____. *KritV*, 1988.
_____. Bemerkungen aus der Recht- und Juristenwelt. In: *Die Zukunft der Aufklärung*. Frankfurt am Main, 1989.

Índice onomástico

A
Abendroth, 52, 90
Adenauer, 47, 48, 52, 60, 61, 88, 114, 169, 243
Adorno, 8, 27, 38, 39, 48, 52, 56, 61, 63, 78, 88, 139, 155, 164
Alexander, Franz 81, 82, 83
Alexy, Robert, 134
Almond, Gabriel A., 303
Apel, Karl-Otto, 183, 201, 202
Arendt, Hannah, 61, 150, 166, 167, 209
Arndt, Ernst Moritz, 320
Aristóteles, 122, 130, 133, 164, 183, 217
Aron, R., 66, 69
Austin, 61, 129

B
Babeuf, 162
Baermann, 169
Barthes, Roland, 69, 90
Basaglia, 90
Bataille, 76
Bauer, Otto, 281
Baufret, 60
Beauvoir, Simone de, 84
Becker, Oskar, 61
Behnabib, Seyla, 189
Bell, Daniel, 169, 273
Benjamin, Walter, 42, 60, 61, 76, 234, 320
Benn, Gottfried, 61, 321
Berger, Johannes, 213
Bernstein (psicanalista), 90
Biermann, 276, 280, 284
Bismarck, 157, 228, 299, 317
Bloch, Ernst, 90, 221, 320
Blüm, 33
Bohman, Jim, 181
Bohrer, Karl Heinz, 318, 319, 320, 321
Börne, 33, 36
Bourdieu, Pierre, 69, 142, 283

Brandt, Willy, 54, 55, 57, 235, 299, 310
Brecht, 75, 90, 136, 155, 157
Broszat, Martin, 226
Buffon, 77
Busch, Günther, 71, 88
Carl Schmitt, 319
Castoriadis, C., 69, 283
Chanceler Wirth, 117
Châtelet, 69
Chomsky, 173, 192
Churchill, 272
Cohn-Benedit, Dany, 51
Conradi, Hermann, 74
Corneille, 77

D
Dahrendorf, Ralf, 71, 113, 114, 115, 116, 117, 273, 311
Deleuze, Gilles, 69, 169
Derrida, 61, 170, 172
Dewey, 65
Diderot, 136
Dilthey, 172
Dönhoff, Marion Gräfin, 269
Dreyfus, 68
Dubček, 268
Durkheim, 180, 190
Dutschke, 52, 53
Dworkin, R., 183, 215

E
Ebeling, 309
Eco, 90
Eisner, 90

Elster, J., 283
Engels, 273, 275, 280, 320
Enzensberger, H. M., 294
Erhard, Ludwig, 48, 309
Etzionis, A., 207

F
Farias, Victor, 45, 59, 165, 166
Ferry, Jean-Marc, 223
Fest, Joachin, 266
Fichte, 34
Filibinger, 35
Fleckhaus, Willy, 78
Forsthoff, 37
Foucault, 61, 63, 65, 66, 67, 68, 69, 90, 139, 169, 170, 172
Fourier, 76, 77
Frank, Ludwig, 244
Franz Baader, 320
Freitag, Barbara, 119
Freud, Sigmund, 36, 51, 61, 71, 81, 82, 84, 117, 157, 173, 320
Freud, Anna, 82
Friedeburg, Ludwig von, 94
Friedländer, Saul, 226
Friedrich, Wilhelm, 74
Fries, J. F., 320
Furet, F., 161
Furet, François, 160

G
Gadamer, 232, 234
Gehlen, Arnold, 37, 50, 61, 137, 174
Geißler, 33, 243

Gewirth, A., 183
Giddens, A., 283
Gilligan, Carol, 188, 189
Glotz, Peter, 31
Goebbels, 47
Goethe, 75
Gorbachev, 43, 140, 149, 244, 283, 323
Gramsci, 140
Grass, Günter, 297
Groot, Jeanne Lampl de, 83
Gross, Johannes, 263
Günther, Klaus, 101, 102, 134, 189, 215

H
Habermas-Wesselhoeft, Ute, 71
Handke, 41
Hart, 129
Hasenclever, Walter, 74
Hegel, 39, 61, 64, 116, 121, 131, 137, 164, 174, 214, 232, 233, 278, 279, 283, 320
Heidegger, 38, 42, 45, 50, 59, 60, 61, 63, 68, 136, 157, 164, 165, 166, 167, 171, 271, 319
Heimann, Paula, 82
Heine, 36, 136, 155, 320
Heinemann, 48, 242, 310
Heller, Agnes, 221
Helveltius, 136
Herder, 36
Hesse, Hermann, 75
Hessen, 49, 51
Hitler, 36, 47, 167, 272

Hobbes, 110, 111, 114, 122, 127, 129
Höffe, Otfried, 119, 121, 122, 123, 124, 125, 126, 127, 128, 129, 130, 131, 132, 133, 134
Hölderlin, 39
Honolka, H., 303
Horkheimer, Max, 8, 48, 51, 61, 63, 139, 140
Horst-Wessel, 237
Humboldt, 193

I
Iste, 75

J
Jakobson, 90
Jankélévitch, 69
Jaspers, Karl, 48, 167, 299
Joseph, Franz, 245
Jünger, Ernst, 61, 319

K
Kafka, 157
Kamper, 169
Kant, 36, 61, 64, 95, 108, 110, 111, 122, 127, 128, 136, 157, 164, 175, 185, 188, 191, 204, 217
Kautsky, 280
Kelsen, 129
Kennedy, [John F.], 272
Kennedy, Duncan, 96
Kierkegaard, 202
Kirchheimer, 90

Klages, 157
Klein, Melanie, 82
Kluge, Alexander, 49, 94
Kogon, 48
Kohl, 168, 240, 310, 321
Kohlberg, L., 174, 175, 180, 199, 200
Kongon, Eugen, 38
König, Josef, 115
Korsch, 140
Kracauer, 90
Krahl, 52, 56
Kristeva, 90
Krüger, Hans-Peter, 119
Kuszynski, Jürgen, 267

L
Lacan, 69
Lafontaine, Oskar, 310, 312
Laing, 90
Landauer, 90
Leibniz, 62
Lênin, 280
Lepsius, M. R., 304, 317
Lessing, 157
Liliencron, 74
Locke, 128
Loewenfeld, 83
Lorde Liszt, 74
Löw-Beer, Martin, 181
Löwith, K., 61, 263
Lübbe, 49-50
Luhmann, 40, 105, 134
Luís XVI, 267
Lukács, G., 140, 157, 173, 213, 320

M
Mach, 320
MacIntyre, A., 183
Mandel, 90
Mannheim, Karl, 55
Marcuse, Herbert, 8, 49, 52, 53, 55, 56, 61, 65, 166, 167
Marcuse, Inge, 49, 50
Marx, 8, 15, 18, 34, 51, 52, 53, 63, 64, 65, 67, 105, 110, 111, 114, 116, 141, 145, 159, 160, 171, 181, 273, 274, 275, 277, 279, 280, 283, 285, 320
Mathias, 81
McCarthy, T., 208
Mead, Georg Herbert, 65, 111, 131, 176, 183
Mengele, 167
Merkel, Reinhard, 319
Merleau-Ponty, 140
Minder, 90
Mirabeau, 162
Mitscherlich, Margarete, 48, 51, 71, 81, 82, 83, 84
Modrow, 308
Mommsen, Wolgang, 299, 300, 301
Momper, Walter, 237
Morris, 61
Müller, Adam, 320
Müller, F., 98
Mussolini, 272

N
Naumann, Friedrich, 245
Nicolai, 136
Nielsen, T. Hviid, 119

Nielsen, Torben Hviid, 119
Nietzsche, 34, 38, 61, 62, 136, 171, 271, 320
Nolte, Ernst, 272, 283
Novalis, 320
Nozick, 122, 133

O
Oevermann, Ulrich, 316, 317, 318
Offe, C., 52, 283, 288
Ogorek, R., 98, 99

P
Paine, Thomas, 65
Parin, Paul, 83
Parsons, T., 107, 208, 210
Peirce, 65, 205
Piaget, 173
Philippe, Louis, 321
Piscator, 90
Platão, 122, 130
Pléssner, 61
Pöggeler, Otto, 60
Popitz, 114
Popper, 115, 117
Preuß, U., 52, 110, 111, 283

R
Rathenau, 117
Rawls, John, 101, 122, 125, 133, 183, 187, 202, 221
Reagan, 43, 272
Redlich, Fritz, 83
Reinhold, 240
Renan, Ernest, 319
Renner, Karl, 281

Ricœur, Paul, 62, 69
Rilke, 75
Ritter, J., 37
Robespierre, 162
Rohrmoser, Günther, 34, 36
Roosevelt, 272
Rorty, Richard, 172
Rossanda, Rossana, 90
Rothacker, 61
Rousseau, 110, 114, 133, 157, 163
Rudolph, H., 308

S
Sapir-Whorf, 193
Sartre, 60, 65, 68, 69, 136, 155, 165, 166
Savigny, 105, 106, 107,
Schelling, 39
Schelsky, 37
Schlegel, Friedrich, 320
Schluchter, Wolfgang, 194, 203, 204, 205, 206
Schmitt, Carl, 50, 61, 129, 157, 271, 319
Schneider, Rolf, 156
Schnur, 309
Scholem, 61, 76
Schönhuber, 298
Schwarzer, Alice, 84
Seebacher-Brandt, Brigitte, 243
Selman, 175
Sieburg, 48
Simon, D., 98
Sloterdijk, Peter, 169, 323
Smith, Adam, 111, 207
Soboul, 90

Sohn-Rethel, 90
Solschenizyn, 284
Spitz, René, 82
Sraffa, 90
Stálin, 280
Stanberg, 90
Sternberger, Dolf, 226
Strawson, 202

T
Teltschik, 308
Toulmin [Stephen E.], 192
Touraine, A., 69, 283
Tucholsky, 36

U
Uexküll, Thure von, 83
Unseld, Siegfried, 71, 73, 75, 76

V
Valéry, 91
Verba, Sidney, 303
Verdes (os), 237

W
Wagner, 167
Waigel, 321
Walser, Robert, 75
Walzer, Michael, 185, 186, 187
Weber, Max, 61, 115, 117, 139, 171, 173, 180, 190, 194, 247, 283
Weiszäcker, 242
Weizsäcker, Richard Von, 168
Wellmer, 204
Wenders, Wim, 41
Werner Sombart, 320
Whorf, B. Lee, 193, 194
Wiethölter, Rudolf, 71, 93, 94, 95, 96, 97, 98, 99, 100, 103, 104, 105, 107, 108, 109, 110, 111
Willms, Bernhard, 35
Wirsing, Giselher, 245
Wittgenstein, 61, 90, 171, 192, 320
Wolf, Christa, 155

SOBRE O LIVRO

Formato: 13,7 x 21 cm
Mancha: 23 x 44 paicas
Tipologia: Venetian 301 12,5/16
Papel: Off-white 80 g/m² (miolo)
Cartão Supremo 250 g/m² (capa)
1ª edição Editora Unesp: 2021

EQUIPE DE REALIZAÇÃO

Capa
Vicente Pimenta

Edição de texto
Silvia Massimini Felix (Copidesque)
Jennifer Rangel de França (Revisão)

Editoração eletrônica
Eduardo Seiji Seki (Diagramação)

Assistência editorial
Alberto Bononi
Gabriel Joppert

Coleção Habermas

A inclusão do outro: Estudos de teoria política

A nova obscuridade: Pequenos escritos políticos V

Conhecimento e interesse

*Facticidade e validade:
Contribuições para uma teoria discursiva do direito e da democracia*

Fé e saber

*Mudança estrutural da esfera pública:
Investigações sobre uma categoria da sociedade burguesa*

Na esteira da tecnocracia: Pequenos escritos políticos XII

O Ocidente dividido: Pequenos escritos políticos X

Para a reconstrução do materialismo histórico

Sobre a constituição da Europa: Um ensaio

Técnica e ciência como "ideologia"

Teoria e práxis: Estudos de filosofia social

Textos e contextos

Impressão e Acabamento: Rettec Gráfica